郭店楚簡校釋

劉釗 著

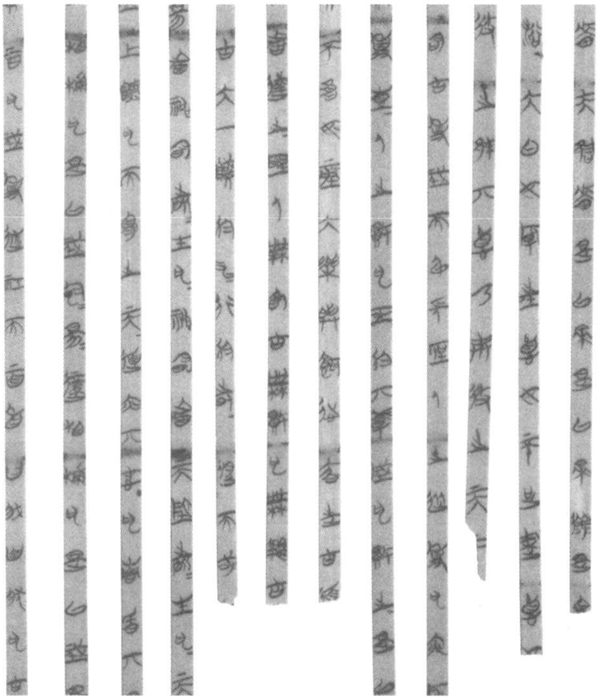

海峽出版發行集團 | 福建人民出版社
THE STRAITS PUBLISHING & DISTRIBUTING GROUP | FUJIAN PEOPLE'S PUBLISHING HOUSE

圖書在版編目（CIP）數據

郭店楚簡校釋 / 劉釗著. --2版. -- 福州：福建人民出版社, 2025. 5.

ISBN 978-7-211-09841-5

Ⅰ. K877.54

中國國家版本館CIP數據核字第2025T22D92號

郭店楚簡校釋

GUODIAN CHUJIAN JIAOSHI

著　　者：劉　釗
原版責任編輯：賴炳偉
責任編輯：陳慧子
美術編輯：白　玫
責任校對：李雪瑩
出版發行：福建人民出版社　　電　　話：0591-87604366(發行部)
網　　址：http://www.fjpph.com　　電子郵箱：fjpph7211@126.com
地　　址：福州市東水路76號　　郵　　編：350001
經　　銷：福建新華發行（集團）有限責任公司
印　　刷：福州德安彩色印刷有限公司
地　　址：福州市金山工業區浦上B區42幢　　電　　話：0591-28059365
開　　本：787毫米×1092毫米　1/16
印　　張：15.75
字　　數：218千字
版　　次：2025年5月第2版
印　　次：2025年5月第1次印刷
書　　號：978-7-211-09841-5
定　　價：120.00元

再版題記

《郭店楚簡校釋》是2005年我在福建人民出版社出的一本小書，至今已經過去近二十年。當年在廈門大學歷史系工作，帶學生去重慶雲陽考古實習，利用下雨天、休息日和晚上的餘暇，在所租老鄉屋子裏一個簡陋摇晃的桌子上，用筆記本電腦寫出了書稿的大半。遥想當年的風華正茂，感覺恍如昨日；再看當下的老邁衰頽，早已不復當年。時間過得飛快，常常無由回想，好在飛逝的時間中留下的人生路途上的點滴印痕，偶爾會勾起對往日的回憶。而這本小書，無疑就是我人生路途上一個清晰的印痕。

目前的郭店楚簡研究已經非常深入，蔚爲大觀，相關的研究論著也是汗牛充棟，一時難以盡讀。按理這本小書這次再版，應該充分吸收學術界的最新研究成果加以補充修訂才是。但一是一時很難抽出一個大塊的時間來做這件事，二是每個時代有每個時代的學術，這本小書代表的是二十年前我的研究水平和那個時代的學術進展，若加以全面補充修訂，反倒容易讓後來的遮蔽了前邊的，泯滅了學術發展的脉絡和過程。出於這兩個考慮，經與責編協商，決定按原樣再版，這樣會更清晰地保留我人生學術路途上的這一印痕。

此書早已脱銷，學界不斷有朋友問起，説明還有人感興趣，有需求。據説還因爲此書有些部分有語譯，當年在海外大受歡迎。當下正趕上傳承弘揚中華優秀傳統文化的大好形勢，相信這本小書的再版，能够爲傳承弘揚中華優秀傳統文化的滚滚洪流貢獻涓滴。

本書的出版和再版，一直得到賴炳偉先生的大力支持和協助，高情雅意，時在念中，於此再申謝忱。

劉　釗

2024年元旦於上海市書馨公寓索然居

目　　録

凡　　例

一　簡文釋文經重新校訂隸釋。除個别字外，盡量采用隸古定的辦法。

一　原簡文中表示章、句、合文、重文的符號不再標出，合文與重文直接釋出。

一　通假字、古今字等用（　）表示。

一　錯字經改正後的正字用〈　〉表示。

一　據與上下文或傳世典籍對照擬補的缺文、奪文用〔　〕表示。

一　衍文用｛　｝表示。

一　缺簡文字可以確知字數的用□表示，不確知字數的用……表示。

一　簡號用【　】表示，所標簡號為《郭店楚墓竹簡》一書原定順序。

一　簡文校釋前有對簡文形態及內容的簡單説明。

一　校釋主要針對字詞的解釋和與典籍的對照。

一　為便於理解，大部分校釋後有對簡文的意譯。

老　子（甲本）

【説明】

《老子》甲本現存簡共 39 支，竹簡兩端均修削成梯形，簡長 32.3 釐米。編綫兩道，編綫間距 13 釐米。簡文現存 1073 字，又重文 10 字，衍文 1 字，奪文 2 字。大致殘去 15 字。平均每簡 27 字强。簡文内容按序相當於今本的 19 章、66 章、46 章中段和下段、30 章上段和中段、15 章、64 章下段、37 章、63 章、2 章、32 章、25 章、5 章中段、16 章上段、64 章上段、56 章、57 章、55 章、44 章、40 章、9 章。

【釋文】

㡭（絶）智弃支（辯），民利百伓（倍）。㡭（絶）攷（巧）弃利，覜（盜）惻（賊）亡（無）又（有）。㡭（絶）愇（僞）弃慮（慮），民复（復）季子。三言以【1】為敁（使）不足，或命（令）之或（有）虐（呼）豆（屬）：視索（素）保（抱）𤖋（樸），少厶（私）須（寡）欲。

江海所以為百浴（谷）王，以丌（其）【2】能為百浴（谷）下，是以能為百浴（谷）王。聖人之才（在）民前也，以身遂（後）之；丌（其）才（在）民上也，以【3】言下之。丌（其）才（在）民上也，民弗厚（厚）也；丌（其）才（在）民前也，民弗害（害）也。天下樂進而弗詀（厭）。【4】以丌（其）不靜（爭）也，古（故）天下莫能與（與）之靜（爭）。辠（罪）莫至（重）虐（乎）甚欲，咎莫僉（險）乎谷（欲）𢔶（得），【5】化（禍）莫大虐（乎）不智（知）足。智（知）足之為足，此亙（恒）足矣。以衍（道）差（佐）人宔（主）者，不谷（欲）以兵强（强）【6】於天下。善者果而已，不以取强（强）。果而弗𤼷（伐），果而弗喬（驕），果而弗稐（矜），是胃（謂）果而不强（强）。丌（其）【7】事好長。

長古之善為士者，必非（微）溺（妙）玄達，深不可志（識），是以為之頌（容）：夜（豫）虐（乎）〔丌（其）〕奴（如）冬涉川，猷（猶）虐（乎）丌

(其)【8】奴(如)悁(畏)四哭(鄰),敢(儼)虗(乎)丌(其)奴(如)客,𧷁(涣)虗(乎)丌(其)奴(如)懌(釋),屯(敦)虗(乎)丌(其)奴(如)樸(樸),坉(沌)虗(乎)丌(其)奴(如)濁。竺(孰)能濁以束(靜)【9】者,牆(將)舍(徐)清。竺(孰)能庀(安)以迬(動)者,牆(將)舍(徐)生。保此衍(道)者不谷(欲)堂(尚)呈(盈)。

為之者敗之,執之者遠【10】之。是以聖人亡(無)為古(故)亡(無)敗;亡(無)執古(故)亡(無)遊(失)。臨事之紀:訢(慎)冬(終)女(如)忖(始),此亡(無)敗事矣。聖人谷(欲)【11】不谷(欲),不貴難㝵(得)之貨;孝(教)不孝(教),遉(復)衆之所𨚕(過)。是古(故)聖人能尃(輔)萬勿(物)之自肰(然),而弗【12】能為。衍(道)亙(恒)亡(無)為也,灰(侯)王能守之,而萬勿(物)牆(將)自憍(化)。憍(化)而雒(欲)复(作),牆(將)貞(鎮)之以亡(無)名之𩏂(樸)。夫【13】亦牆(將)智(知)足,智(知)足以束(靜),萬勿(物)牆(將)自定。

為亡(無)為,事亡(無)事,未(味)亡(無)未(味)。大少(小)之多,惕(易)必多難(難)。是以聖人【14】猷(猶)難(難)之,古(故)終亡(無)難(難)。

天下皆智(知)敚(美)之為娧(美)也,亞(惡)巳(已);皆智(知)善,此丌(其)不善巳(已)。又(有)亡(無)之相生也,【15】難(難)惕(易)之相成也,長耑(短)之相型(形)也,高下之相浧(盈)也,音聖(聲)之相和也,先遂(後)之相墮(隨)也。是【16】以聖人居亡(無)為之事,行不言之孝(教)。萬勿(物)隻(作)而弗忖(始)也,為而弗志(恃)也,成而弗居。天〈夫〉唯【17】弗居也,是以弗去也。

道亙(恒)亡(無)名,僕(樸)唯(雖)妻(細),天陸(地)弗敢臣,灰(侯)王女(如)能【18】獸(守)之,萬勿(物)牆(將)自賓(賓)。天陸(地)相會(合)也,以逾(降)甘零(露)。民莫之命(令)天〈而〉自均安(焉)。訂(始)折(制)又(有)名。名【19】亦既又(有),夫亦牆(將)智(知)歨(止)。智(知)歨(止)所以不訂(殆),卑(譬)道之才(在)天下也,猷(猶)少(小)浴(谷)之异(與)江海。【20】

又(有)䏊(狀)蟲(混)成,先天陸(地)生,敓(悅)繆(穆),蜀(獨)立而不亥(改),可以為天下母。未智(知)丌(其)名,㝊(字)之曰道,虐

(吾)【21】弜(强)為之名曰大。大曰潪(羡),潪(羡)曰連(轉),連(轉)曰反(返)。天大,陸(地)大,道大,王亦大。國中又(有)四大安(焉),王凥(處)一安(焉)。人【22】灋陸(地),陸(地)灋天,天灋道,道灋自肰(然)。

天陸(地)之刖(間),丌(其)猷(猶)囯(橐)籊(籥)與? 虛而不屈,違(動)而愈出。【23】

至虛,亙(恒)也;獸(守)中,筥(篤)也。萬勿(物)方(旁)复(作),居以須遉(復)也。天道員員,各遉(復)丌(其)堇(根)。【24】

丌(其)安也,易朱(持)也。丌(其)未莕(兆)也,易悔(謀)也。丌(其)霍(脆)也,易畔(判)也。丌(其)幾也,易後(散)也。為之於丌(其)【25】亡(無)又(有)也。絧(治)之於丌(其)未亂(亂)。倉(合)〔抱之木生於毫〕末,九成之臺乍(作)〔於虆土,千里之行怡(始)於〕【26】足下。

智(知)之者弗言,言之者弗智(知)。閔〈閟(閉)〉丌(其)逸,賽(塞)丌(其)門,和丌(其)光,迵(通)丌(其)新(塵),副(抽)丌(其)貝(穎),解丌(其)紛,【27】是胃(謂)玄同。古(故)不可旱(得)天〈而〉新(親),亦不可旱(得)而疋(疏);不可旱(得)而利,亦不可旱(得)而禼(害);【28】不可旱(得)而貴,亦{可}不可旱(得)而戔(賤)。古(故)為天下貴。

以正之(治)邦,以敧(奇)甬(用)兵,以亡(無)事【29】取天下。虗(吾)可(何)以智(知)丌(其)肰(然)也? 夫天〔下〕多异(忌)韋(諱),而民爾(彌)畔(叛);民多利器,而邦慈(滋)昏。人多【30】智天〈而〉戠(奇)勿(物)慈(滋)记(起);灋(乏)勿(物)慈(滋)章(彰),覜(盜)惻(賊)多又(有)。是以聖人之言曰: 我無事而民自福(富)。【31】我亡(無)為而民自蟡(化)。我好青(靜)而民自正。我谷(欲)不谷(欲)而民自樸(樸)。【32】

酓(含)悳(德)之厚(厚)者,比於赤子,蟲(虺)蠆蟲它(蛇)弗蓋,擾鳥猷(猛)獸弗扣,骨溺(弱)堇(筋)秫(柔)而捉【33】固。未智(知)牝戊(牡)之倉(合)家(朘)惹(怒),精之至也。終日虐(呼)而不惪(嚘),和之至也。和曰禀(同),智(知)和曰明。【34】賹(益)生曰羕(祥),心叀(使)叐(氣)曰弜(犟)。勿(物)壓(壯)旦(則)老,是胃(謂)不道。

名與身筥(孰)新(親)? 身與貨【35】筥(孰)多? 貴(得)與貢(亡)筥

(孰)疠(病)? 甚悉(愛)必大賀(費),厚(厚)贇(藏)必多貢(亡)。古(故)智(知)足不辱(辱),智(知)歨(止)不怠(殆),可【36】以長舊(久)。返(反)也者,道〔之〕偅(動)也。溺(弱)也者,道之甬(用)也。天下之勿(物)生於又(有),又(有)生於亡(無)。

朱(持)而浧(盈)【37】之,不{不}若已(已)。湍(揣)而群之,不可長保也。金玉浧(盈)室,莫能獸(守)也。貴福(富)喬(驕),自遺咎【38】也。攻(功)述(遂)身退,天之道也。【39】

【校釋】

㡭(絶)智弃支(辯),民利百伓(倍)。

"㡭"字象以"刀"斷"絲"形,乃"斷"和"絶"字的古文。"弃"為"棄"字古文。"支"為"鞭"字的古文省形,以音近讀為"辯"。"伓"為"倍"字古文。

"智"意為機智、謀略。"辯"意為巧言善辯。"民利"指民衆的利益、財力。

簡文説斷絶智謀、拋棄巧辯,民衆就會獲得百倍的利益。

今本(王弼注本)此句作:"絶聖棄智,民利百倍。"

㡭(絶)攷(巧)弃利,覜(盜)惻(賊)亡(無)又(有)。

"攷"讀為"巧",二字皆從"丂"聲,故可相通。"覜"讀為"盜","覜"從"兆"聲,"兆"、"盜"古音皆在定紐宵部,故"覜"可借為"盜"。"惻"讀為"賊",古"惻"、"賊"二字皆從"則"聲,故可相通。

"巧"意為機巧、工巧。"利"指利欲或利益。

簡文説斷絶機巧,拋棄利欲,就不會有盜賊。

此句與今本同,但在文中位置與今本不同,今本此句位於"絶仁弃義,民復孝慈"一句之後。

㡭(絶)愇(僞)弃慮(慮),民复(復)季子。

“愢”字為“為”字異體，指“故意”、“做作”，因與心理有關，故字從“心”作，後以“偽”字記録該詞。“慮”字為“慮”字異體，“慮”意為謀劃。《荀子·正名》：“情然而心為之擇謂之慮。心慮而能為之動謂之偽。慮積焉、能習焉而後成謂之偽。”文中將“慮”與“偽”並提，指經過思慮的選擇和故意的作為，與簡文相同。或讀“慮”為“詐”。“季子”即“稚子”，猶言“嬰兒”。《老子》今本28章：“為天下溪，常德不離，復歸於嬰兒。”“復歸於嬰兒”與簡文“民復季子”意同。

簡文説斷絶故意的做作，拋棄有謀劃的思慮，民衆就會復歸嬰兒似的精神狀態。

今本此句作：“絶仁棄義，民復孝慈。”從全文看，簡本似應為較早的形態。

三言以為叓(使)不足，或命(令)之或(有)虖(呼)豆(屬)：

“叓”即“史”字古寫，讀為“使”。“命”讀為“令”。“虖”從“虎”聲，讀為“呼”。古“虖”、“所”古音皆在魚部，“虖”也有可能讀為“所”。“豆”字古音在定紐侯部，“屬”在章紐屋部，聲為一系，韻為對轉，故可相通。“或”讀為“有”，古音“有”在匣紐之部，“或”在匣紐職部，聲紐相同，韻為對轉，故可相通。

“三言”指上文的三句話，“使”意為統治，指統治人民而言。“屬”意為歸屬。

簡文説以上三句話用來治理民衆如果不够，還可讓其有所歸屬。

今本此句作：“此三者，以為文不足，故令有所屬。”

視索(素)保(抱)䢺(樸)，少厶(私)須(寡)欲。

“索”讀為“素”，從古文字看，素、索古本一字，故可相通。“䢺”

讀為"樸",二字聲旁相同。"須"為"寡"字簡省的寫法,非"須"字之誤。

"視"字通"示",為"示人"之意。"保"字古有"依恃"意,讀"抱"亦通。"抱"為"守持"意。"素"意為白色的帛。"樸"意為未彫琢之木。

簡文說守持或示人以素樸,減少私心和欲念。

今本作:"見素抱樸,少私寡欲","見"字或為"視"字之誤。

江海所以為百浴(谷)王,以丌(其)能為百浴(谷)下,是以能為百浴(谷)王。

"浴"讀為"谷"。

"谷"指江河的支流。"王"指歸往,《說文》:"王,天下所歸往也。""下"指"卑下"。

簡文說江海所以能成為衆多溪流的歸處,是因為江海能處於衆多溪流之下,所以能成為衆多溪流的歸往。

今本此句作"江海所以能為百谷王者,以其善下之,故能為百谷王。"

聖人之才(在)民前也,以身逡(後)之;丌(其)才(在)民上也,以言下之。

"逡"為"後"字異體。

簡文說聖人欲統治民衆,就要享受在後;聖人欲率領民衆,就要言辭遜讓。

今本此句作:"是以欲上民,必以言下之;欲先民,必以身後之。"

丌(其)才(在)民上也,民弗厚(厚)也;丌(其)才(在)民前也,民弗害(害)也。

“厇”字從“石”“毛”聲,疑為“厚”字異體。“厚”古訓為“重”。“禼”為“災害”之害的本字。

“厚”意為沉重。“害”意為傷害。

簡文説聖人統治民衆,民衆不感到沉重,聖人率領民衆,民衆不會受到傷害。

今本作:“是以聖人處上而民不重,處前而民不害。”

天下樂進而弗詀(厭)。以丌(其)不靜(爭)也,古(故)天下莫能㝵(與)之靜(爭)。

“詀”字從“占”聲,讀為“厭”。“厭”字在戰國文字中已有變形音化從“占”為聲者。“靜”從“爭”聲,故可讀為“爭”。

“進”意為引進,推舉。

簡文説天下都樂於推舉聖人而不厭足。因為其與世不爭,所以天下没有能與其爭者。

今本此段作:“是以天下樂推而不厭。以其不爭,故天下莫能與之爭。”

辠(罪)莫至(重)虗(乎)甚欲,咎莫僉(險)乎谷(欲)㝵(得),化(禍)莫大虗(乎)不智(知)足。

“辠”為“罪”字古文。“至”字從“石”“主”聲,讀為“重”。“僉”為“僉”字繁體,讀為“險”。“化”讀為“禍”,古音“化”在曉紐歌部,“禍”在匣紐歌部,可以相通。

“僉”(險)意為危險。“甚欲”意為過分的欲望。

簡文説罪惡没有重過過分的欲望的,過錯没有危險過貪得無厭的,災禍没有大於不知道滿足的。

今本作:“禍莫大於不知足,咎莫大於欲得。”無簡本“辠莫至虗甚欲”一句。

智(知)足之為足,此亙(恒)足矣。

"亙"為"恒"字古文。

簡文説知道滿足為滿足,这就是長久的滿足了。

今本作:"故知足之足,常足矣。"

以衍(道)差(佐)人宔(主)者,不谷(欲)以兵弜(强)於天下。

"衍"乃"行"字異體,同義換讀為"道"字。"差"從"左"聲,故可讀為從"左"聲的"佐"。"宔"從"主"聲,讀為"主"。"弜"為"强"字古文。

簡文説以道輔佐人主的人,不想以武力逞强於天下。

今本作:"以道佐人主者,不以兵强天下。"

善者果而已,不以取弜(强)。

"善者"指善於以道輔佐人主之人。"果"古訓為"成",指結局、成功。

簡文説善於輔佐王的人衹關注成功,不以武力來逞强。

今本作:"善有果而已,不敢以取强。"

果而弗癹(伐),果而弗喬(驕),果而弗稐(矜),是胃(謂)果而不弜(强)。

"癹"讀為"伐",古音"癹"在幫紐月部,"伐"在並紐月部,聲為一系,韻部相同,故可相通。"喬"讀為"驕"。"稐"字從"矛""命"聲,為"矜"字初文,"稐"字後世或作"矜","矜"乃譌變所致。

簡文説成功了不誇耀,成功了不驕傲,成功了不自恃,这就是成功了卻不逞强。

今本作:“果而勿矜,果而勿伐,果而勿驕,果而不得已,果而勿强。”

丌(其)事好長。

“其事”指輔佐王之事業。“好長”猶言“善長”。

簡文説:“(輔佐王之事)美好而長久。”

今本作“其事好還”,但順序與簡本不同,位於“以道佐人主者,不以兵强天下”之下。

古之善為士者,必非(微)溺(妙)玄達,深不可志(識),是以為之頌(容):

“非”借為“微”,古音“非”在幫紐微部,“微”在明紐微部,聲為一系,韻部相同,可以通用。“溺”讀為“妙”,古音“溺”在泥紐藥部,“妙”在明紐宵部,韻為對轉,聲為鄰紐,可以相通。“志”讀為“識”,古“志”、“識”音義皆近。“頌”乃“容貌”之“容”的本字,《説文》:“頌,皃也。”

簡文説古時善於為士的人,一定是精微玄奥,幽深通達,深刻得不能認識。所以形容其是:

今本作:“古之善為士者,微妙玄通,深不可識。夫唯不可識,故强為之容。”

夜(豫)虐(乎)〔丌(其)〕奴(如)冬涉川,猷(猶)虐(乎)丌(其)奴(如)悁(畏)四叟(鄰)。

“夜”讀為“豫”,古音“夜”在喻紐鐸部,“豫”在喻紐魚部,聲紐相同,韻為對轉,故可相通。“奴”讀為“如”,古“奴”、“如”皆從“女”聲,故可通用。“猷”讀為“猶”,二字皆從“酋”聲。“悁”為“畏”字異體,因為“畏”是一種心態,故又加“心”旁。“叟”為“鄰”字古文,即從兩個並排的城邑形，以表示相鄰之鄰，"文"為纍加之聲符。

"豫"和"猶"皆為躊躇猶與的意思，後世又作"猶豫"。"豫乎"、"猶乎"之"乎"用為位於形容詞後之助詞，"豫乎"、"猶乎"如同"豫然"、"猶然"。"四鄰"指周邊的國家。

簡文説猶豫如冬天過河，躊躇如害怕周邊的鄰國。

今本作："豫焉，若冬涉川；猶兮，若畏四鄰。"

敢(儼)虖(乎)亓(其)奴(如)客，䙴(渙)虖(乎)亓(其)奴(如)懌(釋)。

"敢"讀為"儼"。"䙴"從"袁"聲，讀為"渙"，古音"袁"在匣紐元部，"渙"在曉紐元部，聲為一系，韻部相同，故可相通。"懌"讀為"釋"，二者所從聲符相同。

簡文"懌"字前應脱漏一"冰"字或"凌"字。

"儼"意為嚴肅莊重，"儼乎"為"嚴肅莊重的樣子"。"渙"即"渙然冰釋"之"渙"，為離散、消釋意。"釋"意為"消溶"、"熔化"。

簡文説嚴肅莊重的樣子象客人，渙散的樣子象冰的消溶。

今本作："儼兮，其若容；渙兮，若冰之將釋。"

屯(敦)虖(乎)亓(其)奴(如)樸(樸)，坉(沌)虖(乎)亓(其)奴(如)濁。

"屯"讀為"敦"，古音"屯"在定紐文部，"敦"在端紐文部，聲為一系，韻部相同，故可相通。"坉"讀為"沌"，"沌"即"混沌"之"沌"。

"敦"意為"敦厚"。"沌"意為模糊不清，引申指愚頑、糊塗。

簡文説敦厚的樣子如未經彫琢的素材，混沌的樣子如河流的混濁。

今本作："敦兮，其若樸；曠兮，其若谷；混兮，其若濁"。簡本少"曠兮，其若谷"一句。

竺(孰)能濁以朿(靜)者,牆(將)舍(徐)清。竺(孰)能庀(安)以迬(動)者,牆(將)舍(徐)生。

"竺"讀為"孰",古音"竺"在端紐覺部,"孰"在禪紐覺部,聲為一系,韻部相同,故可相通。"朿"讀為"靜",古音"朿"在清紐錫部,"靜"在從紐耕部,聲為一系,韻為對轉,於音可通。"牆"、"將"皆從"爿"聲,可以通用。"舍"、"徐"皆從"余"聲,可以通用。"庀"為"安"字的一種異體。"迬"從"主"聲,讀為"動",古音"主"在章紐侯部,"重"在定紐東部,聲為一系,韻為對轉,於音可通。

簡文説誰能使混濁安靜下來,混濁將慢慢變得澄清。誰能讓安穩的動起來,呆滯將慢慢變得生動。

今本作:"孰能濁以靜之徐清。孰能安以久動之徐生。"

保此衍(道)者不谷(欲)尚(尚)呈(盈)。

"尚"字從"尚"從"立",疑為"堂"字異體,讀為"尚"。"呈"讀為"盈",古音"呈"在定紐耕部,"盈"在喻紐耕部,聲為一系,韻部相同,於音可通。

簡文説保持此道者不要崇尚盈滿。

今本作:"保此道者不欲盈。"

為之者敗之,執之者遠之。是以聖人亡(無)為古(故)亡(無)敗;亡(無)執古(故)亡(無)遊(失)。

"遊"字在楚簡中用為"失",字形結構尚不清楚。

"為"意為故意作為。"執"意為固執把持。"遠"意為乖離。

簡文説故意作為就會失敗,固執把持就會乖離;所以聖人不故意作為因此不會失敗,不固執把持因此不會喪失。

今本作:"為者敗之;執者失之。是以聖人無為故無敗;無執故無失。"

臨事之紀：訢(慎)冬(終)女(如)忖(始)，此亡(無)敗事矣。

“訢”為楚文字中“慎”字的寫法，其結構構成尚不清楚。“忖”字從“心”從“㇋(“司”字初文)，讀為“始”。“始”從“台”聲，“台”從“厶”聲，在金文中“厶”聲與“㇋”(司)聲常可互換或疊加。

“紀”意為準則。

簡文説遇事的準則是：對待結尾要向對待開始時一樣謹慎小心，善始善終，如此就不會失敗。

今本作：“民之從事，常於幾成而敗之。慎終如始，則無敗事。”

聖人谷(欲)不谷(欲)，不貴難导(得)之貨；孝(教)不孝(教)，退(復)衆之所𠇍(過)。

“孝”字從”子“爻”聲，為“教”字古文。“退”即“復”字異體，“𠇍”字從“止”“化”聲，為“過”字異體。

“貨”意為財物。“過”指過錯。“復”意為寬宥，《呂氏春秋·當賞》：“故復右主然之罪。”《後漢書·杜詩傳》：“士卒之復，比於宿衛。”李賢注：“復謂優寬也。”

簡文説聖人的欲望就是没有欲望，不以稀有的財物為珍貴；聖人的教誨就是没有教誨，寬宥衆人的過錯。

今本作：“是以聖人欲不欲，不貴難得之貨；學不學，復衆人之所過。”

是古(故)聖人能尃(輔)萬勿(物)之自肰(然)，而弗能為。

“尃”讀為“輔”，輔，助也。“肰”即“然”字初文。

簡文説所以聖人衹能輔助萬物的自然狀態而不能主動有所作為。

今本作：“以輔萬物之自然而不敢為。”

衍(道)亙(恒)亡(無)為也,厌(侯)王能守之,而萬勿(物)牆(將)自愚(化)。

"亙"為"恒"之初文。"厌"為"侯"字初文。"勿"讀為"物"。"愚"讀為"化"。

簡文説道恒久地無所作為,侯王如能持守它,則萬物將自行地演化。

今本作:"道常無為,而無不為。侯王若能守之,萬物將自化。"

愚(化)而雒(欲)复(作),牆(將)貞(鎮)之以亡(無)名之斀(樸)。

"雒"字從"谷"從"隹",即"鵒"字異體,從"谷"為聲,故可通為"欲"。"貞"讀為"鎮",古音"貞"在端紐耕部,"鎮"在章紐真部,聲為一系,韻可通轉。"斀"乃"臣僕"之"僕"字異體,讀作"樸"。

"复"(作)意為作為或興起。"無名之樸"即指道,為"道"的另一種稱呼。

簡文説萬物演化想要有所作為,將以"無名之樸"鎮壓之。

今本作"化而欲作,吾將鎮之以無名之樸。"

夫亦牆(將)智(知)足,智(知)足以朿(靜),萬勿(物)牆(將)自定。

簡文説還要知道滿足,知道滿足而安靜,天下將自我安定。

今本作:"夫亦將無欲。不欲以靜,天下將自定。"

為亡(無)為,事亡(無)事,未(味)亡(無)未(味)。

"未"讀為"味"。

"為"指作為。"事"指處事。"味"指人之間的關係。

簡文説以無為為"為",以無事為"事",以無味為"味"。

今本作:“為無為,事無事,味無味。”

大少(小)之多,惕(易)必多難(難)。是以聖人猷(猶)難(難)之,古(故)終亡(無)難(難)。

“少”用為“小”。古“少”、“小”音義皆通。“惕”用為“易”。“難”即“難”字異體。

“大小之多”指事之大小衆多。或認為“多”字後有脱文。“易”指容易。“難”指困難。

簡文説事情大小叢脞,如看輕它就會困難重重。所以聖人依然以困難視之,如此最後就會没有困難。

今本與簡文差别較大。今本作“大小多少,報怨以德。”中間相隔數段文句,再接“多易必多難。是以聖人猶難之,故終無難矣。”

天下皆智(知)敚(美)之為媺(美)也,亞(惡)巳(已);皆智(知)善,此丌(其)不善巳(已)。

“敚”、“媺”讀為“媺”,“媺”即古“美”字。古音“敚”在明紐微部,“美”在明紐脂部,聲紐相同,韻為旁轉,可以相通。“亞”讀為“惡”,“惡”本從“亞”聲,故“亞”可讀為“惡”。

“惡”意為“醜”。

簡文説天下都知道美之所以美,美就變得醜了。天下都知道善之所以善,善就不是善了。

今本作:“天下皆知美之為美,斯惡已;皆知善之為善,斯不善已。”

又(有)亡(無)之相生也,難(難)惕(易)之相成也,長耑(短)之相型(形)也,高下之相浧(盈)也,音聖(聲)之相和也,先遂(後)之相墮(隨)也。

“戁”從“難”聲，故可通為“難”。“耑”讀為“短”，古音“耑”、“短”皆在端紐元部，故可相借。“型”從“刑”聲，而“刑”從“井”聲，“形”亦從“井”聲，故“型”可讀“形”。“浧”讀為“盈”，古“浧”、“盈”音義皆通，在古文字和典籍中多有相通之證。“聖”讀為“聲”，“聖”、“聲”古本一字，後乃分化為二。“遂”為“後”字異體。“墮”從“陊”聲，故可讀為從“陊”聲之“隨”。

簡文説有和無相對立而互相演化，難和易相對立而形成，長和短相對立而呈現，高和下相對立而虧盈，音和聲相對立而呼應，前和後相對立而跟隨。

今本作：“故有無相生，難易相成，長短相較，高下相傾，音聲相和，前後相隨。”

是以聖人居亡(無)為之事，行不言之孝(教)。

簡文説聖人用“無為”去處理事情，用“不言”去施行教導。

今本作：“是以聖人處無為之事，行不言之教。”

萬勿(物)复(作)而弗忖(始)也，為而弗志(恃)也，成而弗居。天〈夫〉唯弗居也，是以弗去也。

“复”為“作”字繁體。“志”讀為“恃”。“天”為“夫”字誤書。

簡文説萬物生長運作而不替它啓始，推動萬物運作卻不自負，功成而不自居。正因為不居功，所以功績不會失去。

今本作：“萬物作焉而不辭，生而不有，為而不恃，功成而弗居。夫唯弗居，是以不去。”

道亙(恒)亡(無)名，僕(樸)唯(雖)妻(細)，天陞(地)弗敢臣，矦(侯)王女(如)能獸(守)之，萬勿(物)牆(將)自賓(賓)。

“僕”為“臣僕”之“僕”，讀為“樸”。“妻”讀為“細”，古音妻在清紐脂部，細在心紐脂部，聲為一系，韻部相同，故可相通。“陸”為“地”字古文。“獸”讀為“守”，古音“獸”、“守”皆在書紐幽部，故可相通。“貢”字從“宀”從“貝”，乃“賓”字異體。

“僕”(樸)亦指“道”。“細”意為小。“賓”意為賓服。

簡文説道永遠是無名的，“樸”雖然小，天下卻没有可以役使它的。侯王若能保有它，萬物將會自動地服從。

今本作：“道常無名。樸雖小，天下莫能臣也。侯王若能守之，萬物將自賓。”

天陸(地)相會(合)也，以逾(降)甘零(露)。

“會”為古“答”字。“答”從“合”聲，古“答”、“合”音義皆通，故“會”可用為“合”。“逾”讀為“降”，古音“逾”在喻紐侯部，“降”在見紐冬部，而從“降”為聲的“隆”、“癃”則在來紐冬部。“來”、“喻”二紐為一系，“東”、“冬”古代關係非常密切，或謂古代東、冬不分。“零”為“露”字的省聲字。

簡文説天地陰陽之氣相合，就會降下甘露。

今本作：“天地相合，以降甘露。”

民莫之命(令)天〈而〉自均安(焉)。訂(始)折(制)又(有)名。名亦既又(有)，夫亦牆(將)智(知)歨(止)。智(知)歨(止)所以不訂(殆)，卑(譬)道之才(在)天下也，猷(猶)少(小)浴(谷)之异(與)江海。

“天”乃“而”字寫誤。“安”讀為“焉”，古“安”、“焉”音義皆近。“訂”讀為“始”和“殆”，古音“司”聲和“台”聲可以通用。“折”讀為“制”，古“折”、“制”二字音義皆近。“歨”為“止”字繁文。“卑”讀為“譬”，古音“卑”在幫紐支部，“譬”在滂紐錫部，聲為一系，韻為對轉。古“與”字從“牙”得聲，“与”字即“牙”字之形變分化，故“异”可讀“與”。

簡文説民衆没有命令它卻能自動平均施落(指甘露)。開始統制就有了名稱。名字既已産生,就要知道適可而止。知道適可而止就可以避免危殆。譬如"道"之為天下所歸往,正如江海為川流所歸往一樣。

今本作:"民莫之令而自均。始制有名,名亦既有,夫亦將知止。知止可以不殆。譬道之在天下,猶川谷之於江海。"

又(有)𤖅(狀)蟲(混)成,先天陛(地)生,敓(悦)繆(穆),蜀(獨)立而不亥(改),可以為天下母。

"𤖅"字從"百""爿"聲,讀為"狀"。古文字中相同偏旁從二個或三個經常無別,所以"蟲"字可看作"䖵"字的繁體,字可讀為"混"。"混"從"昆"聲,而"䖵"字《説文》讀若昆,所以"䖵"可用為"混"。"敓繆"讀為"悦穆""繆"為"繆"字異體。"蜀"讀為"獨"。"亥"讀為"改",古音"亥"在匣紐之部,"改"在見紐之部,聲為喉牙通轉,韻部相同,故可相通。

"悦穆"意為愉悦和樂,《文子・精誠》説:"夫道者藏精於内,棲神於心,静漠恬惔,悦穆胸中,廓然無形,寂然無聲。"

簡文説有一種混沌而成的狀態,它先於天地而存在。愉悦和樂,獨立存在不受外界的改變。它可以做為天下萬物的根源。

今本作:"有物混成,先天地生。寂兮寥兮,獨立不改,周行而不殆,可以為天下母。"

未智(知)丌(其)名,𢀈(字)之曰道,虗(吾)㢾(强)為之名曰大。

"𢀈"字是個雙聲字,"丝"、"才"皆聲,讀為"字"。"虗"字從"虍"從"王",在楚文字用為"吾",疑即"虎"字變形,以音近用為"吾"。"㢾"字即"㢾"字,讀為"强"。

"名"與""字"含義不同,古人認為"名"是"實"之表,是"實"的真實反映,已命名之事物皆是"名實相符","名"與"實"之間存在着必然的聯繫。而"字"則是外界對其的稱呼,與其"實"没有必然的聯繫。

簡文説不知道它的"名",衹好給它命"字"叫"道"。如果勉强給它起名,衹好稱其為"大"。

今本作:"吾不知其名,字之曰道,强為之名曰'大'。"

大曰灊(羡),灊(羡)曰連(轉),連(轉)曰反(返)。

"灊"是個三聲字,即從"沓"(遣字初文)、從"次"、從"臼"(陷字初文,或即"坎"字初文。又戰國文字中坎與陷字的初文相混),讀為"衍"或"羡"。"連"即"逈"字省形,讀為"轉"。"反"讀為"返"。

"衍"和"羡"都是"大"、"溢"的意思。"轉"即"轉變"。"返"即"返回"。三個"曰"字都是"叫作"、"稱為"的意思。"羡"、"轉"、"返"三字古音皆在元部。这是一個遞進式的聲訓形式。此段簡文表達的是"物盈必虧"、"物極必反"的思想。

簡文説大就是盈羡,盈羡就會轉變,轉變就是回返。

今本作:"大曰逝,逝曰遠,遠曰反。"

天大、陸(地)大,道大,王亦大。國中又(有)四大安(焉),王凥(處)一安(焉)。

"凥"本為"處"字古文。

簡文説天是大的,地是大的,道是大的,王也是大的。國中有四個大,王居其中之一。

今本作:"故道大,天大,地大,王亦大。域中有四大,而王居其一焉。"

人灋陸(地),陸(地)灋天,天灋道,道灋自肰(然)。

簡文説人以地為法則,地以天為法則,天以道為法則,道以自然為法則。

今本作:"人法地,地法天,天法道,道法自然。"

天陉(地)之刖(間),丌(其)猷(猶)囝(橐)籊(籥)與?虛而不屈,違(動)而愈出。

古文字"閒"字本從"門"從"月"作。"外"字本從"月"得聲,從"月"的"閒"字其所從之"月"經常被"外"字取代,從而出現"閒"字的古文"閖"。"閖"字所從之"外"又譌混為"刖",從而出現"闘"这一"閒"字變體。"闘"字進一步省去"門"旁,就出現了"列"(刖)这一簡省譌變的"閒"字。"囝"字從"乇"得聲,讀為"橐",古音"乇"、"橐"皆在透紐鐸部,故可相通。"籊"即"籥"字,戰國文字中"翟"形和"龠"旁經常相亂。"違"從"童"聲,古"童"、"重"經常相通,所以"違"可能即"動"字初文。

"橐籥"指古代冶煉時用以鼓風吹火的裝置,猶今日農邨之風箱。

簡文說天地之閒不正像風箱一樣嗎?雖然空虛卻永不窮屈,越排風量就越多。

今本作:"天地之閒其猶橐籥乎?虛而不屈,動而愈出。"

至虛,亙(恒)也;獸(守)中,篙(篤)也。萬勿(物)方(旁)复(作),居以須复(復)也。天道員員,各复(復)丌(其)堇(根)。

"篙"字《說文》謂從"竹"聲,讀若篤。"堇"讀為"根",古音"堇"、"根"皆在見紐文部,可以相通。

"至虛"之"至"訓為"極","至虛"即"虛之至"。"守中"又作"守沖",相當於"守靜"、"守虛"、"守默"等,指持守虛靜。"旁作"即"並作",指一同興作。"居"謂"處"。"須"意為等待。"復"指返復、回歸。"員"為"圓"之本字,"員員"指迴轉不停,周而復始。"根"謂本源。

簡文說極度虛靜就可以達到永恒;守持虛靜就可以達到淳厚。

萬物一起興作,靜處以等待返復。天道周轉不息,萬物各復歸其本源。

今本作:"致虛極,守靜篤。萬物並作,吾以觀復。夫物蕓蕓,各復歸其根。"

丌(其)安也,易枈(持)也。丌(其)未兆(兆)也,易悔(謀)也。丌(其)霍(脆)也,易畔(判)也。丌(其)幾也,易後(散)也。

"枈"字從"木""之"聲,讀為"持","持"從"寺"聲,"寺"亦從"之"聲,故可相通。"兆"讀為"兆"。"悔"為"謀"字古文。"霍"即"竁"字省文,字從"毳"聲,讀為"脆"。古音"毳"、"脆"皆在清紐月部,可以相通。"畔"讀為"判"。"後"字從"戔"聲,讀為"散",古音"戔"在精紐元部,"散"在心紐元部,聲為一系,韻部相同,於音可通。

"兆"指徵兆。"幾"訓為"微"。

簡文說事物安穩時,容易把持。事物未出現徵兆時,容易謀劃。事物脆弱,就容易分斷。事物微小,就容易失散。

今本作:"其安易持;其未兆易謀;其脆易泮;其微易散。"

為之於丌(其)亡(無)又(有)也。絧(治)之於丌(其)未亂(亂)。

"絧"讀為"治","司"聲與"台"聲可以相通。"亂"為"亂"字省寫。

簡文說要在事物未産生前有所作為,要在事物未發生混亂前加以治理。

今本作:"為之於未有,治之於未亂。"

倉(合)〔抱之木生於毫〕末,九成之臺乍(作)〔於纍土,千里之行忖(始)於〕足下。

“成”訓為“層”和“重”。“九成”即“九重”,《吕氏春秋·音初》:“為之九成之臺。”高誘注:“成,猶重。”

簡文説合抱粗的大樹由細小的萌芽産生,九重的高臺從一堆泥土築起,千里的遠行從脚下開始。

今本作:“合抱之木,生於毫末;九層之臺,起於纍土;千里之行,始於足下。”

智(知)之者弗言,言之者弗智(知)。閔〈閟(閉)〉丌(其)逆(兑),賽(塞)丌(其)門,和丌(其)光,迵(通)丌(其)新(塵),副(抽)丌(其)頷(穎),解丌(其)紛,是胃(謂)玄同。

“閔”乃“閟”字之寫誤,讀為“閉”。古音“閟”、“閉”皆在幫紐質部,可以相通。“迵”即“通”字異體。“新”即“慎”字,讀為“塵”,古音“慎”在禪紐真部,塵在定紐真部,於音可通。“副”字疑讀為“抽”,古音“畜”在透紐覺部,“抽”在透紐幽部,聲紐相同,韻為對轉。“頷”疑從“貝”得聲,讀為“穎”,古音“貝”在影紐耕部,“穎”在喻紐耕部,韻部相同,聲可通轉。

“兑”意為孔竅,《淮南子·道應》:“王若欲久持之,則塞民於兑。”高誘注:“兑,耳目鼻口也。”“穎”本指谷穗的芒或毛筆的鋒毫,这里指鋒芒。“玄同”指混沌迷濛、天地不分的洪荒狀態。

簡文説知道的人不説,説的人不知道。關閉其耳目鼻口等孔竅,堵塞其身體之門,和蓄其光耀,通達其塵垢,抽掉其鋒芒,解開其糾紛,这就叫做“玄同”。

今本作:“知者不言,言者不知。塞其兑,閉其門,挫其鋭,解其分,和其光,同其塵,是謂玄同。”

古(故)不可导(得)天〈而〉新(親),亦不可导(得)而疋(疏);不可导(得)而利,亦不可导(得)而禼(害);不可导(得)而貴,亦{可}不可导(得)而戔(賤)。古(故)為天下貴。

“新”為“新”字古文，讀為“親”。“疋”讀為“疏”，“疏”從“疋”聲，故“疋”可讀為“疏”。“禹”為“災害”之“害”的本字。“戔”讀為“賤”。

簡文説所以（對於“玄同”）不可能對它親近，也不能對它疏遠；不可能使它得利，也不可能使它得害；不可能使它尊貴，也不可能使它卑賤。所以被天下尊重。

今本作：“故不可得而親，不可得而疏；不可得而利，不可得而害；不可得而貴，不可得而賤。故為天下貴。”

以正之（治）邦，以敧（奇）甬（用）兵，以亡（無）事取天下。虐（吾）可（何）以智（知）丌（其）肰（然）也？

“之”讀為“治”，古音“之”在章紐之部，“治”在定紐之部，聲為一系，韻部相同，於音可通。“敧”字從戈奇聲，讀為“奇”。“甬”讀為“用”。

“正”“奇”乃一對哲學概念，最初指軍隊作戰的“常法”和“變法”，如以先出為正，後出為奇，正面為正，側翼為奇等等。“取”意為“治理”，《廣雅・釋詁三》：“取，為也。”《荀子・王制》：“成侯嗣公，聚斂計數之君也，未及取民也。”俞樾《平議》：“此取字，亦當訓治，取民言治民也。”

簡文説以正道治理國家，以謀詐使用軍隊，以“無為”統治天下。我何以知道是這樣的呢？

今本作：“以正治國，以奇用兵，以無事取天下。吾何以知其然哉？以此。”

夫天〔下〕多异（忌）韋（諱），而民爾（彌）畔（叛）；民多利器，而邦慈（滋）昏。人多智天〈而〉戓（奇）勿（物）慈（滋）记（起）；瀍（乏）勿（物）慈（滋）章（彰），覜（盜）惻（賊）多又（有）。

“天”字下脱一“下”字。“异”乃“萁”字省文，用為“忌”，古

“其”、“己”音通，故“异”可用為“忌”。“韋”讀為“諱”。“爾”讀為“彌”。“畔”讀為“叛”。“慈”讀為“滋”。“戝”即“敧”字，“奇”從“可”聲，故“敧”又可作“戝”。“戝”讀為“奇”。“记”為“起”字古文。“灋”讀為“乏”，古“灋”、“乏”音通，“灋”字古文作“定”，即從“乏”作。“章”讀為“彰”。

“忌諱”指禁忌。“利器”指智謀權略。“奇物”之“奇”即“奇貨可居”之“奇”，指珍奇之物。“乏物”意同“奇物”，也是“不可多得之物”的意思。

簡文説天下禁忌越多，人民就越叛離；民衆智謀權略越多，國家就越昏亂；人的智巧越多，珍奇之物品也就越多；珍奇之物越多，盜賊也就越多。

今本作：“天下多忌諱，而民彌貧；民多利器，國家滋昏；人多伎巧，奇物滋起；法令滋彰，盜賊多有。”

是以聖人之言曰：我無事而民自福(富)。我亡(無)為而民自蠡(化)。我好青(靜)而民自正。我谷(欲)不谷(欲)而民自檏(樸)。

“福”乃“富”字繁文。“蠡”即“蝸”字，因音近讀為“化”。“青”讀為“靜”。“檏”為受“僕”字影響類化的“樸”字。

簡文説所以聖人説：我無事，人民自然富足，我無為，人民自然順化，我好靜，人民自然端正。我無欲，人民自然淳樸。

今本作：“故聖人云：我無為而民自化，我好靜而民自正，我無事而民自富，我無欲而民自樸。”

酓(含)悳(德)之厚(厚)者，比於赤子，蟲(虺)蠆蟲它(蛇)弗蓋，攫鳥猷(猛)獸弗扣，骨溺(弱)菫(筋)秫(柔)而捉固。

“酓”乃“飲”字古文，從“今”為聲，與從“今”聲的“含”可以相通。“厚”即“厚”字的變體。“蟲”從“鬼”省，古音“鬼”在見紐微部，“虺”在曉紐微部，韻部相同，聲為喉牙通轉。“蠆＝”為“蠆蟲”二字的合文。“㶷”字不識,字從“丙”聲,讀為“猛”。古音“丙”在幫紐陽部,“猛”在明紐陽部,韻部相同,聲為一系,可以相通。“溺”讀為“弱”。“菫”讀作“筋”,古音“菫”、“筋”皆在見紐文部,故可相通。“梂”讀為“柔”,“梂”從“求”聲,古音“求”在群紐幽部,“柔”在日紐幽部,韻部相同,古見系牙音與舌音關係較為密切,多有相通之例。

“赤子”即“嬰兒”。“攫鳥”指凶猛之鳥。“扣”訓為“擊”。“捉固”之“捉”意為“握”,“握固”即“握持堅固”之意。

簡文説包含“德”之深厚程度,同無知無欲的嬰兒差不多。虺蠆蟲蛇不螫,鷙鳥不抓,猛獸不擊,骨弱筋柔但握持牢固。

今本作:“含德之厚,比於赤子。蜂蠆虺蛇不螫,猛獸不據,攫鳥不搏。骨弱筋柔而握固。”

未智(知)牝戊(牡)之畣(合)𡚽(朘)蒸(怒),精之至也。終日虐(呼)而不惪(嗄),和之至也。和曰県(同),智(知)和曰明。

“戊”讀為“牡”,古音“戊”“牡”皆在明紐幽部,於音可通。“𡚽”字不識,但應讀為“朘”無疑。“蒸”字從“𡛷”聲,“𡛷”從“女”聲,“恕”從“如”聲,“如”亦從“女”聲,故“蒸”可讀為“怒”。“惪”即“憂”字古文,讀為“嗄”。“県”為“同”字繁寫。

“朘”指小兒的生殖器。“怒”意為“凸起”、“鼓起”,在此指生殖器勃起。“嗄”意為氣逆,《太玄·夷》:“次三,柔,嬰兒於號,三日不嗄。測曰,嬰兒於號,中心和也。”“和”意為平和,“同”意為和同。

簡文説還不知道男女交合之事而生殖器就勃起,是精氣飽滿的緣故。整天號哭卻不氣逆聲啞,平和到了極點。平和叫做“同”,知識叫做“明”。

今本作:“未知牝牡之合而全作,精之至也。終日號而不嗄,和之至也。知和曰常,知常曰明。”

賹(益)生曰恙(祥),心㚔(使)㷬(氣)曰㢾。

“賹”讀為“益”。“恙”從“羊”聲,故可讀為“祥”。“㤅”為“氣”字古文。

“益生”指人為地提高生存的舒適程度。“祥”既可指“吉祥”,又可指“妖祥”,在此用為“妖祥”之“祥”,指災殃。“勥”意為固執。

簡文説追求享受叫做災殃,心性支配血氣叫做固執。

今本作:“益生曰祥,心使氣曰强。”

勿(物)𧷤(壯)𠟭(則)老,是胃(謂)不道。

“𧷤”字從“皿”從“臧”(“臧”字古文),讀為“壯”。

簡文説生物壯大後就會走向衰老,這叫做不合乎“道”。

今本作:”物壯則老,謂之不道。”

名與身篙(孰)新(親)? 身與貨篙(孰)多? 貴(得)與貣(亡)篙(孰)疠(病)? 甚悉(愛)必大䝼(費),厚(厚)贓(藏)必多貣(亡)。

“篙”字同“篤”,古音在端紐覺部,“孰”古音在禪紐覺部,聲為一系,韻部相同,可以相通。“貴”從“貝”之聲,讀為“得”,古音“之”在章紐之部,“得”在端紐職部,聲為一系,韻為對轉,於音可通。“貣”即“亡”字,受上文“貴”字影響亦類化為從“貝”作。“疠”即“病”字異體,古音“丙”和“方”皆在幫紐陽部,故“病”可改換聲符從“方”作。“䝼”字疑為“費”字異體,字從貝“弼”聲,古音“弼”在並紐物部,“弗”在幫紐物部,可以相通,故“費”可改從“弼”作。“厚”為“厚”字異體,從“句”得聲,古音“句”在見紐侯部,“厚”在匣紐侯部,聲為喉牙通轉,韻部相通,可以相通。“贓”即“贓”字,《玉篇·貝部》:“贓,藏也。”

簡文説名聲與生命哪一個更親近? 生命與財貨哪一個更重要? 獲得與喪失哪一個更有害? 過度吝惜必大大破費,豐厚的收藏必引致重大的損失。

今本作:“名與身孰親? 身與貨孰多? 得與亡孰病? 是故甚愛

必大費，多藏必厚亡。”

古(故)智(知)足不辱(辱)，智(知)歨(止)不怠(殆)，可以長舊(久)。

“怠”讀為“殆”。“舊”、“久”二字音義皆近，可以相通。

簡文説所以知道滿足，就不會遇到困辱，知道適可而止，就不會遇到危殆，可以長久。

今本作：“知足不辱，知止不殆，可以長久。”

返(反)也者，道〔之〕僮(動)也。溺(弱)也者，道之甬(用)也。天下之勿(物)生於又(有)，又(有)生於亡(無)。

第一個“道”字後應脱一“之”字，最後的“又”字後脱一重文符號。“僮”讀為“動”。

簡文説向相反的方嚮發展，是“道”的運動。柔弱是“道”的應用。天下萬物生於“有”，“有”生於“無”。

今本作：“反者道之動，弱者道之用。天下萬物生於有，有生於無。”

朱(持)而浧(盈)之，不{不}若巳(已)。湍(揣)而群之，不可長保也。金玉浧(盈)室，莫能獸(守)也。貴福(富)喬(驕)，自遺咎也。攻(功)述(遂)身退，天之道也。

“朱”字從“木”、“止”聲，讀為“持”。“浧”讀為“盈”。“不”字後衍一“不”字。“湍”讀為“揣”，“揣”意為“持”。“群”意為“會聚”。“攻”讀為“功”。“述”讀為“遂”，“述”、“遂”二字在古文字和典籍中經常相通。

簡文説持有並使其豐盈，不如放棄。持有並使其會聚，難保長久。金玉滿堂，難以守藏。富貴而驕，自留禍患。功成而身退，是天的“道”。

今本作:“持而盈之,不如其已。揣而棁之,不可常保。金玉满堂,莫之能守。富貴而驕,自遺其咎。功遂身退,天之道。”

老　子（乙本）

【説明】

《老子》乙本現存簡共18支，竹簡兩端平齊，簡長30.6釐米。編綫兩道，編綫間距13釐米。簡文現存377字，又重文8字，合文3字，衍文3字，奪文1字。大致殘去57字。簡文内容按序相當於今本的59章、48章上段、20章上段、13章、41章、52章中段、45章、54章。

【釋文】

紿（治）人事天，莫若嗇。夫唯嗇，是以𣌭（早）{是以𣌭（早）}備，是胃（謂）〔重積悳（德）。重積悳（德）則亡（無）〕不克，〔亡（無）〕【1】不克昷（則）莫智（知）亓（其）亙（恒），莫智（知）亓（其）亙（恒），可以又（有）郪（國）。又（有）郪（國）之母，可以長〔久，是胃（謂）深根固柢之法〕，【2】長生舊（久）視之道也。

〔為〕學者日嗌（益），為道者日員（損）。員（損）之或（又）員（損），以至亡（無）為【3】也，亡（無）為而亡（無）不為。

𢇍（絶）學亡（無）𢝊（憂），唯與可（呵），相去戔（幾）可（何）？ 㒪（美）牙（与）亞（惡），相去可（何）若？【4】人之所䰟（畏），亦不可以不䰟（畏）。

人𢤦（寵）辱（辱）若纓（驚），貴大患若身。可（何）胃（謂）𢤦（寵）【5】辱（辱）？ 𢤦（寵）為下也，㝵（得）之若纓（驚），遊（失）之若纓（驚），是胃（謂）𢤦（寵）辱（辱）纓（驚）。〔可（何）胃（謂）貴大患〕【6】若身？ 虗（吾）所以又（有）大患者，為虗（吾）又（有）身。汲（及）虗（吾）亡（無）身，或（有）可（何）〔患安（焉）？ 古（故）貴以身〕【7】為天下，若可以厇（托）天下矣。㤅（愛）以身為天下，若可以迲（寄）天下矣。【8】

上士昏（聞）道，堇（僅）能行於亓（其）中。中士昏（聞）道，若昏（聞）

若亡。下士昏(聞)道,大英(笑)之。弗大【9】英(笑),不足以為道矣。是以建言又(有)之:明道女(如)孛(昧),遲(夷)道〔女(如)繢(纇),進〕【10】道若退。上悳(德)女(如)浴(谷),大白女(如)辱(辱),坐(廣)悳(德)女(如)不足,建(健)悳(德)女(如)〔偷,質〕貞女(如)愉(渝)。【11】大方亡(無)禺(隅),大器曼(慢)成,大音祗(希)聖(聲),天象亡(無)坓(形),道〔始亡(無)名,善始善成〕。【12】

閟(閉)亓(其)門,賽(塞)亓(其)逸(兑),終身不丞(瞀)。啟亓(其)逸(兑),賽(塞)亓(其)事,終身不逨(救)。大成若【13】夬(缺),亓(其)甬(用)不希(敝)。大浧(盈)若中(沖),亓(其)甬(用)不寡(窮)。大攷(巧)若仳(拙),大成(盛)若詘,大植(直)【14】若屈。喿(燥)勑(勝)蒼(滄),青(清)勑(勝)然(熱),清静為天下定(正)。

善建者不杲(拔),善休(抱)者【15】不兑(脱),子孫以亓(其)祭祀不乇(輟)。攸(修)之身,亓(其)悳(德)乃貞;攸(修)之豪(家),亓(其)悳(德)又(有)舍(餘);攸(修)【16】之向(鄉),亓(其)悳(德)乃長;攸(修)之邦,亓(其)悳(德)乃奉(豐);攸(修)之天下,〔亓(其)悳(德)乃溥。以豪(家)觀〕【17】豪(家),以向(鄉)觀向(鄉),以邦觀邦,以天下觀天下。虗(吾)可(何)以智(知)天〔下之然哉?以此〕。【18】

【校釋】

紿(治)人事天,莫若嗇。夫唯嗇,是以杲(早){是以杲(早)}備,是胃(謂)〔重積悳(德)。重積悳(德)則亡(無)〕不克,〔亡(無)〕不克𣅀(則)莫智(知)亓(其)亙(恒),莫智(知)亓(其)亙(恒),可以又(有)或(國)。

"紿"讀為"治"。"杲"字從"日"從"來","來"乃"束"字之訛混。古文字中"束"、"來"二旁經常相混。"杲"即"曩"字之省變,從"日""棗"聲,為"早"字古文。"或"即"國"字古文。簡文衍"是以杲"三字。

"嗇"意為慳吝,愛惜。"恒"字在楚簡中用法同"極",蓋因二字字形接近,意義有重合之處。

簡文説統治人民,侍奉上天,没有比愛惜更好的辦法。祇有愛惜,才能早作準備。这就叫做積纍“德”。積纍德就能無往而不勝。無往而不勝就會讓人看不到邊際。看不到邊際,就可以統治國家。

今本作:“治人、事天,莫若嗇。夫唯嗇,是謂早服。早服謂之重積德。重積德則無不克。無不克則莫知其極。莫知其極,可以有國。”

又(有)郕(國)之母,可以長〔久,是胃(謂)深根固柢之法〕,長生舊(久)視之道也。

“舊”、“久”音義皆近,常可通用。“根”、“柢”都是根基、基礎的意思。“長生久視”意為長久地活着。

簡文説統治國家之“道”可以長久,這就是加深根基,堅固基礎,長久地活着的原則。

今本作:“有國之母,可以長久。是謂深根固柢,長生久視之道。”

〔為〕學者日嗌(益),為道者日員(損)。員(損)之或(又)員(損),以至亡(無)為也,亡(無)為而亡(無)不為。

“學”字前脱一“為”字。“員”讀為“損”。“或”讀為“又”。

“無為而無不為”指“不先物為而因物之所為”。

簡文説從事於學問,知識會一天比一天增加,從事於“道”,人為之“為”會一天比一天减少。减之又减,直至於“無為”。不主動有所作為而依順天下萬物的自然之“為”。

今本作:“為學日益,為道日損,損之又損,以至於無為。無為而無不為。”

䜌(絶)學亡(無)惪(憂),唯與可(呵),相去幾(幾)可(何)? 屶(美)牙(与)亞(惡),相去可(何)若? 人之所褢(畏),亦不可以不褢(畏)。

"㥑"為"憂"字古文。"可"讀為"呵"与"何"。"㓵"讀為"美"。"与"字從古文字資料看,就是"牙"字的變形分化,故"牙"可用為"与"。"之所"二字為合文。"禠"為"鬼"字加旁字(加"示"表示鬼神),讀為"畏"。古音"鬼"在見紐微部,"畏"在影紐微部,聲為喉牙鄰紐,韻部相同,在古文字中有許多相通之例。

"絶學"謂棄絶學問。"唯"指應諾。"呵"指呵責。

簡文説拋棄學問,才能免去憂慮。應諾與呵責,相差有多少?美麗與醜惡,又差别有多少?别人所怕的,你也不能不畏懼。

今本作:"絶學無憂,唯之與阿,相去幾何,善之與惡,相去若何?人之所畏,不可不畏。"

人態(寵)辱(辱)若纓(驚),貴大患若身。可(何)胃(謂)態(寵)辱(辱)?態(寵)為下也,导(得)之若纓(驚),遊(失)之若纓(驚),是胃(謂)態(寵)辱(辱)纓(驚)。

"態"從"心""龍"聲,讀為"寵"。"纓"字從"賏"從"縈",疑是"縈"字繁體,即在"縈"字上纍加"賏"聲而成。古音"縈"、"賏"皆在影紐耕部,於音可通。"縈"在簡文中讀為"驚"。古音"驚"在見紐耕部,與"縈"韻部相同,聲為喉牙鄰紐,故可相通。"遊"字在楚文字中皆用為"失"字,其構形尚不明。

簡文説人們得到榮寵都會驚恐,把大患(指榮寵)看得如身體一樣重。甚麽叫做"寵辱若驚"?榮寵本來很卑下,得到的驚恐,失掉的也驚恐,這就叫寵辱若驚。

今本作:"寵辱若驚,貴大患若身。何謂寵辱若驚?寵為下。得之若驚,失之若驚,是謂寵辱若驚。"

〔可(何)胃(謂)貴大患〕若身?虐(吾)所以又(有)大患者,為虐(吾)又(有)身。退(及)虐(吾)亡(無)身,或(有)可(何)〔患安(焉)?古(故)貴以身〕為天下,若可以厇(托)天下矣。炁(愛)以身為天下,若可以迲(寄)天下矣。

“返”為“及”字繁體。“厇”字從“乇”聲,讀為“托”。“迲”即“去”字繁文,讀為“寄”。古音“去”在溪紐魚部,“寄”在見紐歌部,聲為一系,韻部主要元音相同,可以通轉。

簡文説甚麽叫做把大患(指榮寵)看得如身體一樣重要?吾所以有大患(榮寵),是因為吾有身體。吾若是没有身體,吾還會有甚麽患呢?所以以身體為重來治理天下的人,可以把天下托付給他。以熱愛身體來治理天下的人,可以擔起治理天下的重任。

今本作:“何謂貴大患若身?吾所以有大患者,為吾有身,及吾無身,吾有何患?故貴以身為天下,若可寄天下。愛以身為天下,若可託天下。”

上士昏(聞)道,堇(僅)能行於亓(其)中。中士昏(聞)道,若昏(聞)若亡。下士昏(聞)道,大芺(笑)之。弗大芺(笑),不足以為道矣。

“昏”讀為“聞”,古音“昏”在曉紐文部,“聞”在明紐文部,韻部相同,聲紐在古代關係非常密切,典籍和古文字中多有相通之證。“堇”讀為“僅”。“芺”乃“笑”字古文,從“艸”從“犬”,後“艸“混同為“竹”,“犬”聲化為“夭”。

簡文説上等之士聽到“道”,衹能在道之中作為。中等之士聽到“道”,既像聽到,又像未聽到。下等之士聽到“道”,大笑而不相信。好像不大笑就不足以回應“道”。

今本作:“上士聞道,勤而行之;中士聞道,若存若亡;下士聞道,大笑。不笑,不足以為道。”

是以建言又(有)之:明道女(如)孛(昧),遅(夷)道〔女(如)繢(纇),進〕道若退。

“孛”字讀為“昧”,古音“孛”在並紐物部,“昧”在明紐物部,聲為一系,韻部相同,故可相通。“遟”乃“遲”字古文,讀為“夷”,古音“遲”在定紐脂部,“夷”在喻紐脂部,聲為一系,韻部相同,可以相通。“繢”讀為“纇”,古音“繢”在匣紐微部,“纇”在來紐物部,韻部相同,匣、來二紐古代關係密切,有許多相通轉的例子。簡文“如繢”三字原漏拼接,見於竹簡殘片。

“建言”應是一種古書,其中大概記載有格言、警句、謠諺一類內容。“昧”意為“昏暗”。“夷道”之“夷”意為平坦。“纇”本義為絲的結節,引申有“不平”之意。

簡文説所以《建言》曾謂:明白的“道”好似黯昧,平坦的“道”好似崎嶇,前進的“道”好似後退。

今本作:“故建言有之:明道若昧,進道若退,夷道若纇。”

上悳(德)女(如)浴(谷),大白女(如)辱(辱),坒(廣)悳(德)女(如)不足,建(健)悳(德)女(如)〔偷,質〕貞女(如)愉(渝)。

“坒”即“往”字古文,讀為“廣”,古音“坒”在匣紐陽部,“廣”在見紐陽部,韻部相同,聲為一系,可以相通。“建”讀為“健”。“愉”讀為“渝”。

“大白”指人之品性堅貞潔淨。“健德”即“剛健之德”。“偷”意為怠惰。“貞”指清白守節。“渝”意為“變更”、“改變”。

簡文説高上之德像似山谷,堅貞潔淨像似污濁,廣博之德像是不足,剛健之德像似怠惰,品質堅貞像是不能堅守。

今本作:“上德若谷,大白若辱,廣德若不足,建德若偷,質真若渝。”

大方亡(無)禺(隅),大器曼(慢)成,大音祗(希)聖(聲),天象亡(無)坓(形),道〔始亡(無)名,善始善成〕。

“禺”讀為“隅”。“曼”讀為“慢”。“祗”從“氐”聲,讀為“希”。古音“希”通為“黹”,《周禮·春官·司服》:“祭社稷五祀則希冕。”

鄭注:“希讀為黹。”而“黹”、“氐”皆在端紐脂部,可以相通。

簡文説極大的“方”没有角隅,極大的器物總是很慢做成,極大的聲音反倒很少發聲,天的形象總是没有形狀,“道”開始没有名,但能够善始善終。

今本作:“大方無隅,大器晚成,大音希聲,大象無形,道隱無名。夫唯道,善貸且成。”

閟(閉)亓(其)門,賽(塞)亓(其)逸(兑),終身不孟(瞀)。啟亓(其)逸(兑),賽(塞)亓(其)事,終身不逨(救)。

“閟”讀為“閉”。“賽”讀為“塞”。“逸”讀為“兑”。“孟”即“嵍”字省文,讀為“瞀”。“孟”從“矛”聲,“瞀”從“敄”聲,“敄”亦從“矛”聲,故“孟”可讀為“瞀”。“逨”從“止”從“來”,在古文字中“來”、“朿”二旁經常相混。在楚簡文字中,“來”、“求”二旁也相混。“逨”疑即“逑”字,讀為“救”。

“兑”指耳目鼻口等孔竅。“瞀”意為昏亂。第一個塞字用為“堵塞”意,第二個“塞”字用為“充實”、“充滿”意。《玉篇·土部》:“塞,實也,滿也。”

簡文説關上〔通過知識〕的大門,堵上〔接受知識〕的孔竅,這樣就能終身不會昏亂。打開〔接受知識〕的孔竅,將其填滿事情,這樣終生都不可挽救。

今本作:“塞其兑,閉其門,終身不勤。開其兑,濟其事,終身不救。”

大成若夬(缺),亓(其)甬(用)不帇(敝)。大浧(盈)若中(沖),亓(其)甬(用)不穿(窮)。大攷(巧)若仳(拙),大成(盛)若詘,大植(直)若屈。

“夬”讀為“缺”。“帇”即“㡀”字,從“巾”、“采”聲,讀為“敝”。“中”讀為“沖”。“穿”即“窮”字初文。“仳”讀為“拙”。“植”讀為

"直"。

"敝"意為"敝壞"。"沖"與"盈"相對,指"空虚"。"拙"意為笨拙。"詘"意為窮盡、不足。

簡文説極圓滿好似欠缺,其應用不會敗壞;極充實好似空虚,其應用不會窮盡;極靈巧好似笨拙,極豐盛好似不足,極正直好似屈曲。

今本作:"大成若缺,其用不弊。大盈若沖,其用不窮。大直若屈,大巧若拙,大辯若訥。"

喿(燥)勳(勝)蒼(滄),青(静)勳(勝)然(熱),清静為天下定(正)。

"喿"讀為"燥"。"勳"從"力""乘"聲,戰國文字中皆用為"勝"。《廣韻·蒸韻》:"乘,勝也。"《書·西伯戡黎》:"周人乘黎。"孔傳:"乘,勝也。""蒼"讀為"滄"。"青"讀為"静"。"然"讀為"熱",古音"然"在日紐元部,"熱"在日紐月部,聲紐相同,韻為對轉。"清静"乃合文,即"清"字既用作"清",同時又借為"静"。"定"讀為"正","定"本從"正"聲,故可讀為"正"。

"燥"指"焦燥"。"滄"意為寒冷。"正"在此用為"君長"意。

簡文説焦燥可以戰勝寒冷,清静可以戰勝暑熱。清静是天下的君長。

今本作:"躁勝寒,静勝熱,清静為天下正。"

善建者不臬(拔),善休(抱)者不兑(脱),子孫以丌(其)祭祀不乇(輟)。

"臬"即"拔"字古文,象兩手拔木形。"休"字即"保"字省寫。"保"字初文本像抱負嬰兒之形,故"保"字本即有"抱持"義。金文多言"永保用",其"保"字即用為"抱持"義。"兑"讀為"脱"。"子孫"二字乃借筆合文。"乇"字讀為"輟",古音"乇"在透紐鐸部,"輟"在端紐月部,聲為一系,韻部主要元音相同,可以通轉。

簡文説善於建立的,不可拔除,善於抱持的,不會脱落。因此可以享受子孫的祭祀而永不斷絶。

今本作:“善建者不拔,善抱者不脱,子孫以祭祀不輟。”

攸(修)之身,丌(其)悳(德)乃貞;攸(修)之豢(家);丌(其)悳(德)又(有)舍(餘);攸(修)之向(鄉),丌(其)悳(德)乃長;攸(修)之邦,丌(其)悳(德)乃奉(豐);攸(修)之天下,〔丌(其)悳(德)乃溥。以豢(家)觀〕豢(家),以向(鄉)觀向(鄉),以邦觀邦,以天下觀天下。虗(吾)可(何)以智(知)天〔下之然哉? 以此〕。

“攸”即“修”之初文。“豢”為楚文字中的“家”字。“舍”讀為“餘”。“舍”本從“余”聲,故“舍”可讀為“餘”。“向”讀為“鄉”。古音“向”、“鄉”皆在曉紐陽部,故可相通。“奉”讀為“豐”。

簡文説把這一原則(指善建者不拔,善抱者不脱)貫徹到人身,他的“德”就會正直;把這一原則貫徹到一家,家的“德”就會富餘;把這一原則貫徹到一鄉,鄉的“德”就會久長;把這一原則貫徹到一國,國的“德”就會豐厚;把這一原則貫徹到天下,天下的“德”就會廣溥。以家來認識家,以鄉來認識鄉,以國來認識國,以天下來認識天下。我如何知道天下的狀況呢? 就是用以上的方法。

今本作:“修之於身,其德乃真;修之於家,其德乃餘;修之於鄉,其德乃長;修之於國,其德乃豐;修之於天下,其德乃普。故以身觀身,以家觀家,以鄉觀鄉,以國觀國,以天下觀天下。吾何以知天下然哉? 以此。”

老　子（丙本）

【説明】

《老子》丙本現存簡共 14 支，竹簡兩端平齊，簡長 26.5 釐米。編綫兩道，編綫間距 10.8 釐米。簡文現存 268 字，又重文 1 字，合文 1 字。大致殘去 18 字。簡文内容按序相當於今本的 17 章、18 章、35 章、31 章中段和下段、64 章下段。

【釋文】

大（太）上下智（知）又（有）之，丌（其）即（次）新（親）譽之，丌（其）既（次）愄（畏）之，丌（其）即（次）柔（侮）之。訐（信）不足，安（焉）**【1】**又（有）不訐（信）。猷（猶）虐（乎）丌（其）貴言也。成事述（遂）社（功），而百眚（姓）曰我自肰（然）也。古（故）大**【2】**道登（廢），安（焉）又（有）息（仁）義。六新（親）不和，安（焉）又（有）孝孿（孳）。邦豪（家）緍（昏）𤔲（亂），安（焉）又（有）正臣。**【3】**

埶（設）大象，天下往。往而不害，安（焉）坪（平）大（太）。樂與餌，怹（過）客歨（止）。古（故）道〔之出言〕，**【4】**淡可（兮）丌（其）無味也。視之不足見，聖（聽）之不足餌（聞），而不可既也。**【5】**

君子居則貴左，甬（用）兵則貴右。古（故）曰兵者〔非君子之器，不〕**【6】**㝵（得）已而甬（用）之，銛（銛）纕（功）為上，弗媺（美）也。敚（美）之，是樂殺人。夫樂〔殺，不可〕**【7】**以㝵（得）志於天下。古（故）吉事上左，喪（喪）事上右。是以支（偏）牆（將）**【8】**軍居左，上牆（將）軍居右，言以喪（喪）豊（禮）居之也。古（故）殺〔人衆〕，**【9】**則以忞（哀）悲位（莅）之，戰（戰）勳（勝）則以喪（喪）豊（禮）居之。**【10】**

為之者敗之，執之者遊（失）之。聖人無為，古（故）無敗也；無執，古（故）〔無遊（失）也〕。**【11】**新（慎）終若訂（始），則無敗事壴（矣）。人之敗也，亙(恒)於丌(其)啟(且)成也敗之。是以〔聖〕人【12】欲不欲，不貴戁(難)㝵(得)之貨；學不學，遉(復)衆之所沘(過)。是以能補(輔)墧(萬)勿(物)【13】之自然，而弗敢為。【14】

【校釋】

大(太)上下智(知)又(有)之，丌(其)即(次)新(親)譽之，丌(其)既(次)愄(畏)之，丌(其)即(次)柔(侮)之。訐(信)不足，安(焉)又(有)不訐(信)。猷(猶)虖(乎)丌(其)貴言也。成事述(遂)社(功)，而百眚(姓)曰我自肰(然)也。

"大"讀為"太"，"大"、"太"本為一字分化，在古文字中可以通用。"即"讀為"次"，古音"即"在精紐質部，"次"在清紐脂部，聲為一系，韻為對轉，可以相通。"新"即"新"字異體，讀為"親"。"柔"乃"侮"字古文。"訐"即"信"字古文，從"言"、"千"聲。"述"讀為"遂"，古音"述"在船紐物部，"遂"在邪紐物部，韻部相同，古邪紐與舌聲關係密切，"述"、"遂"在古文字和典籍中都有許多相通之證。"社"字從"示"、"工"聲，讀為"功"。"眚"字讀為"姓"，兩字皆以"生"為聲符，故可借用。

"太上"指最高的層次。"猶乎"同於"猶然"，舒遲之貌。

簡文説最上等的統治，人們僅僅知道它的存在；其次的統治，人們親近它，贊譽它；再其次的統治，人們畏懼它；最次的統治，人們輕慢它。信用不足，怎麽能讓人相信呢？舒緩地慎重發言。功成事就，而老百姓説都是靠我自己自然做成功的。

今本作："太上，下知有之；其次，親而譽之；其次，畏之；其次，侮之。信不足焉，有不信焉。悠兮，其貴言。功成事遂，百姓皆謂我自然。"

古(故)大道發(廢)，安(焉)又(有)㤅(仁)義。六新(親)不和，安(焉)又(有)孝㜸(孳)。邦豪(家)緍(昏)𠭥(亂)，安(焉)又(有)正臣。

“發”讀為“廢”。“息”為“仁”字古文,從“心”“身”“聲”。“緍”字讀為“昏”。“胤”為“亂”字省寫。

“焉”字可有兩種訓釋,一是用為疑問代詞,意為“哪裏”、“怎麼會”;一是用於連詞,意為“則”、“于是”。後一種訓釋與今本文意相合,但不排除本應按第一種訓釋的可能。

簡文説所以大道被廢棄,於是就有了仁義。家族産生糾紛,於是就有了孝孳。國家陷於混亂,於是就有了忠臣。

今本作:“大道廢,有仁義。智慧出,有大僞。六親不和,有孝孳。國家昏亂,有忠臣。”

埶(設)大象,天下往。往而不害,安(焉)坪(平)大(太)。樂與餌,怢(過)客歨(止)。古(故)道〔之出言〕,淡可(兮)丌(其)無味也。視之不足見,聖(聽)之不足聵(聞),而不可既也。

“埶”讀為“設”,古音“埶”在疑紐月部,但從“埶”為聲的“勢”則在書紐月部,而“設”亦在書紐月部,所以“埶”可用為“設”。“坪”讀為“平”。“怢”讀為“過”。“歨”為“止”字繁寫。“可”讀為“兮”,古音“可”在溪紐歌部,“兮”在匣紐支部,聲為喉牙鄰紐,韻為旁轉,可以相通。“聖”讀為“聽”,“聖”、“聽”本一字之分化。

“大象”指“道”而言。“安(焉)平太”之“焉”訓為“于是”、“乃”。“平太”即“平泰”,指平和通泰。“樂”指音樂,“餌”指食品。“既”訓為“盡”。

簡文説施用“道”,天下都會向其歸靠。歸靠而没有害咎,于是便平和通泰。音樂和美食,會使過客停住脚步。所以“道”之出口,就會淡而無味。看它看不見,聽它聽不到,卻没有窮盡。

今本作:“執大象,天下往。往而不害,安平太。樂與餌,過客止。道之出口,淡乎其無味。視之不足見,聽之不足聞,用之不足既。”

君子居則貴左,甬(用)兵則貴右。古(故)曰兵者〔非君子之器,不〕

㝵(得)已而甬(用)之,銛(銛)纗(功)為上,弗媺(美)也。敚(美)之,是樂殺人。

"銛"字從"金"從"青","厝"從"厂"從"青","青"即纍增義符的"舌"字,字讀為"銛"。"纗"從"龏"聲,讀為"功"。"敚"即"媺"字變體。"銛"意為鋒利,"功"意為堅利。

古"右"屬陰,而用兵講謀詐,故謂"用兵則貴右"。

簡文説君子平時以左邊為尊,用兵打仗則以右邊為上。所以説兵器不是君子用的東西,萬不得已而用它,祇要鋒利堅固就好,不必加以裝飾來美化。如果加以裝飾美化,就是以殺人為樂了。

今本作:"君子居則貴左,用兵則貴右。兵者不祥之器,非君子之器,不得已而用之,恬淡為上。勝而不美。而美之者,是樂殺人。"

夫樂〔殺,不可〕以㝵(得)志於天下。古(故)吉事上左,䘮(喪)事上右。是以支(偏)牁(將)軍居左,上牁(將)軍居右,言以䘮(喪)豊(禮)居之也。

"䘮"為"喪"字繁文,字從"喪"省從"死"。"支"為"鞭"字簡寫,後分化出"卞"字,在此讀為"偏"。古音"鞭"在幫紐元部,"偏"在滂紐真部,聲為一系,韻為旁轉。"牁"從"爿"聲,故可讀為從"爿"聲的"將"。"豊"讀為"禮"。

簡文説以殺人為樂的人,就不可能得志於天下。所以吉慶之事以左為尊,凶喪之事以右為上。所以偏將軍位於左邊,上將軍位於右邊。這是以喪禮的方式來處理。

今本作:"夫樂殺人者,則不可以得志於天下矣。吉事尚左,凶事尚右。偏將軍居左,上將軍居右,言以喪禮處之。"

古(故)殺〔人衆〕,則以忞(哀)悲位(莅)之,戰(戰)勳(勝)則以䘮(喪)豊(禮)居之。

“忞”即“哀”字古文。“位”讀為“莅”。“戳”為“戰”字異體。

簡文説所以殺人衆多，就應以悲痛的心情對待，戰勝了也以喪禮的方式來處置。

今本作：“殺人之衆，以哀悲泣之，戰勝，以喪禮處之。”

為之者敗之，執之者遊(失)之。聖人無為，古(故)無敗也；無執，古(故)〔無遊(失)也〕。新(慎)終若訂(始)，則無敗事壴(矣)。人之敗也，亙(恒)於丌(其)叡(且)成也敗之。

“壴”讀為“矣”，“壴”為“喜”字之省，古音“喜”在曉紐之部，“矣”在匣紐之部，聲為一系，韻部相同，故可相通。“叡”讀為“且”。

簡文説有作為就會失敗，有把持就會失去。因此聖人無作為所以不會失敗，不把持所以不會失去。如果結束時能像開始一樣慎重，就不會有失敗。人之失敗，常常是在將要成功時。

今本作：“為者敗之，執者失之。是以，聖人無為，故無敗；無執，故無失。民之從事，常於幾成而敗之。慎終如始，則無敗事。”

是以〔聖〕人欲不欲，不貴戁(難)㝵(得)之貨；學不學，逡(復)衆之所𨘢(過)。是以能楠(輔)㟁(萬)勿(物)之自然，而弗敢為。

“𨘢”為“過”字異體，從“化”聲。“楠”讀為“輔”。“㟁”讀為“萬”。“復”意為“寬宥”。

簡文説所以聖人的欲望就是没有欲望，不以珍奇的東西為貴重；聖人的學問就是不學，寬宥衆人的罪過。所以能够輔佐萬物自然發展而不主動有所作為。

今本作：“是以聖人欲不欲，不貴難得之貨；學不學，復衆人之所過。以輔萬物之自然，而不敢為。”

太 一 生 水

【説明】

《太一生水》現存簡共 14 支，竹簡兩端平齊，簡長 26.5 釐米。上下兩道編綫，編綫間距 10.8 釐米。其形制和書體與《老子》丙本相同，故學者懷疑其可能與《老子》丙本本為一册，或緊附在《老子》丙本之後。簡文現存 284 字，又重文 12 字、合文 10 字，奪文 7 字。大致殘去 27 字。

《太一生水》屬道家著作，簡文論述了道家觀念中的宇宙生成過程。文中反映出作為萬物本源的“大一”和“水”的重要性。又提到道家“損有餘而補不足”的思想。是一篇極為重要的道家早期文獻。

【釋文】

大一生水，水反楠(輔)大一，是以成天。天反楠(輔)大一，是以成陛(地)。天陛(地)〔退(復)相楠(輔)〕**【1】**也，是以成神明。神明退(復)相楠(輔)也，是以成侌(陰)昜(陽)。侌(陰)昜(陽)退(復)相楠(輔)也，是以成四時。四時**【2】**退(復)〔相〕楠(輔)也，是以成倉(滄)然(熱)。倉(滄)然(熱)退(復)相楠(輔)也，是以成溼(濕)澡(燥)。溼(濕)澡(燥)退(復)相楠(輔)也，成戢(歲)**【3】**而峕(止)。古(故)戢(歲)者，溼(濕)澡(燥)之所生也。溼(濕)澡(燥)者，倉(滄)然(熱)之所生也。倉(滄)然(熱)者，〔四時之所生也。〕四時**【4】**者，侌(陰)昜(陽)之所生〔也〕。侌(陰)昜(陽)者，神明之所生也。神明者，天陛(地)之所生也。天陛**【5】**者，大一之所生也。是古(故)大一贘(藏)於水，行於時，逌(周)而或(又)〔始，以己為〕**【6】**墧(萬)勿(物)母。罷(一)块(缺)罷(一)浧(盈)，以忌(己)為墧(萬)勿(物)經。此天之所不能殺，陛(地)之所**【7】**不能耋(埋)，侌(陰)昜(陽)之所不能成。君子智(知)此之胃(謂)……**【8】**下，土也，而胃(謂)之陛(地)。上，燹(氣)也，而胃(謂)之天。道亦丌(其)

忞(字)也,青(請)昏(問)丌(其)名。以【10】道從事者必厇(托)丌(其)名,古(故)事成而身長。聖人之從事也,亦厇(托)丌(其)【11】名,古(故)社(功)成而身不剔(傷)。天陸(地)名忞(字)並立,古(故)怸(過)丌(其)方,不由(思)相尚(當)。【12】〔天不足〕於西北,丌(其)下高以㢝(强)。陸(地)不足於東南,丌(其)上〔高以㢝(强)〕。【13】天道貴溺(弱),雀(削)成者以嗌(益)生者,伐於㢝(强),責於〔□,是古(故),不足於上】【9】者又(有)余(餘)於下,不足於下者,又(有)余(餘)於上。【14】

【校釋】

大一生水,水反楠(輔)大一,是以成天。天反楠(輔)大一,是以成陸(地)。

"大一"即"太一","大一"應是最早的稱呼。"大一"典籍又寫作"泰一"或"天一"。"大一"是"道"的别名,《吕氏春秋·大樂》説:"道也者,至精也,不可為形,不可為名,强為之謂之太一。""大一"又是古代陰陽家心目中的天神,《史記·封禪書》:"天神貴者太一。"司馬貞索隱引宋均云:"天一、太一,北極神之别名。""大一"作為星名早期是指北極星。古人認為"大一"是推始宇宙、天地、陰陽的終極概念。"大一"指北極,而按五行觀念北方屬水,所以篇名説"大一生水"。水乃氣之源,是生成天地萬物的根本,所以道家把"水"視為"上善",將其形態和性質比喻為至高無上的"道"。"楠"讀為"輔",義為"輔助"。"反輔"是表示正反合式的三極循環。

簡文説大一生於水,水反過來與大一互相輔助又生出天,天反過來又與太一互相輔助生出地。

天陸(地)〔返(復)相楠(輔)〕也,是以成神明。神明返(復)相楠(輔)也,是以成侌(陰)昜(陽)。

"神明"一詞常見於先秦兩漢典籍,既可指天地間的神靈,又可指人的精神或智慧,與"精氣"近似,引申指人明智如神或神智高超。典籍又寫作“神而明之”。簡文的“神明”應是指天地間的精神。“陰陽”是宇宙間一切物質的兩個對立面。

簡文説天和地又互相輔助生成天地的精神，天地的精和神又互相輔助生成陰陽。

侌（陰）昜（陽）逡（復）相桶（輔）也，是以成四時。四時逡（復）〔相〕桶（輔）也，是以成倉（滄）然（熱）。

“四時復”下奪一“相”字。“然”讀為“熱”，古音然在日紐元部，熱在日紐月部，聲紐相同，韻為對轉，故可相通。“四時”指春夏秋冬四季。“滄熱”即“寒暑”，《説文・仌部》：“滄，寒也。”《荀子・正名》：“疾養、滄熱、滑鈹、輕重，以形體異。”又《逸周書・周祝》：“天地之間有滄熱。”

簡文説陰陽又互相輔助生成四季，四季又互相輔助生成寒暑。

倉（滄）然（熱）逡（復）相桶（輔）也，是以成溼（濕）澡（燥）。

“澡”讀為“燥”，“濕燥”即“乾濕”。《淮南子・天文》：“陽氣為火，陰氣為水；水勝故夏至濕，火勝故冬至燥。”

簡文説寒暑又互相輔助生成了乾濕。

溼（濕）澡（燥）逡（復）相桶（輔）也，成戢（歲）而歨（止）。

“歲”指年歲。《爾雅・釋天》：“載，歲也。”孫炎注：“四時一終曰歲。”

簡文説乾濕又互相輔助生成了年歲然後才終止。

以上簡文論述了由大一到歲這一宇宙生成過程。

古（故）戢（歲）者，溼（濕）澡（燥）之所生也。溼（濕）澡（燥）者，倉（滄）然（熱）之所生也。倉（滄）然（熱）者，〔四時之所生也。〕四時者，侌

(陰)昜(陽)之所生〔也〕。侌(陰)昜(陽)者,神明之所生也。神明者,天隉(地)之所生也。天隉(地)者,大一之所生也。

"滄熱"下奪"四時之所生也"一句。"陰陽之所生"下奪一"也"字。

此段簡文為逆向推論宇宙的生成過程,由歲——濕燥——滄熱——四時——陰陽——神明——天地——一直返回到"大一",同上一部份簡文正好構成了一個正反回環的推論。

是古(故)大一贇(藏)於水,行於時,迵(周)而或(又)〔始,以己為〕壥(萬)勿(物)母。

"贇"即"贓"字,《玉篇·貝部》:"贓,藏也。"可見"贓"可通"藏"。"迵"為"周匝"之"周"的初文,古音"舟"、"周"可通,故"迵"可讀為"周"。"或"讀為"又",古音"或"在匣紐職部,"又"在匣紐之部,聲紐相同,韻為對轉。""壥"讀為"萬"。

"行於時"是說"大一"周行於四時。宇宙生成由大一始,至歲終。四時更迭,寒暑燥濕,至一歲而成一回環,再從頭開始。"大一"為宇宙萬物的本源,故謂"以己為萬物母"。

這一段簡文是對《老子》四十二章的引申解說。《老子》四十二章說:"道生一,一生二,二生三,三生萬物。萬物負陰而抱陽,沖氣以為和。"簡文"大一生水"即"道生一","水反輔大一是以成天"是"一生二","天反輔太一,是以成地"是"二生三"。"周而又始,以己為萬物母"與《老子》二十五章"周行不殆,可以為天下母"相近。

罷(一)块(缺)罷(一)浧(盈),以忌(己)為壥(萬)勿(物)經。

"罷"字又見於鄂君啟節,亦用為"一",其構形尚不清楚。"块"讀為"缺"。"浧"讀為"盈"。"一缺一盈"指日月的運行。"忌"讀為"己"。"經"義為起始,《鬼谷子·抵巇》:"經起秋豪之末,揮之於太山之本。”陶宏景注：“經，始也。”

簡文説日月一虧一盈地交替，以自己為萬物的本源。“經”亦可訓為“法”，“以己為萬物經“猶言”以自身為萬物的法則”。

此天之所不能殺，墜(地)之所不能釐(埋)，侌(陰)昜(陽)之所不能成。君子智(知)此之胃(謂)……

“釐”為“釐”字古文，讀為“埋”，“釐”、“埋”皆從“里”聲，故可相通。簡文“此天之所不能殺，地之所不能埋”與《荀子·儒效》：“天不能死，地不能埋“説法一致。

簡文謂作為萬物本源的“大一”，其為萬物之“母”和“萬物之經”的作用是天所不能削減，地所不能埋没，陰陽所不能促成的。《老子》二十五章形容描述“道”謂“獨立不改，周行而不殆”，强調“道”的絶對性和永存性，正可與簡文文意互證。

下，土也，而胃(謂)之墜(地)。上，燹(氣)也，而胃(謂)之天。道亦丌(其)峜(字)也，青(請)昏(問)丌(其)名。

“燹”讀為“氣”。“峜”讀為“字”。郭店楚簡《老子》甲第二十一號簡“紂曰道”中的“紂”亦讀為“字”。“紂”和“峜”皆從“才”聲，故都可通“字”。“青”讀為“請”。“昏”讀為“問”。

“土”和“氣”分别是“地”和“天”的名，“地”和“天”則是其本身的字。《鶡冠子·度萬》説：“所謂天者，非是蒼蒼之氣之謂天也，所謂地者，非是膊膊之土之謂地也。”亦將“天”與“氣”、“地”與“土”並稱。“道亦其字也”是説“地”和“天”都是字，而真正的道是不能“名”的，衹能勉强以“道”為其字。《老子》二十五章：“吾不知其名，字之曰道，强名之曰大。”説的是同樣的意思。

以道從事者必㡯(托)丌(其)名，古(故)事成而身長。聖人之從事也，亦㡯(托)丌(其)名，古(故)社(功)成而身不剔(傷)。

"㢈"讀為"托"。"社"讀為"功"。"托其名"意為寄托道之名於非本名之假名。因為道本無名,衹能用假托之名。"身長"似為"長生"之意。

簡文説用道做事的人一定會將道之名托於假名,所以才能事情成功而長生久視。神聖的人做事也會將道之名托於假名,所以事業成功又身體不受傷害。

天陸(地)名志(字)並立,古(故)怨(過)丌(其)方,不由(思)相尚(當)。〔天不足〕於西北,丌(其)下高以弜(强)。陸(地)不足於東南,丌(其)上〔高以弜(强)〕。天道貴溺(弱),雀(削)成者以嗌(益)生者,伐於弜(强),責於〔□,是古(故),不足於上〕者又(有)余(餘)於下,不足於下者,又(有)余(餘)於上。

"志"字從心才聲,讀為"字"。"由"即"思"字所從之"由",讀為"思"。"思"古代有"想"、"愿"的意思。"尚"讀為"當"。"雀"讀為"削","雀"、"削"皆從"小"聲,故可相通。"弜"即"弜"字,讀為"强"。"責"義為"責求"。

天名"氣"字"天",地名"土"字"地",所以簡文説"天地名字並立"。"方"義為齊等、相當。《詩·大雅·生民》:"實方實苞,實種實褎。"鄭玄箋:"方,齊等也。""過其方"猶言"不相當"或"不相稱"。"故過其方,不思相當"是説天地互相爭强,以至於"天不足於西北"、"地不足於東南"的結果。《淮南子·天文》説:"昔者共工與顓頊爭為帝,怒而觸不周之山,天柱折,地維絶,天傾西北,故日月星辰移焉;地不滿東南,故水潦塵埃歸焉。"這一記載與簡文謂"天不足於西北"、"地不足於東南"正合。這就是中國大陸西北高東南低的地理現象的神話解釋。簡文"天道貴弱,削成者以益生者"、"不足於上者,有餘於下;不足於下者,有餘於上"可看作《老子》七十七章"有餘者損之,不足者補之。天之道,損有餘而補不足"的最好注腳。

緇　　衣

【説明】

本篇共存竹簡47支。竹簡兩端修削成梯形，簡長32.5釐米。編綫兩道，編綫間距12.8～13釐米。

本篇内容又見於上海博物館藏簡。

本篇内容見於今本《禮記·緇衣》。簡本與今本在章句結構、順序及文句字詞上都有較大的不同。

【釋文】

夫子曰：好媺(美)女(如)好茲(緇)衣，亞(惡)亞(亞)女(如)亞(惡)遳(巷)白(伯)，則民臧(咸)𢓨而㓝(刑)不屯(蠢)。《寺(詩)》【1】員(云)："㦤(儀)㓝(型)文王，萬邦乍(作)孚。"

子曰：又(有)𢧢(國)者章好章亞(惡)，以視民𠪚(厚)，𠟭(則)民【2】青(情)不𢍰(忒)。《寺(詩)》員(云)："情(靖)共尔(爾)立(位)，好氏(是)貞(正)植(直)。"

子曰：為上可𥉍(望)而智(知)也，為下【3】可𩔨(類)而𥫗(等)也，𠟭(則)君不㤥(疑)丌(其)臣，臣不惑於君。《寺(詩)》員(云)："𠱾(淑)人君子，丌(其)義(儀)不【4】弋(忒)。"《尹𢍰(誥)》員(云)："隹(惟)尹(伊)𡕥(允)及湯，咸又(有)一悳(德)。"

子曰：上人㤥(疑)𠟭(則)百眚(姓)𧶠(惑)，下難【5】智(知)𠟭(則)君倀(長)𧙃(勞)。古(故)君民者，章好以視(示)民𢘛(欲)，慬(謹)亞(惡)以𢕌(御)民涇〈淫〉，𠟭(則)民不𧶠(惑)。臣事君，【6】言丌(其)所不能，不詞(辭)丌(其)所能，𠟭(則)君不𧙃(勞)。《大𩑿(雅)》員(云)："上帝板板，下民卒(卒)担(癉)。"《少(小)𩑿(雅)》員(云)："非丌(其)【7】𣥼(止)之，共唯(惟)王恭。"

子曰：民以君為心，君以民為體。心好昊（則）體安之，君好昊（則）民㤅（欲）【8】之。古（故）心以體灋（廢），君以民芒（亡）。《寺（詩）》員（云）："隹（誰）秉寍（國）成，不自為貞，翠（卒）褮（勞）百眚（姓）。"《君𦣚（牙）》員（云）："日㞐（暑）雨，少（小）【9】民隹（惟）日悁（怨）。晉冬旨（耆）滄（滄），少（小）民亦隹（惟）日悁（怨）。"

子曰：上好㤅（仁）昊（則）下之為【10】㤅（仁）也爭先。古（故）倀（長）民者，章（彰）志以卲（昭）百眚（姓），昊（則）民至（致）行㠯（己）以敚（悅）上。【11】《寺（詩）》員（云）："又（有）□（覺）悳（德）行，四方怭（順）之。"

子曰：禹（禹）立三年，百眚（姓）以㤅（仁）道，剴（豈）必【12】書（盡）㤅（仁）。《寺（詩）》員（云）："成王之孚，下土之弋（式）。"《郘（呂）垪（刑）》員（云）："一人又（有）慶，贎（萬）民贎（賴）【13】之。"

子曰：下之事上也，不從丌（其）所以命，而從丌（其）所行。上好此勿（物）也，【14】下必又（有）甚安（焉）者矣。古（故）上之好亞（惡），不可不誓（慎）也，民之菓（表）也。《寺（詩）》【15】員（云）："虗（赫）虗（赫）帀（師）尹，民具尒（爾）贍（瞻）。"

子曰：倀（長）民者衣備（服）不改，㝐頌（容）又（有）祟（常），㫘（則）民悳（德）【16】弌（一）。《寺（詩）》員（云）："丌（其）頌（容）不改，出言又（有）丨（章），利（黎）民所訁（望）。"

子曰：大人不新（親）丌（其）所㪯（賢），而【17】訐（信）丌（其）所戔（賤），孝（教）此以遊（失），民此以綅（變）。《寺（詩）》員（云）："皮（彼）求我昊（則），女（如）不我㝵（得），埶我【18】栽（仇）栽（仇），亦不我力。"《君迪（陳）》員（云）："未見聖，如丌（其）弗克見，我既見，我弗迪聖。"

子【19】曰：大臣之不新（親）也，昊（則）忠敬不足，而賗（富）貴巳（已）逃（過）也。邦豙（家）之不寍（寧）【20】也，昊（則）大臣不台（治），而埶（褻）臣怋（託）也。此以大臣不可不敬，民之蕝（蕝）也。古（故）【21】君不與少（小）悔（謀）大，昊（則）大臣不悁（怨）。晉（葉）公之㝅（顧）命員（云）："毋以少（小）悔（謀）敗大【22】愭（圖），毋以卑（嬖）御憩（塞）妝（莊）句（后），毋以卑（嬖）士憩（塞）大夫、卿、事（士）。"

子曰：倀（長）民者孝（教）之【23】以悳（德），齊之以豊（禮），昊（則）

民又(有)憸(勸)心。夁(教)之以正(政),齊之以井(刑),㫙(則)民又(有)孚(免)心。【24】古(故)㝅(慈)以炁(愛)之,㫙(則)民又(有)新(親);訐(信)以結之,㫙(則)民不伓(倍);共(恭)以位(莅)之,㫙(則)民【25】又(有)愻心。《寺(詩)》員(云):"虘(吾)大夫共(恭)虘(且)讈(儉),林(靡)人不歛。"《吕坓(刑)》員(云):"非甬(用)臸,斲(制)以坓(刑),【26】佳(惟)乍(作)五瘧之坓(刑)曰灋。"

子曰:正(政)之不行,孝(教)之不成也,㫙(則)坓(刑)罰不【27】足恥,而雀(爵)不足懽(勸)也。古(故)上不可以埶(褻)坓(刑)而翌(輕)雀(爵)。《康弃(誥)》員(云):"敬【28】明乃罰。"《吕坓(刑)》員(云):"翻(播)坓(刑)之迪。"

子曰:王言女(如)絲(絲),丌(其)出女(如)緍(綸);王言女(如)索,【29】丌(其)出女(如)緯。古(故)大人不昌(倡)澅(流)。《寺(詩)》員(云):"誓(慎)尔(爾)出話(話),敬尔(爾)愄(威)義(儀)。"

子曰:可言【30】不可行,君子弗言;可行不可言,君子弗行。㫙(則)民言不陒(危)行,不陒(危)【31】言。《寺(詩)》員(云):"雷(淑)誓(慎)尔(爾)圵(止),不侃(諐)于義(儀)。"

子曰:君子道人以言,而死(恒)以行。古(故)言【32】㫙(則)慮(慮)丌(其)所終,行㫙(則)䭫(稽)丌(其)所敝(敝),㫙(則)民誓(慎)於言,而慬(謹)於行。《寺(詩)》員(云):"穆穆【33】文王,於耴(緝)𨒅(熙)敬圵(止)。"

子曰:言從行之,㫙(則)行不可匿。古(故)君子顧(顧)言而【34】行,以成其訐(信),㫙(則)民不能大其㛥(美)而少(小)其亞(惡)。《大虽(雅)》云:"白珪之石,尚可【35】𥕞(磨)也。此言之砧(玷),不可為也。"《少(小)顕(雅)》員(云):"夋(允)也君子,𡱂(展)也大成。"《君奭》員(云):【36】"昔才(在)上帝,戠(割)紳(申)觀(觀)文王悳(德),其集大命于氒(厥)身。"

子曰:君子言又(有)勿(物),行又(有)【37】洛(格),此以生不可敓(奪)志,死不可敓(奪)名。古(故)君子多𦖞(聞),齊而獸(守)之;多志,齊而【38】新(親)之;精智(知),逄(略)而行之。《寺(詩)》員(云):"雷(淑)人君子,其義(儀)弌(一)也。"《君迪(陳)》員(云):"出内(入)自尔

(爾)帀(師)于(虞),【39】庶言同。"

子曰:句(苟)又(有)車,必見其敱(蓋);句(苟)又(有)衣,必見其敝(敝);人句(苟)又(有)言,必䎽(聞)亓(其)聖(聲);句(苟)又(有)行,必見其成。【40】《寺(詩)》員(云):"備(服)之亡懌。"

子曰:厶(私)㥁(惠)不壞〈壞〉悳(德),君子不自畱(留)女〈安(焉)〉。《寺(詩)》員(云):"人之好我,【41】旨(示)我周行。"

子曰:唯君子能好其駜(匹),少(小)人剴(豈)能好亓(其)駜(匹)。古(故)君子之友也【42】又(有)向(鄉),亓(其)亞(惡)又(有)方。此以徸(邇)者不賊(惑),而遠者不恙(疑)。《寺(詩)》員(云):"君子好戟(逑)。"

子曰:【43】翌(輕)㡭(絶)貧戔(賤),而𡍯(重)㡭(絶)賕(富)貴,昊(則)好㥯(仁)不硻(堅),而亞(惡)亞(惡)不紙(著)也。人唯(雖)曰不利,虐(吾)弗託(信)【44】之矣。《寺(詩)》員(云):"倗(朋)友卣(攸)嬰(攝),嬰(攝)以愄(威)義(儀)。"

子曰:宋人又(有)言曰:人而亡𠄨(恒),不可為【45】卜筮(筮)也,亓(其)古之遺言舉(與)?龜㫐(筮)猷(猶)弗智(知),而皇(況)於人虐(乎)。《寺(詩)》員(云):"我龜既猷(厭),【46】不我告猷。"

二十又三【47】

【校釋】

夫子曰:好㜸(美)女(如)好茲(緇)衣,亞(惡)亞(惡)女(如)亞(惡)遳(巷)白(伯),則民臧(咸)𦨶(服)而坓(刑)不屯(蠢)。

"㜸"即"媺"字之省,《周禮》等典籍中用為"美"。古音"媺"在明紐微部,"美"在明紐脂部,聲紐相同,韻為旁轉,故可相通。"茲"讀為"緇"。"惡"從"亞"聲,故"亞"可讀為"惡"。"遳"字從"辵"從"𦬇","𦬇"字又見於西周金文"䊢"字、秦印"永䢼丞印"的"䢼"字、包山楚簡簡142"州𧗱"的"𧗱"字。據研究,"䢼"、"𧗱"就是"衖"字,即"巷"字古文。"遳"字無疑也應讀為"巷"。"臧"為"咸"字誤寫。"𦨶"字疑從"𠬝"聲,讀為"服"。此二字今本作"咸服"。"屯"

讀為“蠢”。“蠢”從“春”聲，而“春”從“屯”聲，故“屯”可讀“蠢”。“蠢”古訓為“動”。

“緇衣”指黑色的朝服，是古代士卿穿的正服。“巷伯”指宦官。

簡文説孔子謂：“愛好美麗如同愛好緇衣，厭惡醜惡如同厭惡太監，如此民衆都能臣服而刑罰不用。”

今本作：子曰：“好賢如《緇衣》，惡惡如巷伯，則爵不瀆而民作愿，刑不試而民咸服。”

《寺(詩)》員(云)：“悉(儀)埅(型)文王，萬邦乍(作)孚。”

“寺”讀為“詩”。“員”讀為“云”。“悉”讀為“儀”。“埅”讀為“型”。

“儀型”乃“效法”之意。“孚”古代訓為“信”。

簡文説《詩經》云：“效法文王，天下就會時興誠信。”

今本作：《大雅》曰：“儀型文王，萬國作孚。”

子曰：又(有)或阝(國)者章好章亞(惡)，以視(示)民厇(厚)，㝵(則)民青(情)不紅(忒)。

“或阝”為“國”字古文。“厇”為“厚”字古文。“紅”從“弋”聲，讀為“忒”。

“章”意同“彰”，乃“彰顯”之意。“厚”意為“遠”。“忒”意為“疑貳”。

簡文説為上者彰顯善惡，示民以善惡之别，則民心不疑貳。

今本作：子曰：“有國家者章善癉惡，以示民厚，則民情不貳。”

《寺(詩)》員(云)：“情(靖)共尔(爾)立(位)，好氏(是)貞(正)植(直)。”

“情”讀為“靖”。“尔”讀為“爾”。“氏”讀為“是”。“貞”讀為

“正”。

簡文説《詩經》云:“安分敬守你的職位,衹喜歡正直。”

今本作:《詩》云:“靖共爾位,好是正直。”

子曰:為上可賧(望)而智(知)也,為下可頪(類)而篩(等)也,㚔(則)君不悎(疑)丌(其)臣,臣不惑於君。

“賧”讀為“望”。“頪”為“類”字古文。“篩”讀為“等”,或讀為“志”。“悎”字楚簡多用為“疑”。

簡文説為上者一望即知,為下者差而有等,則君不疑臣,臣不欺君。

今本作:子曰:“為上可望而知也,為下可述而志也,則君不疑於其臣,而臣不惑於其君矣。”

《寺(詩)》員(云):“叴(淑)人君子,丌(其)義(儀)不弋(忒)。”《尹奡(誥)》員(云):“隹(惟)尹(伊)夋(尹)及湯,咸又(有)一悳(德)。”

“叴”即“弔”字異體,讀為“淑”,古文字中“弔”字大都讀為“叔”或“淑”。“義”即“儀”之本字。“弋”讀為“忒”。“奡”為“誥”之古文。“夋”即“允”字繁體,讀為“尹”。

簡文説《詩經》云:“善人君子,其儀容不會有差錯。”《尹誥》云:“衹有我伊尹和成湯,都有純一的道德。”

今本作:《尹吉》曰:“惟尹躬及湯,咸有壹德。”《詩》云:“淑人君子,其儀不忒。”

子曰:上人悎(疑)㚔(則)百眚(姓)賊(惑),下難智(知)㚔(則)君倀(長)袋(勞)。

“悎”讀為“疑”,古音“矣”在匣紐之部,“疑”在疑紐之部,於音可通。“賊”讀為“惑”。“倀”讀為“長”。“袋”為“勞”之古文。

簡文説居上位者好惡不明,則百姓就會陷於迷惑;居下位者心意難知,則君長就會格外辛勞。

今本作:子曰:“上人疑則百姓惑,下難知則君長勞。”

古(故)君民者,章好以視(示)民谷(欲),慬(謹)亞(惡)以渫(御)民涇〈淫〉,昊(則)民不賊(惑)。臣事君,言丌(其)所不能,不詞(辭)丌(其)所能,昊(則)君不裳(勞)。

“谷”即“欲”字古文。“慬”讀為“謹”。“渫”字解釋衆説紛紜,或謂從“乍”,或謂從“亡”,或釋“困”,或認為乃“虞”之誤寫。按字形不論如何解釋,字還是以讀“御”為是。“巠”、“垩”二旁在戰國文字中有時相混,“涇”即“淫”字。“詞”讀為“辭”。

簡文説所以統治人民的人彰顯自己的優點以指示人民欲望所向,謹防自己的缺點以控制人民的貪欲,如此民衆就不會迷惑了。臣下服侍君王,要説明自己不會或辦不到的事,對自己會或能做到的事也不要推辭,如此則君王就不會辛勞。

今本作:故君民者,章好以示民俗,慎惡以御民之淫,則民不惑矣。臣儀行,不重辭,不援其所不及,不煩其所不知,則君不勞矣。

《大頣(雅)》員(云):“上帝板板,下民卒(卒)担(癉)。”《少(小)頣(雅)》員(云):“非丌(其)峕(止)之,共唯(惟)王恭(恭)。”

“頣”即“夏”字異體,讀為“雅”。“卒”即“卒”字繁體。“担”讀為“癉”。“峕”乃“止”字繁體。“恭”即“恭”字,纍加“工”為聲。

“板板”意為反復無常。“癉”意為“勞苦”。

簡文説《大雅》云:“上帝反復無常,人民就會極為勞苦。”《小雅》云:“不但不制止,還與其一起服侍君王。”

今本作:《詩》云:“上帝板板,下民卒癉。”《小雅》曰:“匪其止共,惟王之邛。”

子曰：民以君為心，君以民為體。心好㝵(則)體安之，君好㝵(則)民谷(欲)之。古(故)心以體灋(廢)，君以民芒(亡)。

“灋”讀為“廢”，古音“灋”在幫紐葉部，“廢”在幫紐月部，聲紐相同，韻部主要元音相同，可以通轉。“芒”即“芒”字省體，讀為“亡”。

簡文説孔子謂：“百姓把君主當作心臟，君主把百姓當作身體。心臟好則身體安適，君主喜好的百姓亦希望得到。所以心臟會因身體的不適而損壞，君主會因百姓的不滿而滅亡。”

今本作：子曰：“民以君為心，君以民為體；心莊則體舒，心肅則容敬。心好之，身必安之；君好之，民必欲之。心以體全，亦以體傷；君以民存，亦以民亡。”

《寺(詩)》員(云)：“隹(誰)秉或(國)成，不自為貞，卒(卒)裳(勞)百眚(姓)。”《君萏(牙)》員(云)：“日层(暑)雨，少(小)民隹(惟)日情(怨)。晉冬旨(耆)滄(滄)，少(小)民亦隹(惟)日情(怨)。”

“或”為“國”字異體。“卒”為楚文字“卒”字異體。“萏”為“牙”字古文。“层”從“日”、“尻”聲，“尻”為“処”字古文，古音“処”在昌紐魚部，“暑”在書紐魚部，聲為一系，韻部相同，故“暑”字可以“処”為聲作“层”。“情”從“心”從“肙”，“肙”為“肙”字異體，“情”應即“怨”字異體。古音“肙”、“怨”皆在影紐元部，故“怨”可以“肙”為聲符。

“晉”古訓“進”，有“至”、“到”的意思。“旨”讀為“耆”，古“耆”從“旨”得聲(“耆”字中之“匕”兩用，既用為“老”字下部，又用為“旨”字上部)。“耆”又通“祈”。“滄”字訓為“寒”，“耆寒”、“祈寒”猶言“極寒”。

簡文説《詩經》云：“誰能主持國家的事情？自己都不貞正的人，祇能使人民更加勞苦。”《君牙》云：“夏日炎熱潮濕，小民日日抱怨;到冬日寒冷異常,小民也日日抱怨。”

今本作:《詩》云:“昔吾有先正,其言明且清,國家以寧,都邑以成,庶民以生。誰能秉國成? 不自為正,卒勞百姓。”《君雅》曰:“夏日暑雨,小民惟曰怨,資冬祈寒,小民亦惟曰怨。”

子曰: 上好息(仁)昊(則)下之為息(仁)也爭先。古(故)倀(長)民者,章(彰)志以卲(昭)百眚(姓),昊(則)民至(致)行㠯(己)以敓(悦)上。《寺(詩)》員(云):“又(有)(覺)悳(德)行,四方𢚩(順)之。”

“倀”為“長”字異體,乃“人之長”的專字。“長”有“率領”、“統治”義,“長民”即“統率民衆”。“章”讀為“彰”。“卲”讀為“昭”,乃“昭示”、“昭告”意。“㠯”讀為“己”。“敓”讀為“悦”。“”乃“梏”字古文,象兩手戴梏形,在簡文中讀為“覺”,“覺”古有“正直”意。“𢚩”即“順”字古文。

簡文説孔子謂: 在上者喜好“仁”,在下者就會爭先為“仁”。所以統率民衆者,彰顯其好仁之志以昭示百姓,則百姓就會爭先為“仁”以取悦於上。《詩經》説:“有正直的德行,四方都會順從他。”

今本作: 子曰:“上好仁,則下之為仁爭先人。故長民者章志、貞教、尊仁,以子愛百姓,民致行己以説其上矣。《詩》云:‘有梏德行,四國順之。’”

子曰:𡐓(禹)立三年,百眚(姓)以息(仁)道,剴(豈)必聿(盡)息(仁)。《寺(詩)》員(云):“成王之孚,下土之弋(式)。”《郘(呂)坓(刑)》員(云):“一人又(有)慶,塦(萬)民贎(賴)之。”

“𡐓”讀為“禹”。“剴”讀為“豈”。“聿”讀為“盡”。古“盡”從“聿”聲,故“聿”可讀“盡”。“弋”讀為“式”。“郘”即“呂”姓之“呂”的專字。“塦”讀為“萬”。“贎”讀為“賴”,“贎”從“萬”聲,古音“萬”在明紐元部,“賴”在來紐月部,“明”、“來”二紐古代關係極為密切,“元”、“月”二部存在嚴格的對轉關係,故“萬”可借為“賴”。

簡文説孔子謂：禹登位才三年，百姓在仁的修養上即有所成就。他們本來并非都是仁人，祇是受禹的教化才能這樣。《詩經》説："周成王的誠信，是部下民衆的楷模。"《尚書·吕刑》説："君王一人有美德，千千萬萬的民衆都會因他而受益。"

今本作：子曰："禹立三年，百姓以仁遂焉，豈必盡仁？《詩》云：'赫赫師尹，民具爾瞻。'《甫刑》曰：'一人有慶，兆民賴之。'《大雅》曰：'成王之孚，下土之式。'"

子曰：下之事上也，不從亓(其)所以命，而從亓(其)所行。上好此勿(物)也，下必又(有)甚安(焉)者矣。古(故)上之好亞(惡)，不可不誓(慎)也，民之蘽(表)也。《寺(詩)》員(云)："虖(赫)虖(赫)帀(師)尹，民具尔(爾)贍(瞻)。"

"蘽"字從"艸"從"槩"，"槩"乃"標"字省寫，上部改為從"少"聲。古音"少"在書紐宵部，但從"少"得聲的字多在"明"紐，如"杪""秒""眇"等，"表"在幫紐宵部，聲為一系，韻部相同，可以相通。"蘽"從"艸"從"標"，應即"藨"字繁文，在簡文中讀為"表"。古音"藨"、"表"皆在幫紐宵部，於音可通。"虖"乃"虩"字省文，讀為"赫"，古音"虩"、"赫"皆在曉紐鐸部，於音可通。"贍"即"瞻"字。

簡文説孔子謂：臣下侍奉君主，不是服從其命令，而是觀察其行動，然後跟着做。君主愛好此物，臣下一定比他還厲害。所以君主之好惡不能不慎重，因為他是民衆的榜樣。《詩經》説："地位顯赫的師尹，人民都注視着你。"

今本作：子曰："下之事上也，不從其所令，從其所行。上好是物，下必有甚者矣。故上之所好惡，不可不慎也，是民之表也。"

簡文引《詩》今本錯簡至另一部分。

子曰：倀(長)民者衣備(服)不改，耷頌(容)又(有)常，𠟭(則)民悳(德)弌(一)。《寺(詩)》員(云)："亓(其)頌(容)不改，出言又(有)丨(章)，利(黎)民所訁(望)。"

“備”讀為“服”,古“備”字常讀為“服”。“{仒土}”字不識,今本此字作“從”。“頌”之本義即為“容”。“弌”即“一”字古文。“丨”字不識,今本此字作“章”。“利”讀為“黎”。“訁”字依今本應為“望”字,其構形不明。

簡文説孔子謂:率領民衆的君上衣服固定不變,容止從容蹈矩,如此則民衆的德行就會一致。《詩經》説:“其容止蹈矩,説話有章法,千萬民衆將寄予其厚望。”

今本作:子曰:“長民者,衣服不貳,從容有常,以齊其民,則民德壹。《詩》云:‘彼都人士,狐裘黄黄,其容不改,出言有章。行歸于周,萬民所望。’”

子曰:大人不新(親)亓(其)所臤(賢),而訐(信)亓(其)所戔(賤),斈(教)此以遊(失),民此以絻(變)。《寺(詩)》員(云):“皮(彼)求我昊(則),女(如)不我䙷(得)。執我栽(仇)栽(仇),亦不我力。”《君迪(陳)》員(云):“未見聖,如亓(其)弗克見;我既見,我弗迪聖。”

“戔”讀為“賤”。“遊”字為楚文字“失”字,其構形尚不清楚。“絻”字從“糸”從“叀”(弁)聲,讀為“變”。“栽”字從“來”從“戈”,“來”可視為“求”字的變體,字從“求”聲,因音近故可通作“仇”。“迪”讀為“陳”。

簡文説孔子謂:執政者不親信賢德之人,而信用那些卑賤的人,於是教化因此失去,民衆因此多變。《詩經》説:“君主請求我時,唯恐得不到我,等到得到我時,又牢牢不放,不信用我。”《尚書·君陳》説:“人們看不到聖道的時候,以為自己永遠看不到,待到看到時,又不能依照聖道來行事。”

今本作:子曰:大人不親其所賢,而信其所賤;民是以親失,而教是以煩。《詩》云:“彼求我則,如我不得。執我仇仇,亦不我力。”《君陳》曰:“未見聖,若己弗克見;既見聖,亦不克由聖。”

子曰：大臣之不新(親)也，㝵(則)忠敬不足，而賏(富)貴巳(已)逃(過)也。邦豙(家)之不窓(寧)也，㝵(則)大臣不台(治)，而埶(褻)臣怋(託)也。此以大臣不可不敬，民之蕝(蕝)也。

“賏”為“富”字古文。“埶”讀為“褻”，“褻”本從“埶”聲，故“埶”可讀“褻”。“怋”讀為“託”。“蕝”即“蕝”字。

“蕝”字《説文》謂：“朝會束茅表位曰蕝。”“表”、“蕝”義近，疑“蕝”在簡文中同義换讀為“表”。

簡文説孔子謂：大臣不親近，則君臣之間缺乏誠信敬重，而富貴卻已超過他們所應得。國家不安寧，則大臣不能治理國家，而嬖佞小人被寄托重任。所以不可以不敬重大臣，因為他們是民衆之表率。

今本作：子曰：“大臣不親，百姓不寧，則忠敬不足，而富貴已過也。大臣不治，而邇臣比矣。故大臣不可不敬也，是民之表也。”

古(故)君不與少(小)悔(謀)大，㝵(則)大臣不情(怨)。晉(葉)公之寡(顧)命員(云)：“毋以少(小)悔(謀)敗大愭(圖)，毋以卑(嬖)御憩(塞)妝(莊)句(后)，毋以卑(嬖)士憩(塞)大夫、卿、事(士)。”

“悔”為“謀”字古文。“晉”字今本作“葉”，“晉”為何今本作“葉”原因不明。“寡”讀為“顧”，“寡”為“寡”字省文，古音“寡”、“顧”皆在見紐魚部，故“寡”可讀為“顧”。“愭”疑讀為“圖”，“愭”從“者”聲，古音“者”在章紐魚部，“圖”在定紐魚部，聲為一系，韻部相同，故可相通。“卑”讀為“嬖”，古音“卑”在幫紐支部，“嬖”在幫紐錫部，聲紐相同，韻為對轉。“憩”即“息”字繁文，讀為“塞”，古音“息”、“塞”皆在心紐職部，於音可通。《釋名》：“息，塞也。”“妝”讀為“莊”，“妝”、“莊”皆從“爿”聲，故可相通。“事”讀為“士”，古音“事”、“士”皆在從紐之部，於音可通。

簡文説所以君主不同小臣商議應與大臣商議之事，則大臣没有抱怨。《葉公之顧命》説：“不要以小臣的計謀壞了大臣的計劃，不要以嬖幸之妃妾而厭棄莊重的皇后,不要以寵近的内臣而冷落了大臣。”

今本作:君毋以小謀大,毋以遠言近,毋以内圖外,則大臣不怨,邇臣不疾,而遠臣之不蔽矣。葉公之顧命曰:“毋以小謀敗大作,毋以嬖御人疾莊后,毋以嬖御士疾莊士大夫、卿、士。”

子曰:倀(長)民者叜(教)之以悳(德),齊之以豊(禮),昊(則)民又(有)懽(勸)心。叜(教)之以正(政),齊之以井(刑),昊(則)民又(有)孞(免)心。古(故)孳(孳)以怎(愛)之,昊(則)民又(有)新(親);訐(信)以結之,昊(則)民不伓(倍);共(恭)以位(莅)之,昊(則)民又(有)悉心。

“懽”即“懽”字,戰國文字中“雚”旁與“侖”旁上部經常相混。“懽”在簡文中讀為“勸”。“孞”字疑為“娩”字異體,讀為“免”。“位”讀為“莅”。

“勸”意為“勤勉”。“免”意為逃避。“悉”意為順從。

簡文説孔子謂:統率民衆的人以德教化人民,以禮義約束人民,如此則人民就會勤勉。而以政令教導人民,以刑罰約束人民,人民就會逃避。所以以對待兒女一樣的心來愛人民,人民就會親近;以誠信來結交人民,人民就不會背叛;以恭敬對待人民,則人民就會順從。

今本作:子曰:“夫民,教之以德,齊之以禮,則民有格心。教之以政,齊之以刑,則民有遯心。故君民者,子以愛之,則民親之;信以結之,則民不倍;恭以涖之,則民有孫心。”

《寺(詩)》員(云):“虗(吾)大夫共(恭)虘(且)韽(儉),林(靡)人不斂。”《吕坓(刑)》員(云):“非甬(用)臸,斳(制)以坓(刑),隹(惟)乍(作)五瘧之坓(刑)曰灋。”

“虗”字疑為“虎”字變體,在楚文字中用為“吾”字。“虘”即“摣”字,讀為“且”。“韽”字從“章”“畲”聲,“畲”即“僉”字繁寫,

"韽"在簡文中讀為"儉"。"𣏟"讀為"靡",因"靡"從"麻"聲,而"麻"又從"𣏟"聲,故"𣏟"可讀"靡"。"𦤸"字今本作"命","𦤸"在簡文中讀為何字不明。"斲"為"折"字繁寫,讀為"制",古"折"、"制"音義皆近,故可相通。

簡文説《詩經》云:"我們的大夫都恭敬節儉,没有人不收斂。《呂刑》説:'不聽命,制成刑罰來管束,制定五種毒刑并稱之為"灋"。'"

今本作:《甫刑》曰:"苗民匪用命,制以刑,惟作五虐之刑曰法。"

上引詩不見於今本《詩經》,應為佚詩。

子曰:正(政)之不行,季(教)之不成也,㝵(則)坓(刑)罰不足恥,而雀(爵)不足懽(勸)也。古(故)上不可以埶(褻)坓(刑)而翌(輕)雀(爵)。《康𢍏(誥)》員(云):"敬明乃罰。"《呂坓(刑)》員(云):"𨤲(播)坓(刑)之迪。"

"雀"讀為"爵"。"懽"即"懽"字,讀為"勸"。"翌"讀為"輕"。"𢍏"為"誥"字古文。"𨤲"從"番"聲,讀為"播"。

簡文説孔子謂:政令之不能推行,教化之不能實施,是因為刑罰不公平而不足以使人感到羞耻,爵禄頒贈的過濫而不足以使人勤勉。所以君上不可以濫用刑罰或輕易地施爵於人。《尚書·康誥》説:"敬慎公平你的刑罰。"《呂刑》説:"頒布刑罰要合於道理。"

今本作:子曰:"政之不行也,教之不成也,爵禄不足勸也,刑罰不足耻也。故上不可以褻刑而輕爵。《康誥》曰:'敬明乃罰。'《甫刑》曰:'播刑之不迪。'"

子曰:王言女(如)絲(絲),丌(其)出女(如)緍(綸);王言女(如)索,丌(其)出女(如)綍。古(故)大人不昌(倡)澛(流)。《寺(詩)》員(云):"訢(慎)尔(爾)出話(話),敬尔(爾)愄(威)義(儀)。"

“緜”為“絲”字異體。“紼”字今本作“綍”，義為“引棺的大繩索”，“紼”字應與此義近。“昌”讀為“倡”。“潹”即楚文字“流”字的特殊寫法。“詁”即“話”字古文。“愄”為“威”字古文。“義”為“儀”字本字。

“緍”字《爾雅・釋言》謂：“綸也。”“綸”指綬帶。

“流”指“流言”。

簡文説孔子謂：君王講的如絲細小的意見，到了臣下那里就成了如同綬帶一樣大。如果君王講的如綬帶一樣大，到了臣下那里就成了如同引棺的繩索那樣粗大。所以執政者不能講空話大話。《詩經》説：“你要謹慎説話，珍視你的威嚴儀態。”

今本作：子曰：“王言如絲，其出如綸；王言如綸，其出如綍。故大人不倡游言。”

簡文所引《詩經》與今本位置不同。

子曰：可言不可行，君子弗言；可行不可言，君子弗行。昷（則）民言不恷（危）行，不恷（危）言。《寺（詩）》員（云）：“弔（淑）誓（慎）尔（爾）歨（止），不侃（諐）于義（儀）。”

“恷”字從“心”“阢”聲，“阢”從“阜”“禾”聲，古音“禾”在匣紐歌部，“危”在疑紐歌部，韻部相同，聲為喉牙通轉，可以相通。“弔”即“弔”字繁文，借為“淑”。古音“弔”在端紐宵部，“淑”在禪紐覺部，聲為一系，韻為旁對轉，於音可通。“歨”為“止”字繁體。“侃”讀作“諐”，“諐”同“愆”。

“危”義為超過。

“諐”義為過失。

簡文説孔子謂：能説出來卻做不到的話，君子不説；能做到卻不可告人的事，君子不做。所以人民言不過其行，行不過其言。《詩經》説：“好好地謹慎你的行為，不要在禮儀上有過錯。”

今本作：“可言也，不可行，君子弗言也；可行也，不可言，君子弗行也。則民言不危行，而行不危言矣。《詩》云：‘淑慎爾止，不諐于儀。'"

子曰：君子道人以言，而丞(恒)以行。古(故)言昊(則)慮(慮)丌(其)所終，行昊(則)䭫(稽)丌(其)所㡀(敝)，昊(則)民訢(慎)於言，而懂(謹)於行。《寺(詩)》員(云)："穆穆文王，於䋫(緝)迺(熙)敬岀(止)。"

"丞"從"止""亙"聲，讀為"恒"。"慮"讀為"慮"。"䭫"讀為"稽"。"䭫"、"稽"皆從"旨"聲，故可相通。"㡀"即"㡀"字，讀為"敝"。"懂"讀為"謹"。"䋫"從"咠"聲，讀為"緝"。"迺"讀為"熙"。

簡文説孔子謂：君子以言語教導人向善，自己就要長久地付諸行動。所以説話要考慮其後果，行動要了解其弊端，如此則民衆就會認真地對待説話，小心地對待行動。《詩經》説："美好的文王，你要奮發前進。"

今本作：子曰："君子道人以言，而禁人以行。故言必慮其所終，而行必稽其所敝，則民謹於言而慎於行。《詩》云：'慎爾出話，敬爾威儀。'《大雅》曰：'穆穆文王，於緝熙敬止。'"

簡本"《詩》云：'慎爾出話，敬爾威儀。'"一句位於文章另一段，與今本不同。

子曰：言從行之，昊(則)行不可匿。古(故)君子顋(顧)言而行，以成其訐(信)，昊(則)民不能大其娺(美)而少(小)其亞(惡)。

"顋"字從"見""寡"(寡)聲，讀作"顧"。

簡文説孔子謂：按着説的去做，行為就難以藏匿。所以君子不必多講，衹是靠行動來説話，以成就其誠信，如此則民衆就不能誇大其優點而隱匿其缺點。

今本作：子曰："言從而行之，則言不可飾也。行從而言之，則行不可飾也。故君子寡言而行，以成其信，則民不得大其美而小其惡。”

《大虽(雅)》云:“白珪之石,尚可䃺(磨)也。此言之砧(玷),不可為也。”《少(小)頣(雅)》員(云):“夋(允)也君子,㞡(展)也大成。”《君奭》員(云):“昔才(在)上帝,戡(割)紳(申)覩(觀)文王悳(德),其集大命于氒(厥)身。”

“虽”即“夏”字變體,讀為“雅”。“夏”、“雅”古音一在匣紐魚部,一在疑紐魚部,在古文字資料和典籍中都有許多相通之例。“珪”為“圭”字古文。“䃺”即磨”字。“砧”讀為“玷”。“頣”亦是“夏”字,讀為“雅”。“夋”讀為“允”。“㞡”即“㞡”字,讀為“展”。古音“㞡”在定紐元部,“展”在端紐元部,於音可通。“戡”讀為“割”。“覩”即“觀”字。“氒”為“厥”字古文。

“允”意為誠信。“展”意為“實在”。“割申”二字大意為“重復”、“認真”。“集”意為“降”。

簡文説《大雅》云:“白圭上如果有斑點還可以磨掉,此話如果有缺欠,就無法收回。”《小雅》説:“誠信的人才是君子,實在的人才能有大成就。”《君奭》説:“往日上天曾認真地觀察過文王的德行,所以會降下天命在他的身上。”

今本作:《詩》云:“白圭之玷,尚可磨也。斯言之玷,不可為也。”《小雅》曰:“允也君子,展也大成。”《君奭》曰:“昔在上帝,周田觀文王之德,其集大命于厥躬。”

子曰:君子言又(有)勿(物),行又(有)迲(格),此以生不可敓(奪)志,死不可敓(奪)名。古(故)君子多𦖞(聞),齊而獸(守)之;多志,齊而新(親)之;精智(知),迲(略)而行之。《寺(詩)》員(云):“rest(淑)人君子,其義(儀)弌(一)也。”《君迪(陳)》員(云):“出内(入)自尔(爾)帀(師)于(虞),庶言同。”

“迲”字從“辵”“丯”聲,讀為“格”。古音“丯”在見紐月部,“格”

在見紐鐸部，聲紐相同，韻部主要元音相同，可以通轉。"敓"字《説文》訓為"彊取也。"意同"奪"。"䎽"為"聞"字古文。"獸"讀為"守"。"逹"從"丯"聲，又讀為"略"，亦通。"迧"讀為"陳"。"于"讀為"虞"。

"格"意為舊法。"齊"訓為"敬"。"志"即"識"。

簡文説孔子謂：我們講的話要有應驗，行為要合法則；所以生時有不可動摇的志向，死後有難以抹殺的美名。所以君子應該多多聽取别人的意見，恭敬地守護之；多多學習，恭敬地親近之；理解要深入，但衹能用其大略。《詩經》説："善人君子的行為，是純一不二的。"《尚書・君陳》説："出入於衆人的意見中，要使大家的意見一致。"

今本作：子曰："言有物而行有格也，是以生則不可奪志，死則不可奪名。故君子多聞，質而守之；多志，質而親之；精知，略而行之。《君陳》曰：'出入自爾師虞，庶言同。'詩云：'淑人君子，其儀一也。'"

子曰：句（苟）又（有）車，必見其𢼸（蓋）；句（苟）又（有）衣，必見其㡀（黻）；人句（苟）又（有）言，必䎽（聞）亓（其）聖（聲）；句（苟）又（有）行，必見其成。《寺（詩）》員（云）："備（服）之亡懌。"

"句"讀為"苟"。"𢼸"讀為"蓋"，古音"曷"在匣紐月部，"蓋"在見紐月部，聲為喉牙通轉，韻部相同，於音可通。"㡀"即"㡀"字，讀為"黻"，古音"㡀"在並紐月部，"黻"在幫紐月部，聲為一系，韻部相同，於音可通。"黻"指衣服上的花紋。"聖"、"聲"古本一字。"備"讀為"服"，"備"、"服"古音義皆近。

簡文説孔子謂：如果有車子，就一定能見到車蓋；如果有衣服，就一定能看到衣服上的花紋；人如果説話，就必會聽見其聲音；人如果有行動，就必會看見其結果。《詩經》説："穿着不厭倦。"

今本作：子曰："苟有車，必見其軾；苟有衣，必見其敝；人苟或言之，必聞其聲；苟或行之，必見其成。葛覃曰：'服之無射。'"

子曰：厶(私)㩳(惠)不褱〈壞〉悳(德)，君子不自䆗(留)女〈安(焉)〉。《寺(詩)》員(云)：“人之好我，旨(示)我周行。”

“厶”乃“私”字古文。“褱”乃“壞”字誤書，借為“懷”。“䆗”字從“宀”從“屮”從“留”，讀為“留”。“女”乃“安”字誤書，“安”讀為“焉”。“旨”讀為“示”，古音“旨”在章紐脂部，“示”在船紐脂部，聲為一系，韻部相同，於音可通。

“周行”意為“大道”。

簡文說孔子謂：私自以恩惠施於人但不歸屬道德的，君子肯定不接受。《詩經》說：“喜歡我的人，應該指示我以大道。”

今本作：子曰：“私惠不歸德，君子不自留焉。”

子曰：唯君子能好其駜(匹)，少(小)人剴(豈)能好亓(其)駜(匹)。古(故)君子之友也又(有)向(鄉)，亓(其)亞(惡)又(有)方。此以褻(邇)者不賊(惑)，而遠者不悘(疑)。《寺(詩)》員(云)：“君子好𧾷(逑)。”

“駜”字從“馬”“必”聲，古音“必”在幫紐質部，“匹”在滂紐質部，聲為一系，韻部相同，於音可通。“剴”讀為“豈”。“向”“鄉”古音皆在曉紐陽部，故“向”可讀“鄉”。“褻”字從“亻”從“埶”，讀為“邇”，古音“埶”在疑紐月部，“邇”在日紐支部，韻為旁對轉，聲紐在古代亦關係密切，在典籍和古文字資料中多有相通之證。“賊”讀為“惑”。“悘”從“矣”聲，疑為“疑”字異體。

“匹”意為同道朋友。“鄉”意為“衆之所向”。“方”可理解為“準則”、“道理”。

簡文說孔子謂：衹有君子能喜歡他的朋友，小人怎麼能喜歡他的朋友？所以君子喜愛誰是有準則的，厭惡誰也是有道理的。因此身邊的人才不會迷惑，遠處的人也不會懷疑。《詩經》說：“君子喜歡他的朋友。”

今本作：子曰："唯君子能好其正，小人毒其正。故君子之朋友有鄉，其惡有方。是故邇者不惑，而遠者不疑也。《詩》云：'君子好仇。'"

子曰：翌(輕)醠(絶)貧戔(賤)，而至(重)醠(絶)賗(富)貴，昊(則)好悬(仁)不礐(堅)，而亞(惡)亞(惡)不紙(著)也。人唯(雖)曰不利，虗(吾)弗訐(信)之矣。《寺(詩)》員(云)："倗(朋)友卣(攸)塁(攝)，塁(攝)以悍(威)義(儀)。"

"翌"讀為"輕"。"戔"讀為"賤"。"至"從"石""主"聲，讀為"重"。"賗"即"富"字古文。"礐"讀為"堅"。"紙"從"乇"聲，讀為"著"，古音"乇"在透紐鐸部，"著"在端紐魚部，聲為一系，韻為對轉。"虗"在楚文字皆用為"吾"。"卣"讀為"攸"，古音"卣"、"攸"皆在喻紐幽部，於音可通。"塁"讀為"攝"。

簡文説孔子謂：輕易地與貧賤的朋友絶交，而不輕易與富貴的朋友絶交，這是好仁之心不堅定，而嫉惡之心不顯明。即使有人説這不是為了利，我也不會相信。《詩經》説："朋友之間之所以互相聯係，是人格威嚴在起作用。"

今本作：子曰："輕絶貧賤，而重絶富貴，則好賢不堅，而惡惡不著也。人雖曰不利，吾不信也。《詩》云：'朋友攸攝，攝以威儀。'"

子曰：宋人又(有)言曰：人而亡貢(恒)，不可為卜筶(筮)也，丌(其)古之遺言舉(與)？龜沯(筮)猷(猶)弗智(知)，而皇(況)於人虖(乎)。《寺(詩)》員(云)："我龜既猷(厭)，不我告猷。"

"貢"字從"貝""亙"聲，讀為"恒"。"筶"即"筮"字繁文。"沯"乃"筮"字異體。"皇"讀為"況"，古音"皇"在匣紐陽部，"況"在曉紐陽部，聲為一系，韻部相同，於音可通。"虖"從"口""虎"聲，在楚文字中多用為"乎"。"猷"即"猒"字，讀為"厭"。

"宋人"即"宋國人"。宋人乃商後裔，故熟於卜筮。"遺言"指先人留下的言論。

簡文説孔子謂：宋國有人云：人如果無恒心而三心二意，就不要求助於卜筮，這可能是古人留下的老話。對這種三心二意之人龜筮都没有辦法，何況人呢。《詩經》説："我占卜的龜都厭煩了，不再告我以吉凶。"

今本作：子曰："'南人有言曰：人而無恒，不可以為卜筮。'古之遺言與？龜筮猶不能知也，而況於人乎！《詩》云：'我龜既厭，不我告猶。'"

二十又三

此指本篇的章數。

五　行

【説明】

本篇竹簡共存50支。竹簡兩端修削成梯形，簡長32.5釐米。編綫兩道，編綫間距為12.9～13釐米。

本篇内容與已出的馬王堆漢墓帛書《老子》甲本卷後古佚書中的《五行》篇大體相同，衹是章句結構和部分文句、字詞有一定差别。

本篇主要内容為論述人之五種情性，即"仁"、"義"、"禮"、"智"、"聖"。所説即《荀子・非十二子》中所批駁的子思、孟子的五行説。

《五行》與《尚書・洪範》有一定的淵源關係，其思想與《中庸》和《孟子》所論相同。

【釋文】

五行：悬(仁)型(形)於内胃(謂)之悳(德)之行，不型(形)於内胃(謂)之行。義型(形)於内胃(謂)之悳(德)之**【1】**行，不型(形)於内胃(謂)之行。豊(禮)型(形)於内胃(謂)之悳(德)之行，不型(形)於内胃(謂)之**【2】**〔行。智型(形)〕於内胃(謂)之悳(德)之行，不型(形)於内胃(謂)之行。聖型(形)於内胃(謂)之悳(德)**【3】**之行，不型(形)於内胃(謂)之{悳之}行。

悳(德)之行五，和胃(謂)之悳(德)，四行和胃(謂)之善。善，人**【4】**道也。悳(德)，天道也。君子亡(無)审(中)心之息(憂)則亡(無)审(中)心之智，亡(無)审(中)心之智則亡(無)审(中)心**【5】**〔之悦〕，亡(無)审(中)心〔之悦則〕不安，不安則不樂(樂)，不樂(樂)則亡(無)悳(德)。

五行皆型(形)於内而時行**【6】**之，胃(謂)之君〔子〕。士又(有)志於君子道，胃(謂)之旹(志)士。善弗為亡(無)近，悳(德)弗**【7】**之(志)不成，智弗思不㝵（得）。思不清（精）不譔（察），思不倀（長）不型（形）。不型（形）不安，不安不樂（樂），不樂（樂）【8】亡（無）悳（德）。

不息（仁），思不能清（精）。不智，思不能倀（長）。不息（仁）不智，未見君子，㥑（憂）心【9】不能惙惙；既見君子，心不能兑（悦）。"亦既見𡳿（之），亦既訽（覯）𡳿（之），我心則【10】〔兑（悦）〕"，此之胃（謂）〔也〕。〔不〕息（仁），思不能清（精）。不聖，思不能翌（輕）。不息（仁）不聖，【11】未見君子，㥑（憂）心不能𢡱（忡）𢡱（忡）；既見君子，心不能降。

息（仁）之思也清（精），清（精）【12】則譔（察），譔（察）則安，安則㥂（温），㥂（温）則兑（悦），兑（悦）則𢢜（戚），𢢜（戚）則新（親），新（親）則㤅（愛），㤅（愛）則玉色，玉色則型（形），型（形）則息（仁）。【13】

智之思也倀（長），倀（長）則㝵（得），㝵（得）則不亡（忘），不亡（忘）則明，明則見臤（賢）人，見臤（賢）人則玉色，玉色則型（形），型（形）【14】則智。

聖之思也翌（輕），翌（輕）則型（形），型（形）則不亡（忘），不亡（忘）則聣（聰），聣（聰）則𦖞（聞）君子道，𦖞（聞）君子道則玉音，玉音則型（形），型（形）【15】則聖。

"要（淑）人君子，其義（儀）罷（一）也。"能為罷（一），肰（然）句（後）能為君子，〔君子〕慙（慎）丌（其）𤔲（獨）也。【16】

"〔瞻望弗〕返（及），深（泣）涕女（如）雨。"能遲沱（池）丌（其）羿（羽），肰（然）句（後）能至哀。君子慙（慎）丌（其）【17】〔𤔲（獨）也〕。

〔君〕子之為善也，又（有）與司（始），又（有）與冬（終）也。君子之為悳（德）也，【18】〔又（有）與司（始），亡（無）與〕終也。金聖（聲）而玉晨（振）之，又（有）悳（德）者也。

金聖（聲），善也；玉音，聖也。善，人【19】道也；悳（德），而〈天〉道〔也〕。唯又（有）悳（德）者，肰（然）句（後）能金聖（聲）而玉晨（振）之。不聣（聰）不明，不聖不【20】智，不智不息（仁），不息（仁）不安，不安不樂，不樂亡（無）悳（德）。

不㥸（勉）不兑（悦），不兑（悦）不𢢜（戚），不𢢜（戚）不新（親），不新（親）不㤅（愛），不㤅（愛）不息（仁）。

不悳（直）不逸（肆），不逸（肆）不果，不果【21】不柬（簡），不柬（簡）

不行，不行不義。

不𧢲（遠）不敬，不敬不嚴，不嚴不障（尊），不障（尊）不共（恭），不共（恭）亡（無）豊（禮）。

未尚（嘗）【22】𦖞（聞）君子道，胃（謂）之不聣（聰）。未尚（嘗）見臤（賢）人，胃（謂）之不明。𦖞（聞）君子道而不智（知）【23】丌（其）君子道也，胃（謂）之不聖。見臤（賢）人而不智（知）丌（其）又（有）悳（德）也，胃（謂）之不智。【24】

見而智（知）之，智也。𦖞（聞）而智（知）之，聖也。明明，智也。虩（赫）虩（赫），聖也。"明明才（在）下，虩（赫）虩（赫）【25】才（在）上"，此之胃（謂）也。

𦖞（聞）君子道，聣（聰）也。𦖞（聞）而智（知）之，聖也。聖人智（知）而〈天〉【26】道也。智（知）而行之，義也。行之而時，悳（德）也。見臤（賢）人，明也。見而智（知）之，【27】智也。智（知）而安之，𢚩（仁）也。安而敬之，豊（禮）也。聖智（知），豊（禮）樂（樂）之所𦾔（由）生也，五【28】〔行之所和〕也。和則𢡟（樂），𢡟（樂）則又（有）悳（德），又（有）悳（德）則邦家（家）舉（舉）。文王之見也女（如）此。"文【29】〔王才（在）上，於昭〕于而〈天〉"，此之胃（謂）也。

見而智（知）之，智也。智（知）而安之，𢚩（仁）也。安【30】而行之，義也。行而敬之，豊（禮）也。𢚩（仁）義，豊（禮）所𦾔（由）生也，四行之所和也。和【31】則同，同則善。

顏色伀（容）佼（貌）悃（温）㝵（勉）也。以丌（其）𠁩（中）心與人交，兑（悦）也。𠁩（中）心兑（悦），𡍯（播）𨗾（遷）【32】於兄弟，𢽾（戚）也。𢽾（戚）而訐（信）之，新（親）〔也〕。新（親）而篙（篤）之，炁（愛）也。炁（愛）父，丌（其）𢇍（繼）炁（愛）人，𢚩（仁）也。

𠁩（中）心【33】誸（辯）肰（然）而正行之，𥄂（直）也。悳（直）而述（遂）之，𨓏（肆）也。𨓏（肆）而不畏𢐀（强）語（禦），果也。不【34】以少（小）道𡩜（害）大道，柬（簡）也。又（有）大辠（罪）而大豉（誅）之，行也。貴貴，丌（其）㞢（等）障（尊）臤（賢），義也。【35】

以丌（其）外心與人交，遠也。遠而𦞦（莊）之，敬也。敬而不䢒（懈?），嚴也。嚴而畏【36】之，障（尊）也，障（尊）而不喬（驕），共（恭）也。

共(恭)而尃(博)交,豊(禮)也。

不柬(簡),不行。不匿,不䇄(察)【37】於道。又(有)大辠(罪)而大豉(誅)之,柬(簡)也。又(有)少(小)辠(罪)而亦(赦)之,匿也。又(有)大辠(罪)而弗大【38】豉(誅)也,不行也。又(有)少(小)辠(罪)而弗亦(赦)也,不䇄(察)於道也。柬(簡)之為言猶練【39】也,大而晏(罕)者也。匿之為言也猶匿匿也,少(小)而訪〈訡(軫)〉者也。柬(簡),義之方也。匿,【40】悬(仁)之方也。㢡(剛),義之方。矛(柔),悬(仁)之方也。"不彊(强)不梂(絿),不㢡(剛)不矛(柔)",此之胃(謂)【41】也。

君子集大成。能進之為君子,弗能進也,各㞢(止)於丌(其)里。大而【42】晏(罕)者,能又(有)取安(焉)。少(小)而軫者,能又(有)取安(焉)。疋膚(億)膚(億)達者(諸)君子道,胃(謂)之臤(賢)。君【43】子智(知)而與(舉)之,胃(謂)之障(尊)臤(賢);智(知)而事之,胃(謂)之障(尊)臤(賢)者也。後,士之障(尊)臤(賢)者也。【44】

耳官(目)鼻口手足六者,心之返(役)也。心曰唯,莫敢不唯;如(諾),莫敢不如(諾);【45】進,莫敢不進;後,莫敢不後;㴱(深),莫敢不㴱(深);濮(淺),莫敢不濮(淺)。和則同,同則善。【46】

目而智(知)之胃(謂)之進之,廥(喻)而智(知)之胃(謂)之進之。辟(譬)而智(知)之胃(謂)之進之。【47】𢆶(機)而智(知)之,天也。"上帝臤〈臨〉女(汝),毋戌(貳)尔(爾)心",此之胃(謂)也。

大〈天〉陞(施)者(諸)丌(其)人,天也。丌(其)【48】人陞(施)者(諸)人,𤟹(狎?)也。

𦖞(聞)道而兑(悦)者,好悬(仁)者也。𦖞(聞)道而畏者,好【49】義者也。𦖞(聞)道而共(恭)者,好豊(禮)者也。𦖞(聞)道而樂(樂)者,好悳(德)者也。【50】

【校釋】

五行: 悬(仁)型(形)於内胃(謂)之悳(德)之行,不型(形)於内胃(謂)之行。義型(形)於内胃(謂)之悳(德)之行,不型(形)於内胃(謂)之行。豊(禮)型(形)於内胃(謂)之悳(德)之行,不型(形)於内胃(謂)之〔行。智型(形)〕於内胃(謂)之悳(德)之行,不型(形)於内胃(謂)之行。

聖型(形)於内胃(謂)之悳(德)之行,不型(形)於内胃(謂)之{悳之}行。

"㐰"字從"心""身"聲,為"仁"字古文。"型"讀為"形",二字皆從"井"聲,故可相通。"悳"為"德"字古文。"豊"為"禮"字古文。

此"五行"不同於"金、木、水、火、土"的"五行",而是指人的品德修養的五個方面和兩個層次,性質與《尚書·洪範》的"三德"相近,就是《荀子·非十二子》中批判的"思孟五行說"。

此"五行"强調"形於内"與"不形於内"的差别,"刑於内"指"形成於内心",即发自内心,如此才能稱之為"德之行",而没有行成於内心的則衹能稱為"行",指流於表面或故意做作。《通典》卷五十三引《周禮·地官·師氏》馬融注:"德行,内外之稱。在心為德,施之為行。"説的就是這個意思。

此段簡文最後一句中的"悳之"二字或認為是衍文,或認為不衍。認為不衍的意見是認為這正是"聖"區别於以上"四行"的關鍵所在。

簡文説"仁"形成於内心叫做"德之行",不形成於内心叫做"行"。"義"形成於内心叫做"德之行",不形成於内心叫做"行"。"禮"形成於内心叫做"德之行",不形成於内心叫做"行"。"智"形成於内心叫做"德之行",不形成於内心叫做"行"。"聖"形成於内心叫做"德之行",不形成於内心叫做"行"。

悳(德)之行五,和胃(謂)之悳(德),四行和胃(謂)之善。善,人道也。悳(德),天道也。君子亡(無)中心之惪(憂)則亡(無)宙(中)心之智,亡(無)宙(中)心之智則亡(無)宙(中)心〔之悦〕,亡(無)宙(中)心〔之悦則〕不安,不安則不樂(樂),不樂(樂)則亡(無)悳(德)。

"宙"字從"中"聲,讀為"中"。"樂"字即"藥"字省體,讀為"樂"。

"和"意為和諧,協調。"德之行五"即指上文的"仁義禮智聖"。"四行"指"仁義禮智"。"憂"指憂愁思慮。"樂"既指"快樂"

之"樂",又指"音樂"之"樂"。古人認為"樂"可以養心飾禮,是"德"的"光華"(《禮記·樂記》:"樂者,德之華也。"瓥鐘銘文的"靈色若華",吴王光鐘的"華英有慶"皆可為證)。

簡文强調"五行"分為兩個層次,"仁義禮智"四行之和諧稱為"善",是人道的層次。《禮記·喪服四制》:"恩者仁也,理者義也,節者禮也,權者知也。仁義禮知,人道具矣。""仁義禮智聖"五行之和諧才稱得上是"德",是天道的層次。也就是説"聖"是最高的"德行",所以"聖人"從來都是非常稀少。古"聖""聽"本一字之分化,"聖"就是"聽",指用聽覺感覺世界,與"天"溝通。古代樂師大都由瞽者職掌,正是因為失明者聽覺更靈敏,能更多聽到天籟的聲音,能與"天道"更為接近的緣故。

簡文説德的表現有五個方面,這五個方面的和諧就叫做"德"。四個方面的和諧叫做"善"。善是人的原則,德是天的原則。君子没有内心的憂思就不會有内心的智慧,没有内心的智慧就不會有内心的喜悦,没有内心的喜悦就不會有内心的安適,没有内心的安適就不會有内心的快樂,没有内心的快樂也就不會有"德"。

五行皆型(形)於内而時行之,胃(謂)之君〔子〕。士又(有)志於君子道,胃(謂)之時(志)士。善弗為亡(無)近,悳(德)弗之(志)不成,智弗思不㝵(得),思不清(精)不詧(察),思不倀(長)不型(形)。不型(形)不安,不安不樂(樂),不樂(樂)亡(無)悳(德)。

"時"從"寺"聲,"寺"從"之"聲,"志"亦從"之"聲,故"時"可讀為"志"。"清"讀為"精"。"詧"字從"言"從"丵","丵"乃"辛"字變體,在楚簡中用為"察"、"竊"、"淺"三字的聲旁。"倀"讀為"長"。

"時行之"之"時"義為"經常"、"時常"或"適時"。"五行皆形於内而時行之",即行"天道"。行天道者謂之"君子",而"有志於天道"但尚未行者叫做"志士"。君子和志士代表德行修煉所達到的兩個層次。《荀子·哀公》説:"人有五儀:有庸人,有士,有君子,有賢人,有大聖。"

"思不精不察"意為"思慮不精細就不會明察"。《孔叢子·記義》云:"且人君之慮者多,多慮則意不精。以不精之意,察難知之人,宜其有失也"。簡文"清"讀為本字亦通。《荀子·解蔽》:"吾慮不清,未可定然否也。"

簡文説仁義禮智聖形成於内心并經常施行,就叫做"君子"。士有志向於天道的,叫做"志士"。"善"没有作為就無法接近,"德"不有志於此也難以形成,智慧不思考就得不到,思慮不精細就不能明察,思慮不長久就不會形成。不形成就不會安適,不安適就不會快樂,不快樂就没有德。

不悬(仁),思不能清(精)。不智,思不能倀(長)。不悬(仁)不智,未見君子,悳(憂)心不能惙惙;既見君子,心不能兑(悦)。"亦既見坒(之),亦既訽(覯)坒(之),我心則〔兑(悦)〕",此之胃(謂)〔也〕。〔不〕悬(仁),思不能清(精)。不聖,思不能翌(輕)。不悬(仁)不聖,未見君子,悳(憂)心不能烾(忡)烾(忡);既見君子,心不能降。

"坒"字為"之"字繁體。"訽"讀為"覯"。古音"訽"、"覯"皆在見紐侯部,於音可通。"翌"從"巠"聲,讀為"輕"。"烾"從"終"聲,"終"、"中"古音可通,故"烾"可讀為"忡"。

"惙惙"乃憂愁貌。"亦既見之,亦既覯之,我心則悦"三句乃引《詩》句,見於今本《詩·召南·草蟲》。"忡忡"也是憂愁貌。

簡文强調"仁""智""聖"在情感中的作用。不仁不智,則未見君子和見到君子都不憂不樂。不仁不聖,未見君子和見到君子也不憂不樂。這與引《詩》三句所説雖是一回事,但結果卻不同。

簡文説不仁愛,思慮就不能精細。不聰明,思慮就不能長久。不仁愛不聰明,没見到君子時,不會憂心惙惙;見到君子後,内心也不會高興。《詩》云:"確實看見他,確實遇見他,我就會高興",説的就是這個意思。不仁愛,思慮不能精細。不聖明,思慮不能輕靈。不仁愛不聖明,没見到君子時,不會憂心忡忡;見到君子後,心也放不下。

息(仁)之思也清(精),清(精)則謖(察),謖(察)則安,安則悬(温),悬(温)則兑(悦),兑(悦)則豪(戚),豪(戚)則新(親),新(親)則悉(愛),悉(愛)則玉色,玉色則型(形),型(形)則息(仁)。

"謖"讀為"察"。"悬"即"愠"字,從"囷"(盈之初文)從"心",讀為"温"。"豪"乃"就"字,古"就"、"戚"於音可通,所以可讀為"戚"。

"温"即"温良恭儉讓"之"温",意為"温柔寬緩",也指臉色之和柔。"戚"即"親戚"之"戚",《小爾雅·廣詁》:"戚,近也。"字又作"慽"。"玉色"指容貌,以玉的品性來形容。玉的特性是温潤和柔,所以"玉色"就是指温和的容色。

簡文説仁愛思慮就能精細,精細就會明察,明察就會安適,安適就會温和,温和就會高興,高興就會接近,接近就會親熱,親熱就會喜愛,喜愛就會容色温和,温和就會形於内心,形於内心則仁愛。

智之思也倀(長),倀(長)則㝵(得),㝵(得)則不亡(忘),不亡(忘)則明,明則見臤(賢)人,見臤(賢)人則玉色,玉色則型(形),型(形)則智。

"倀"讀為"長"。"亡"讀為"忘"。"臤"讀為"賢"。

《荀子·解蔽》:"知賢之謂明",《文子·上仁》:"知賢之謂智。"與簡文意同。

簡文説智慧的思慮就能長久,長久就會得到,得到就會不忘,不忘就高明,高明就能見到賢人,見到賢人就會容色温和,容貌温和就會形於内心,形於内心就會聰明。

聖之思也翌(輕),翌(輕)則型(形),型(形)則不亡(忘),不亡(忘)則聣(聰),聣(聰)則聋(聞)君子道,聋(聞)君子道則玉音,玉音則型(形),型(形)則聖。

“翌”從“羽”“巠”聲，讀為“輕”。“聣”為“聽”字異體，字從“耳”、“兇”聲，古“兇”、“銮”乃一字之分化，古音“銮”“聽”皆在精紐東部，故可相通。“聋”為“聞”字古文。

“玉音”指“天籟”，聖者耳聽，故能得聞。“玉音”也指聖明賢德之音。

簡文説聖明的思慮就輕靈，輕靈就形於内心，形於内心就不忘，不忘就聰明，聰明就會聽到君子的準則，聽到君子的準則就會玉音，玉音就形於内心，形於内心就聖明。

“要（淑）人君子，其義（儀）翟（一）也。”能為翟（一），肰（然）句（後）能為君子，〔君子〕訢（慎）亓（其）虽（獨）也。

“要”字從“女”從“弔”，古“弔”、“叔”一在端紐宵部，一在書紐覺部，聲皆為舌音，韻為旁對轉，可以相通。“義”本“儀”之本字。“翟”字從“羽”從“能”，在楚簡中皆用為“一”。“訢”為“慎”字異體。“虽”為“蜀”字省體，用為“獨”。

“淑人君子，其儀一也。”是引用《詩經》句，見於今本《詩經・曹風・鳲鳩》，原文作：“淑人君子，其儀一兮。”“慎其獨”即儒家提倡的“慎獨”。“慎獨”指專心一德。秦印中有格言璽“壹心”印，“壹心”即“慎獨”也。

簡文説“賢人君子，其儀態始終如一。”能始終如一，然後才能做一個君子。君子能始終專心一德。

“〔瞻望弗〕返（及），深（泣）涕女（如）雨。”能遲沱（池）亓（其）羿（羽），肰（然）句（後）能至哀。君子訢（慎）亓（其）〔虽（獨）也〕。

“返”為“及”字繁體。“深”讀為“泣”。古音“泣”在溪紐緝部，“眔”在定紐緝部。“泣”從“立”聲，而“立”在來紐緝部，來、定皆為舌音，韻皆為“緝”部，所以“深”可以讀為“泣”。

“瞻望弗及，泣涕如雨”是引用《詩經》句，見於《詩經・邶風・燕燕》，今本作：“瞻望弗及，泣涕如雨。”

“遲沱（池）”《詩經》作“差池”，本為聯縣詞，為“不齊”意。“遲池其羽”形容燕子飛時上下翅膀扇動的狀態。“羿”即“羽”字繁文，纍加“于”為聲符。

簡文説“遠望不及，淚下如雨。”能上下扇動翅膀，然後能達到悲痛之极。君子始終能專心致志。

〔君〕子之為善也，又（有）與司（始），又（有）與冬（終）也。君子之為悳（德）也，〔又（有）與司（始），亡（無）與〕終也。金聖（聲）而玉晨（振）之，又（有）悳（德）者也。

“司”讀為“始”。“冬”讀為“終”。“晨”讀為“振”。

簡文指出為善有始有終，為德則有始無終，這是因為古人認為為善需身體力行，體在則善存，體不在則善不存。而為德講求舍體存心，衹要心存志念，則德將永在。為善衹是人之道，衹有舍體存心的“為德”，才是感知天道，成為“聖明”的唯一途徑。

“金聲”指鐘一類發出之聲音。“玉”即“玉音”，指“磬”一類發出的聲音。“振”典籍中訓為“收”，訓為“止”。古代音樂大都以“金聲”開始，以“玉音”結尾。古人以“金聲”比喻為善的人道層次，以“玉音”比喻為德的天道層次。古代音樂是禮的具體實現形式，也是“德”的心靈表現和修煉方式。

簡文説君子之從事善，與善相始，也與善相終。君子之從事德，與德相始，也與德無終。以金聲開始以玉音收尾，就是有德者。

金聖（聲），善也；玉音，聖也。善，人道也；悳（德），而〈天〉道〔也〕。唯又（有）悳（德）者，肰（然）句（後）能金聖（聲）而玉晨（振）之。不聦（聰）不明，不聖不智，不智不息（仁），不息（仁）不安，不安不樂，不樂亡（無）悳（德）。

古人以音樂的演奏過程來比喻人的道德修煉層次。“金聲”為音樂之始,如“五行”之“仁”、“義”、“禮”、“智”,是為“人”的層次,稱為“人道”。“玉音”為音樂之終,如“五行”之“聖”,是為“天”的層次,稱為“天道”。“聖”這一天道才是“大德”,衹有超越了“四行”達到“聖”的層次,才能像音樂一樣善始善終,成為“聖人”。

《孟子·萬章下》説:“孔子之謂集大成,集大成也者,金聲而玉振之也。金聲也者,始條理也;玉振之也者,終條理也。始條理者,智之事也;終條理者,聖之事也。”這段論述可與簡文對照。

簡文“樂”字一語雙關,既指心情上的歡樂,又指音樂之“樂”。因為“夫樂以安德”(《左傳·襄公十一年》語),所以簡文説“不樂無德”。

簡文説金聲是善,玉音是聖。善是人道,德是天道。只有有德的人,然後才能做到以金聲始以玉音終。耳不聽則眼不明,不聽明則不智慧,不智慧則不仁愛,不仁愛則不安適,不安適則不快樂,不快樂則無道德。

不叀(勉)不兑(悦),不兑(悦)不𡨦(戚),不𡨦(戚)不靳(親),不靳(親)不悉(愛),不悉(愛)不息(仁)。

“叀”即“弁”字,讀為“勉”。古音“弁”在並紐元部,“勉”在明紐元部,聲為一系,韻部相同,故可相通。“勉”意為“勉勵”。

簡文説不勉勵則不高興,不高興則不接近,不接近則不親熱,不親熱則不喜愛,不喜愛則不仁愛。

不悳(直)不遙(肆),不遙(肆)不果,不果不柬(簡),不柬(簡)不行,不行不義。

“悳”讀為“直”。“遙”從“𦥑”聲,讀為“肆”。“柬”讀為“簡”。

“直”意為正直、直爽、梗直。“肆”意為恣意、放肆。“果”意為果敢、果決。“簡”即“剛簡”之“簡”,意為剛强簡略。“直”與“肆”即

《老子·德經》的"直而不肆"中之"直"和"肆",《禮記·樂記》中的"肆直而慈愛"中的"肆"和"直"。古人認為"仁内義外","仁柔義剛",故行義需"剛","簡"即"剛"也,所以簡文説"不簡不行,不行不義"。

簡文説不率直就不恣肆,不恣肆就不果決,不果決就不剛簡,不剛簡就難施行,難施行就無正義。

不䚍(遠)不敬,不敬不嚴,不嚴不障(尊),不障(尊)不共(恭),不共(恭)亡(無)豊(禮)。

"䚍"字從"見""袁"聲,讀為"遠"。"障"為"尊"字初文。"共"讀為"恭"。"豊"為"禮"字初文。

簡文説不疏遠就不敬畏,不敬畏就不威嚴,不威嚴就不尊重,不尊重就不恭敬,不恭敬就無禮貌。

未尚(嘗)耷(聞)君子道,胃(謂)之不聣(聰)。未尚(嘗)見臤(賢)人,胃(謂)之不明。耷(聞)君子道而不智(知)丌(其)君子道也,胃(謂)之不聖。見臤(賢)人而不智(知)丌(其)又(有)悳(德)也,胃(謂)之不智。

"尚"讀為"嘗"。

簡文説未曾聽過君子的準則,叫做耳朵不聰靈。未曾見過賢德之人,叫做眼光不敏鋭。聽過君子的準則卻不能理解君子的準則,叫做不聖明。見過賢德之人卻不知道他有賢德,叫做不聰明。

見而智(知)之,智也。耷(聞)而智(知)之,聖也。明明,智也。虩(赫)虩(赫),聖也。"明明才(在)下,虩(赫)虩(赫)才(在)上",此之胃(謂)也。

"虩"即"虢"字省文,讀為"赫",古音"虢"、"赫"皆在曉紐鐸部,可以相通。

“見而知之,智也。聞而知之,聖也。”即《文子·道原》:“文子問聖智。老子曰:‘聞而知之,聖也。見而知之,智也。’”“明明”本指聖明聰察。“赫赫”本指威嚴顯赫。在此借用《詩經·大雅·大明》的詩句形容“智”和“聖”兩種狀態。

簡文説看見就知道,是智慧。聽見就知道,是聖明。睿智明察,是智慧。威嚴顯赫,是聖明。《詩經》云:“明明在下,赫赫在上。”説的就是這件事。

𦖞(聞)君子道,聣(聰)也。𦖞(聞)而智(知)之,聖也。聖人智(知)而〈天〉道也。智(知)而行之,義也。行之而時,悳(德)也。見臤(賢)人,明也。見而智(知)之,智也。智(知)而安之,悬(仁)也。安而敬之,豊(禮)也。聖智(知),豊(禮)樂(樂)之所𦟝(由)生也,五〔行之所和〕也。和則𧮯(樂),𧮯(樂)則又(有)悳(德),又(有)悳(德)則邦𡨦(家)𦦙(舉)。文王之見也女(如)此。“文〔王才(在)上,於昭〕于而〈天〉”,此之胃(謂)也。

“樂”即“藥”字,讀為“樂”。“𦟝”字疑從“肉”得聲,古音“肉”在日紐屋部,“由”在喻紐幽部,聲為一系,韻為旁對轉,可以相通。“𧮯”字從“言”從“藥”省,亦讀為“樂”。“𡨦”字為楚系文字中“家”字的特有寫法。“𦦙”字疑讀為“舉”,“舉”有復興、振興意。

“文王之見”之“見”意為顯現,顯露。“文王在上,於昭于天”是引用《詩經》詩句,見於今本《詩經》的《大雅·文王》。

簡文説聽見君子的準則,是聰慧。聽到并能領會,是聖明。聖人能領會天道。領會天道并施行之,是義。施行之并合於時,就是德。見到賢德之人是明察。見到并理解賢德之人,是智慧。理解賢德之人并能使其安適,就是仁愛。使其安適并敬重他,就是禮節。聖明智慧,是禮樂産生的來源,是五行之聚和。和就會快樂,快樂就有德,有德邦家就會振興。文王所表現出來的就是這樣。《詩經》云:“文王位於上天,明察超乎上帝。”説的就是這件事。

見而智(知)之,智也。智(知)而安之,㤈(仁)也。安而行之,義也。行而敬之,豊(禮)也。㤈(仁)義,豊(禮)所䌛(由)生也,四行之所和也。和則同,同則善。

"䌛"亦讀為"由"。

簡文説見到并能領悟,是智慧。領悟并使之安適,是仁愛。使之安適并施行,是義。施行而敬重之,是禮。仁義,是禮産生的來源,是仁義禮智的聚合調協。調和則混同,混同就會善。

顔色伀(容)伩(貌)悃(温)㝸(勉)也。以丌(其)宑(中)心與人交,兑(悦)也。宑(中)心兑(悦),𡗛(播)遷(遷)於兄弟,𩫖(戚)也。𩫖(戚)而䜣(信)之,新(親)〔也〕。新(親)而𥫗(篤)之,悉(愛)也。悉(愛)父,丌(其)𢜰(繼)悉(愛)人,㤈(仁)也。

"産"為"顔色"之合文。"伀"字從"人""公"聲,讀為"容"。容字古文作"宊",亦從"公"聲,故"伀"可讀為"容"。"伩"字從"人""爻"聲,讀為"貌"。古音"爻"在匣紐宵部,"貌"在明紐宵部,韻部相同,聲紐亦有相通之例,如字書"睢"、"鄗"、"黴"、"輆"諸字就同時存在讀為匣紐和明紐的兩個反切音。"㝸"即"弁"字,讀為"勉","勉"意為勸勉,勸勉時容色一定温和平易。"𡗛"字從"釆"聲,讀為"播",意為遷播、流布。"遷"字即"遷"之古文。"𥫗"讀為"篤"。"𢜰"為"稽"字初文,讀為"繼",古音"稽"在見紐脂部,"繼"在見紐錫部,聲紐相同,韻部主要元音相同,可以通轉。

簡文説容色温和平易。以衷心與人交往,會喜悦。衷心喜悦,傳布至兄弟,就會貼近。貼近并誠信,就會親熱。親熱得深厚,就會熱愛。熱愛父親,繼之會熱愛他人,這就是仁。

宑(中)心訦(辯)肰(然)而正行之,㮴(直)也。悳(直)而述(遂)之,逯(肆)也。逯(肆)而不畏彊(强)語(禦),果也。不以少(小)道𡧱(害)

大道，柬(簡)也。又(有)大辠(罪)而大豉(誅)之，行也。貴貴，丌(其)歨(等)障(尊)臤(賢)，義也。

"誃"讀為"辯"。"㝵"、"悳"皆讀為"直"。"述"讀為"遂"。"述"、"遂"音近，在典籍和古文字中經常相通。"彊"即"勥"字，讀為"强"。"語"讀為"禦"，古音"語"、"禦"皆在疑紐魚部，於音可通。"少"讀為"小"，古"少"、"小"一字，可以通用。"柬"讀為"簡"。"辠"字為罪字古文。"豉"字從"豆"聲，讀為"誅"，古音"豆"在定紐侯部，"誅"在端紐侯部，聲為一系，韻部相同，故可相通。"歨"從"之"聲，讀為"等"。

"强禦"典籍又作"彊圉"、"强圉"、"彊禦"、"强衙"，乃"强暴"之意。"貴貴"和"尊賢"分别為五倫之一，《荀子・大略》："貴貴、尊尊、賢賢、老老、長長，義之倫也。"又《禮記・祭義》："先王之所以治天下者五：貴有德，貴貴，貴老，敬老，慈幼。""貴有德"即"尊賢"。《孟子・萬章下》："用下敬上，謂之貴貴；用上敬下，謂之尊賢。貴貴尊賢，其義一也。""貴貴尊賢，其義一也"同簡文"貴貴，其等尊賢"含意相同。

"有大罪而大誅之，行也"是説以剛簡執法，不徇私情。剛簡即"義"，《荀子・大略》："義，理也，故行。""此"故行"即簡文之"行也"。

簡文説心中分明而行以正道，就是正直。正直并實踐之，就是恣肆。恣肆而不畏强暴，就是果敢。不以小的道理妨害大的道理，就是剛簡。有大罪就嚴法處之，正當可行。貴貴相等於尊賢，都是義。

以丌(其)外心與人交，遠也。遠而𦣻(莊)之，敬也。敬而不卸(懈?)，嚴也。嚴而畏之，障(尊)也，障(尊)而不喬(驕)，共(恭)也。共(恭)而尃(博)交，豊(禮)也。

"𦣻"字從"首""爿"聲，讀為"莊"。"卸"字不識，或疑讀為

“懈”。“喬”讀為“驕”。“共”讀為“恭”。“専”讀為“博”。

簡文説不以真心與人交往，就會疏遠。疏遠并莊重，就會産生敬畏。敬重而不懈，就會産生威嚴。威嚴使人生畏，就會産生尊敬。受尊敬卻不驕傲，就是謙恭。謙恭而廣泛交往，就是禮。

不柬(簡)，不行。不匿，不쑤(察)於道。又(有)大辠(罪)而大豉(誅)之，柬(簡)也。又(有)少(小)辠(罪)而亦(赦)之，匿也。又(有)大辠(罪)而弗大豉(誅)也，不行也。又(有)少(小)辠(罪)而弗亦(赦)也，不쑤(察)於道也。柬(簡)之為言猶練也，大而晏(罕)者也。匿之為言也猶匿匿也，少(小)而訪〈診(軫)〉者也。柬(簡)，義之方也。匿，悬(仁)之方也。弜(剛)，義之方。矛(柔)，悬(仁)之方也。“不彊(强)不梂(絿)，不弜(剛)不矛(柔)”，此之胃(謂)也。

“亦”讀為“赦”，秦漢時期“赦”字多有從“亦”作“赦”形者。古音“亦”在喻紐鐸部，“赦”在書紐鐸部，聲為一系，韻部相同，可以通用。“晏”讀為“罕”，古音“晏”在影紐元部，“罕”在曉紐元部，聲為一系，韻部相同，可以通用。“訪”為“診”字寫誤，“診”字讀為“軫”。“弜”即“彊”字省文。“矛”為“柔”字省文。“梂”讀為“絿”。

“簡”即“剛簡”之“簡”。“匿”可從兩個角度理解，一是訓為“隱匿”之“匿”，一是讀為“暱”、“昵”，訓為“親近”。“察於道”指權變，也就是“行之而時”，即“合於時宜”。“練”即“簡練”之“練”，意為簡要精練。“罕”即稀少。“軫”字本有“乘輪多盛貌”意，又通“畛”和“疹”，都有“小”意。總之“大而晏(罕)”就是大而少，“小而軫”就是小而多。

這一段簡文主要説“剛”與“柔”的關係，可列為如下圖示：

剛——簡——大而少——義

柔——匿——小而多——仁

簡文欲説明的是人之性格在待人處世時要剛柔相濟，遇大事要以剛簡對外，顧全大局，講求義理；遇小事時要會權變，以柔示人，發揚仁愛。

“不强不綀，不剛不柔”一句乃引《詩經》句，今本《詩·商頌·長發》作：“不競不絿，不剛不柔”。

簡文説不剛簡，就不能施行。不有所隱匿親近，就不能明察於“道”。有大罪者要處以重刑，就是剛簡。有小罪而能赦免，就是隱匿親近。有大罪而不用重刑，難以行得通。有小罪但不赦免，是不明察於“道”。簡説起來就是簡要精練，是大而少的。匿説起來就是隱匿親近，是小而多的。簡是義的表現，匿是仁的表現，剛是義的表現，柔是仁的表現。《詩經》説“不爭不急，不剛不柔”説的就是這件事。

君子集大成。能進之為君子，弗能進也，各止(止)於丌(其)里。大而晏(罕)者，能又(有)取安(焉)。少(小)而軫者，能又(有)取安(焉)。疋膚(慮)膚(慮)達者(諸)君子道，胃(謂)之臤(賢)。君子智(知)而與(舉)之，胃(謂)之障(尊)臤(賢)；智(知)而事之，胃(謂)之障(尊)臤(賢)者也。後，士之障(尊)臤(賢)者也。

“晏”讀為“罕”。“疋膚(慮)膚(慮)”之“慮慮”為“不勉强貌”，引申有“容易”之意。

從馬王堆帛書《五行》看，簡文“後，士之尊賢者也”前奪“前，王公尊賢者也。”一句。

“君子集大成”之“大成”指“金聲而玉振之。”原本指音樂之以鐘聲起，以磬聲結的過程。同時也以“金聲”代表“剛”，以“玉音”代表“柔”，“集大成”就是“剛柔相濟”。

簡文説君子能够匯萃以至大成。能够進步成為君子，不能進步，就各止於其居處。大而少者有可取，小而多者亦有可取。容易地達到君子之道，叫做“賢”。君子理解賢德之人并舉薦之，叫做尊賢；理解賢德之人並跟隨之，叫做尊賢的人。(前有王公尊賢的人)，後有士尊賢的人。

耳官(目)鼻口手足六者，心之返(役)也。心曰唯，莫敢不唯；如

(諾),莫敢不如(諾);進,莫敢不進;後,莫敢不後;宗(深),莫敢不宗(深),濮(淺),莫敢不濮(淺)。和則同,同則善。

"官"從"宀"從"目",用為"目"。"返"從"辵"從"叚","叚"疑為"殳"字錯體,讀為"役"。"如"讀為"諾",古音"如"在日紐魚部,"諾"在泥紐鐸部,聲為一系,韻為對轉,可以相通。

簡文説耳、目、鼻、口、手、足六者,都由心來役使。心説是,就不敢不是;心答應,就不敢不答應;心説進,就不敢不進;心説後,就不敢不後;心説深,就不敢不深;心説淺,就不敢不淺。六者相合於仁義,與心若一,就是善。

目而智(知)之胃(謂)之進之,窬(喻)而智(知)之胃(謂)之進之。辟(譬)而智(知)之胃(謂)之進之。戔(譏)而智(知)之,天也。"上帝曌〈臨〉女(汝),毋戌(貳)尔(爾)心",此之胃(謂)也。

"窬"字從"宀"從"削","削"似為"喻"字變體,讀為"喻"。"辟"讀為"譬"。"戔"為"幾"字省文,借為"譏"。"曌"為"臨"之誤寫。"戌"讀為"貳"。"尔"讀為"爾"。

"目而知之"之"目"意為比照。"喻"即曉喻。"譬"即"譬喻"。"譏"意為"細微的徵兆"。

"上帝臨汝,毋貳爾心"是引《詩經》句,見於今本《詩經・大雅・大明》,今本作:"上帝臨女,無貳爾心。"

簡文説比照而能理解叫做向"道"前進。曉喻而能理解叫做向"道"前進。譬喻而能理解叫做向"道"前進。由細微的徵兆而能理解,是天。《詩經》説:"上帝監視着你們,不要改變你們的心。"説的就是這件事。

大〈天〉陛(施)者(諸)丌(其)人,天也。丌(其)人陛(施)者(諸)人,慮(狎?)也。

“陸”讀為“施”。“𥁕”所從之“𦏴”即“皋甲”之“甲”，疑讀為“狎”，“狎”訓為“習”。

簡文説天施舍於人，是天生的、自然的。人施舍於他人，則是習性使然。

聋（聞）道而兑（悦）者，好息（仁）者也。聋（聞）道而畏者，好義者也。聋（聞）道而共（恭）者，好豊（禮）者也。聋（聞）道而𡂳（樂）者，好悳（德）者也。

簡文説聽到“道”而喜悦者，是好仁的人。聽到“道”而敬畏者，是好義的人。聽到“道”而恭敬者，是好禮的人。聽到“道”而快樂者，是好德的人。

性自命出

【説明】

本篇共存簡 67 支。竹簡兩端修削成梯形，簡長 32.5 釐米。編綫兩道，編綫間距 17.5 釐米。原無篇題，據篇文内容擬定。

本篇内容又見於上海博物館藏楚簡，擬名為《性情論》，章句結構和文字有一些差別。本篇篇題或又擬為《性》。

本篇主要内容是論述"性"與"情"的形成和演化，强調外界對人之性情的改變和影響，指出"樂"在禮樂教化中的重要作用。

部分内容見於《禮記·樂記》、《禮記·檀弓》等典籍。

【釋文】

凡人唯(雖)又(有)眚(性)，心亡(無)奠(定)志，待(待)勿(物)而句(後)复(作)，待(待)兑(悦)而句(後)行，待(待)習而句(後)**【1】**奠(定)。憙(喜)惹(怒)忞(哀)悲之槩(氣)，眚(性)也。及亓(其)見於外，𠟭(則)勿(物)取之也。眚(性)自命出，命**【2】**自天降。衍(道)司(始)於青(情)，青(情)生於眚(性)。司(始)者近青(情)，終者近義。智(知)青(情)**【3】**〔者能〕出之，智(知)宜(義)者能内(入)之。好亞(惡)，眚(性)也。所好所亞(惡)，勿(物)也。善不〔善，眚(性)也〕，**【4】**所善所不善，埶(勢)也。凡眚(性)為宔(主)，勿(物)取之也。金石之又(有)聖(聲)〔也，弗扣**【5】**不鳴〕。唯(雖)又(有)眚(性)，心弗取不出。凡心又(有)志也，亡(無)牙(舉)不〔可。人之不可〕**【6】**蜀(獨)行，猷(猶)口之不可蜀(獨)言也。牛生而倀(長)，鳶(雁)生而戟(伸)，亓(其)眚(性)〔叓(使)肰(然)，人〕**【7】**而孝(學)或叓(使)之也。凡勿(物)亡(無)不異也者。剛之梪(柱)也，剛取之也。柔之**【8】**約，柔取之也。四海(海)之内亓(其)眚(性)弌(一)也。亓(其)甬(用)心各異，季(教)叓(使)肰(然)

也。凡眚(性)**【9】**,或𢼸(動)之,或逆之,或交之,或萬(礪)之,或出之,或羕(養)之,或長之。凡𢼸(動)眚(性)**【10】**者,勿(物)也;逆眚(性)者,兑(悦)也;交眚(性)者,古(故)也;萬(礪)眚(性)者,宜(義)也;出眚(性)者,埶(勢)也;羕(養)眚(性)**【11】**者,習也;長眚(性)者,衍(道)也。凡見者之胃(謂)勿(物),快於吕(己)者之胃(謂)兑(悦),勿(物)**【12】**之埶(勢)者之胃(謂)埶(勢),又(有)為也者之胃(謂)古(故)。義也者,群善之[illegible](蕝)也。習也**【13】**者,又(有)以習丌(其)眚(性)也。衍(道)者,群勿(物)之衍(道)。凡衍(道),心述(術)為宔(主)。衍(道)四述(術),唯**【14】**人衍(道)為可衍(道)也。丌(其)晶(三)述(術)者,衍(道)之而巳(已)。時(詩)、箸(書)、豊(禮)、樂,丌(其)司(始)出,皆生**【15】**於人。時(詩),又(有)為為之也。箸(書),又(有)為言之也。豊(禮)、樂,又(有)為䢼(舉)之也。聖人比丌(其)**【16】**頪(類)而侖(論)會之,雚(觀)丌(其)之〈先〉逡(後)而逆訓(順)之,體丌(其)宜(義)而即(節)廈(文)之,里(理)**【17】**丌(其)青(情)而出内(入)之,肰(然)句(後)遉(復)以𡥈(教)。𡥈(教),所以生悳(德)于审(中)者也。豊(禮)复(作)於青(情),**【18】**或舁(興)之也,堂(當)事㘣(因)方而折(制)之。丌(其)先後之舍(序)昃(則)宜道也。或舍(序)為**【19】**之即(節)昃(則)廈(文)也。至(致)頌(容)宙(貌),所以廈(文)即(節)也。君子媺(美)丌(其)青(情),貴〔丌(其)宜(義)〕**【20】**,善丌(其)即(節),好丌(其)頌(容),樂丌(其)衍(道),兑(悦)丌(其)𡥈(教),是以敬安(焉)。拜,所以□□□**【21】**丌(其)譽廈(文)也。㡀(幣)帛,所以為訐(信)牙(与)諻(徵)也,丌(其)訂(詞)宜道也。芺(笑),𢡺(禮)之滲澤也。**【22】**樂,𢡺(禮)之深澤也。凡聖(聲),丌(其)出於情也訐(信),肰(然)句(後)丌(其)内(入)臬(拔)人之心也敂(厚)。**【23】**䎽(聞)芺(笑)聖(聲),昃(則)羴(鮮)女(如)也鼑(斯)憙(喜)。昏(聞)訶(歌)謠(謠),昃(則)舀(陶)女(如)也鼑(斯)畬(奮)。聖(聽)珡(琴)开(瑟)之聖(聲)**【24】**昃(則)誖(悸)女(如)也鼑(斯)戁(歎)。雚(觀)孷(賚)、武,昃(則)齊(齋)女(如)也异(斯)复(作)。雚(觀)卲(韶)、頣(夏),昃(則)免(靦)女(如)也**【25】**异(斯)會(歛)。羕(咏)思而𢼸(動)心,胃(喟)女(如)也。丌(其)居即(次)也舊(久),丌(其)反善遉(復)訂(始)也**【26】**新(慎),丌(其)出内(入)也訓

(順),司(始)丌(其)悳(德)也。奠(鄭)躗(衛)之樂,㝵(則)非丌(其)聖(聲)而從之也。【27】凡古樂龍心,嗌(益)樂龍指,皆𢀿(教)丌(其)人者也。𧶠(賚)、武樂取,卲(韶)、頣(夏)樂情。【28】凡至樂必悲,哭亦悲,皆至丌(其)情也。忞(哀)、樂,丌(其)眚(性)相近也,是古(故)丌(其)心【29】不遠。哭之𢿦(動)心也,濈(浸)殺(殺),丌(其)刺(烈)䜌(戀)䜌(戀)女(如)也,慼(戚)肰(然)以終。樂之𢿦(動)心也,【30】濬(濬)深䤺(鬱)舀(陶),丌(其)刺(烈)㝵(則)流女(如)也以悲,條(悠)肰(然)以思。凡㥑(憂)思而句(後)悲,【31】凡樂思而句(後)忻。凡思之甬(用)心為甚。𩁹(歎),思之方也。丌(其)聖(聲)㝮(變)㝵(則)〔心從之矣。〕【32】丌(其)心㝮(變),㝵(則)丌(其)聖(聲)亦肰(然)。𧬈(吟)遊忞(哀)也,喿(噪)遊樂也,詠(啾)遊聖(聲)〔也〕,𧯠(嚱)遊心也。【33】憙(喜)㫃(斯)慆(陶),慆(陶)㫃(斯)奮(奮),奮(奮)㫃(斯)羕(咏),羕(咏)㫃(斯)猷(搖),猷(搖)㫃(斯)迮(舞),迮(舞),憙(喜)之終也。恩(慍)㫃(斯)㥑(憂),㥑(憂)㫃(斯)慼(戚),【34】慼(戚)㫃(斯)𩁹(歎),𩁹(歎)㫃(斯)𢙹(辟),𢙹(辟)㫃(斯)通(踊),通(踊),恩(慍)之終也。【35】凡學(學)者隶〈求〉丌(其)心為難,從丌(其)所為,𨑁(近)㝵(得)之壴(矣),不女(如)以樂之𨔶(速)也。【36】唯(雖)能丌(其)事,不能丌(其)心,不貴。求丌(其)心又(有)為(偽)也,弗㝵(得)之壴(矣)。人之不能以為(偽)也,【37】可智(知)也。〔不〕𨑓(過)十𦥯(舉),丌(其)心必才(在)安(焉),戔(察)丌(其)見者,青(情)安遊(失)才(哉)? 𧥺(恕),宜(義)之方也。【38】宜(義),敬之方也。敬,勿(物)之即(節)也。筥(篤),𢚧(仁)之方也。𢚧(仁),眚(性)之方也,眚(性)或生之。宖(忠),訐(信)【39】之方也。訐(信),青(情)之方也。青(情)出於眚(性)。炁(愛)頪(類)七,唯眚(性)炁(愛)為近𢚧(仁)。智頪(類)五,唯【40】宜(義)衍(道)為𨑁(近)宖(忠)。亞(惡)頪(類)晶(三),唯亞(惡)不𢚧(仁)為𨑁(近)宜(義)。所為衍(道)者四,唯人衍(道)為【41】可衍(道)也。凡甬(用)心之喿(躁)者,思為甚。甬(用)智之疾者,患為甚。甬(用)青(情)之【42】至者,忞(哀)樂為甚。甬(用)身之弁(弁)者,兑(悦)為甚。甬(用)力之𦘔(盡)者,利為甚。目之好【43】色,耳之樂聖(聲),䤺(鬱)舀(陶)之𣱼(氣)也,人不難為之死。又(有)丌(其)為人之迥

(節)迦(節)女(如)也,【44】不又(有)夫柬(簡)柬(簡)之心昊(則)采。又(有)丌(其)為人之柬(簡)柬(簡)女(如)也,不又(有)夫亙(恒)怠(殆)之志昊(則)縵。人之攷(巧)【45】言利詞(詞)者,不又(有)夫詘詘之心昊(則)溍(流)。人之逆(悦)肰(然)可与(與)和安者,不又(有)夫憍(奮)【46】狺(作)之青(情)昊(則)柔(瞀)。又(有)丌(其)為人之快女(如)也,弗羖(養)不可。又(有)丌(其)為人之菓(淵)女(如)也,【47】弗校(補)不足。凡人愚(偽)為可亞(惡)也。愚(偽)㫙(斯)叟(吝)壴(矣),叟㫙(斯)慮壴(矣),慮㫙(斯)莫牙(与)之【48】結壴(矣)。新(慎),息(仁)之方也,肰(然)而丌(其)怂(過)不亞(惡)。遬(速),悔(謀)之方也,又(有)怂(過)昊(則)咎。人不新(慎)㫙(斯)又(有)怂(過),信壴(矣)。【49】凡人青(情)為可兑(悦)也。句(苟)以丌(其)青(情),唯(雖)怂(過)不亞(惡);不以丌(其)青(情),唯(雖)難不貴。【50】句(苟)又(有)丌(其)青(情),唯(雖)未之為,㫙(斯)人計(信)之壴(矣)。未言而計(信),又(有)娧(美)青(情)者也。未𡥈(教)【51】而民亙(恒),眚(性)善者也。未賞而民懽(勸),含福(愊)者也。未型(刑)而民愄(畏),又(有)【52】心愄(威)者也。戔(賤)而民貴之,又(有)悳(德)者也。貧而民聚安(焉),又(有)衍(道)者也。【53】蜀(獨)凥(處)而樂,又(有)内豊者也。亞(惡)之而不可非者,達於義者也。非之【54】而不可亞(惡)者,篙(篤)於息(仁)者也。行之不怂(過),智(知)道者也。昏(聞)道反上,上交者也。【55】昏(聞)衍(道)反下,下交者也。昏(聞)道反吕(己),攸(修)身者也。上交近事君,下交㝵(得)【56】衆,近從正(政),攸(修)身近至息(仁)。同方而交,以道者也。不同方而〔交,以古(故)者也。〕【57】同兑(悦)而交,以悳(德)者也。不同兑(悦)而交,以猷者也。門内之絧(治),谷(欲)丌(其)【58】躳(掩)也。門外之絧(治),谷(欲)丌(其)楊(制)也。凡兑(悦)人勿㥶(吝)也,身必從之,言及昊(則)【59】明𥃝(舉)之而毋愚(偽)。凡交毋剌(烈),必叓(使)又(有)末。凡於逄〈路〉毋愄〈思〉,毋蜀(獨)言。蜀(獨)【60】凥(處)昊(則)習父兄之所樂。句(苟)毋(無)大害,少桂(枉)内(入)之可也,巳(已)昊(則)勿逷(復)言也。【61】凡息(憂)患之事谷(欲)妊(任),樂事谷(欲)遂(後)。身谷(欲)害(静)而毋款(撼),慮谷(欲)困(淵)而毋譌(偽),【62】

行谷(欲)恿(勇)而必至,窗(貌)谷(欲)壯(莊)而毋梟(拔),谷(欲)柔齊而泊,憙(喜)谷(欲)智而亡末,【63】樂谷(欲)睪(釋)而又(有)志,悥(憂)谷(欲)僉(儉)而毋惛,蒸(怒)谷(欲)浧(盈)而毋弇(掩),進谷(欲)孫(遜)而毋攷(巧),【64】退谷(欲)肅而毋巠(輕),谷(欲)皆虔(文)而毋偽(偽)。君子執志必又(有)夫生(皇)生(皇)之心,出言必又(有)【65】夫柬(簡)柬(簡)之訐(信),賓客之豊(禮)必又(有)夫齊齊之頌(容),祭祀之豊(禮)必又(有)夫齊齊之敬,【66】居喪(喪)必又(有)夫緣(戀)緣(戀)之忞(哀)。君子身以為宔(主)心。【67】

【校釋】

凡人唯(雖)又(有)售(性),心亡(無)奠(定)志,岦(待)勿(物)而句(後)复(作),岦(待)兑(悦)而句(後)行,岦(待)習而句(後)奠(定)。

"唯"讀為"雖"。"奠"讀為"定"。"奠"、"定"古音義皆通。"岦"從"之"從"止",讀為"待"。

簡文説凡人皆有天性,但心志卻無定向,必待與外物相接後始發,待中心喜悦後始行,待積漸成習後始定。

憙(喜)蒸(怒)忞(哀)悲之嬖(氣),售(性)也。及丌(其)見於外,昊(則)勿(物)取之也。售(性)自命出,命自天降。衍(道)司(始)於青(情),青(情)生於售(性)。司(始)者近青(情),終者近義。智(知)青(情)〔者能〕出之,智(知)宜(義)者能内(入)之。

"蒸"從"心""女"聲,"女"從"女"聲,"怒"從"心""奴"聲,"奴"亦從"女"聲,故"蒸"可讀為"怒"。"忞"從"心""衣"聲,為"哀"字古文。

簡文説喜、怒、哀、悲之氣,都是人之天性。這些天性呈露於外,則被客觀世界所浸化。天性來自天命,天命從天而降。"道"從"情"出,"情"生於天性。"道"之始近於"情","道"之終近於"義"。知"情"者能引發之,知"義"者能調節之。

簡文之"喜怒哀悲之氣"指人天性中自然的情欲,《逸周書·官人》曰:"四曰民有五氣,喜怒欲懼憂。喜氣内蓄,雖欲隱之,陽喜必見。怒氣内蓄,雖欲隱之,陽怒必見。欲氣、懼氣、憂悲之氣,皆隱之,陽氣必見。五氣誠於中,發形於外,民情不可隱也。"文中亦將"喜怒欲懼憂"名之為"氣",可以與簡文相對照。簡文之"道"指禮樂,"情"通過禮樂進行抒發,亦通過禮樂進行浸化。《禮記·樂記》:"樂者,德之華也。"《正義》曰:"德在於内,樂在於外,樂所以發揚其德,故樂為德之華也。"

好亞(惡),眚(性)也。所好所亞(惡),勿(物)也。善不〔善,眚(性)也〕,所善所不善,埶(勢)也。凡眚(性)為宔(主),勿(物)取之也。金石之又(有)聖(聲)〔也,弗扣不鳴〕。唯(雖)又(有)眚(性),心弗取不出。凡心又(有)志也,亡(無)牙(舉)不〔可。人之不可〕虽(獨)行,猷(猶)口之不可虽(獨)言也。牛生而倀(長),鳶(雁)生而戟(伸),丌(其)眚(性)〔叓(使)肰(然),人〕而孥(學)或叓(使)之也。凡勿(物)亡(無)不異也者。

"宔"讀為"主"。"虽"為"蜀"字的簡率寫法,讀為"獨",《方言》"蜀"訓為"一",亦是"獨"意。"倀"讀為"長"。"戟"從"申"聲,讀為"伸"。

簡文説好惡是人之自然情感,所好所惡之對象則是外界之事物。對事物善或不善也是天性,善或不善之事物則是指事物所處之形勢。性與外物之關係是以性為主,外物是"取之"者,猶如金石都可發聲,但無人敲擊則不會響。人雖然有性情,但是心志無取則不發。凡心有意志,無舉動則不可見。心志不動,則人肢體不會單獨動作,猶如心志不發,嘴不能單獨説話。牛生出來即長,鵝生出來就伸,都是其天性使然。人之天性雖同但用心各異,是因為通過學習而産生差異。這一點凡物没有不同。

剛之梪(柱)也,剛取之也。柔之約,柔取之也。四海(海)之内丌(其)眚(性)弌(一)也。丌(其)甬(用)心各異,嵍(教)叓(使)肰(然)也。

“梪”讀為“柱”，“柱”意為支撐。“約”意為“縮”或“卷”。此乃古代諺語，又見於《荀子·勸學》，作“强自取柱，柔自取束”。古“剛”“强”音義皆近，可以相通，疑《荀子·勸學》之“强”即本應作“剛”。“約”、“束”意近。“剛自取柱，剛取之也。柔之約，柔取之也。”意為物剛則支撐，這是其物性使然；物柔則卷縮，這也是其物性使然。“四海”以下説四海之内人之天性皆同，但因用心異而表現出千差萬别，這是外界的教導使然。

凡眚(性)，或𢽳(動)之，或逆之，或交之，或萬(礪)之，或出之，或羕(養)之，或長之。凡𢽳(動)眚(性)者，勿(物)也；逆眚(性)者，兑(悦)也；交眚(性)者，古(故)也；萬(礪)眚(性)者，宜(義)也；出眚(性)者，埶(勢)也；羕(養)眚(性)者，習也；長眚(性)者，衍(道)也。

“𢽳”或“𢾊”疑為“動”字異體，“動”意為“觸動”。“逆”意為“迎合”。《韓詩外傳》卷九謂：“見色而悦謂之逆”，與簡文所説一致。“交”疑讀為“徼”，乃“求取”意。“萬”字讀為“礪”，“礪”意為“砥礪”、“磨煉”。“出”意為“引發”。“養”意為“積漸”。“長”意為“增長”、“提高”。

簡文説凡天性或觸動之，或迎合之，或求取之，或砥礪之，或引發之，或養成之，或提高之。凡觸動天性者是外物，迎合天性者是喜悦，求取天性者是故意，砥礪天性者是道義，引發天性者是形勢，養成天性者是習慣，提高天性者是道理。

凡見者之胃(謂)勿(物)，快於㠯(己)者之胃(謂)兑(悦)，勿(物)之埶(勢)者之胃(謂)埶(勢)，又(有)為也者之胃(謂)古(故)。義也者，群善之蕝(蕝)也。習也者，又(有)以習亓(其)眚(性)也。衍(道)者，群勿(物)之衍(道)。凡衍(道)，心述(術)為宔(主)。衍(道)四述(術)，唯人衍(道)為可衍(道)也。亓(其)晶(三)述(術)者，衍(道)之而巳(已)。

“葩”字《説文》訓為“朝會束茅表位曰蕝。”可見“葩”有“表”意。

簡文此段説凡人所見皆謂之“物”，能使自己快樂者叫做“悦”，物所處的形勢謂之“勢”，故意做的叫做“故”。義，是群善的標識。“習”是指積漸成習。“道”是指衆物的“道理”。凡道理以心術為主體。“道”可分為四條路，衹有人道為可遵循施行，其它三條路衹能説説而已。

時(詩)、箸(書)、豊(禮)、樂，丌(其)司(始)出，皆生於人。時(詩)，又(有)為為之也。箸(書)，又(有)為言之也。豊(禮)、樂，又(有)為𦥑(舉)之也。聖人比丌(其)頪(類)而侖(論)會之，雚(觀)丌(其)之〈先〉逡(後)而逆訓(順)之，體丌(其)宜(義)而即(節)𤆓(文)之，里(理)丌(其)青(情)而出内(入)之，肰(然)句(後)遉(復)以𡥈(教)。

“時”讀為“詩”。“箸”讀為“書”。“𦥑”從“止”“与”聲，疑讀為“舉”。“頪”為“類”字初文。“論”意為編排。“逆順”即“順逆”，意為順序。“節文”本指制定禮儀使其行之有度。

簡文説詩、書、禮、樂最初皆産生於人。詩是因有所作為而作之。書是因有所作為而言之。禮、樂是因有所作為而行之。聖人比合其類而編排之，看其先後而順序之，體會其道義而制定之，理解其情而損益之，然後再用來以教化。

𡥈(教)，所以生悳(德)于审(中)者也。豊(禮)复(作)於青(情)，或舁(興)之也，堂(當)事囥(因)方而折(制)之。丌(其)先後之舍(序)𠟭(則)宜道也。或舍(序)為之即(節)𠟭(則)𤆓(文)也。至(致)頌(容)䫉(貌)，所以𤆓(文)即(節)也。君子媺(美)丌(其)青(情)，貴〔丌(其)宜(義)〕，善丌(其)即(節)，好丌(其)頌(容)，樂丌(其)衍(道)，兑(悦)丌(其)𡥈(教)，是以敬安(焉)。

“舁”為“興”字異體。“囥”疑為“㘞”字古文，讀為“因”。“舍”讀為“序”。“折”讀為“制”。“頌”即“容”的古字。“䫉”讀為“貌”。

簡文説教化是為了讓心中産生德。禮的制作始於人情，有變化，則要根據事物的形勢權宜處之。其先後順序以合宜為準。按順序使其有節度就是儀式。致力於容貌，以顯得文質，就是禮節。君子美其情性，貴其道義，善其禮節，好其容貌，樂其道術，悦其教化，所以敬重之。

拜，所以□□□丌（其）晷廈（文）也。帣（幣）帛，所以為計（信）牙（与）諻（徵）也，丌（其）訂（詞）宜道也。芺（笑），豊（禮）之淺澤也。樂，豊（禮）之深澤也。

“拜”疑指禮節中的儀式。“晷”字不識。“帣”為“幣”字異體。“諻”讀為“徵”。“豊”讀為“禮”。

簡文説“拜”是所以表示有禮儀，幣帛是為了表示誠信與徵驗，所説之言辭要合於道義。笑是禮的淺層表現，樂是禮的深層表現。

凡聖（聲），丌（其）出於情也計（信），肰（然）句（後）丌（其）内（入）臬（拔）人之心也敂（厚）。䎽（聞）芺（笑）聖（聲），𥄳（則）䶍（鮮）女（如）也㫺（斯）憙（喜）。昏（聞）訶（歌）謠（謠），𥄳（則）舀（陶）女（如）也㫺（斯）奮（奮）。聖（聽）銮（琴）幵（瑟）之聖（聲）𥄳（則）誖（悸）女（如）也㫺（斯）戁（歎）。

“臬”為“拔”之本字，本象兩手拔“木”之形。“拔”意為“拔動”、“抽出”。“拔動人心”即《禮記・樂記》：“樂者，心之動也”。“敂”字從“句”聲，讀為“厚”，厚，深也。“鮮如”形容快樂貌，“鮮”應訓為“鮮明”。“謠”為“謠”字異體，字從言“夈”聲，而“夈”從木“肉”聲。“舀（陶）女（如）即“陶然”，乃喜悦快樂貌。“銮幵”乃“琴瑟”二字，文字構形尚不明。“誖”讀為“悸”，“悸”意為驚懼、心動，引申為激動。“戁”讀為“歎”。

簡文説凡是聲音，其出於真情實感才真實，然後才能更深地打動人心。聽到笑聲就鮮明而喜；聽到歌謠則快樂而振奮；聽到琴瑟之聲則激動而贊歎。

雚(觀)埶(賚)、武，㝵(則)齊(齋)女(如)也㫚(斯)复(作)。雚(觀)卲(韶)、題(夏)，㝵(則)免(靦)女(如)也㫚(斯)畲(斂)。羕(咏)思而數(動)心，胃(喟)女(如)也。亓(其)居即(次)也舊(久)，亓(其)反善返(復)訂(始)也新(慎)，亓(其)出内(入)也訓(順)，司(始)亓(其)悳(德)也。

"雚"即"雚"字譌寫，戰國文字中從"雚"或"雈"諸字，其上部常譌為"命"。"雚"讀為"觀"。"埶"從"來"聲，讀為"賚"，"賚"和"武"都是見於《詩經·周頌》的詩篇，本屬於歌頌武王滅商定天下的《大武》樂的歌辭。《大武》樂的歌是與舞相配合的。"齊如"為莊重恭敬貌。"卲"讀為"韶"，"韶"為樂名，為舜之樂(《周禮·春官·大司樂》作"大磬")。"夏"即"大夏"，為"禹"之樂。這兩種"樂"與上所說"賚"、"武"一樣皆配有舞蹈，所以才稱為"觀"。"勉"疑讀作"靦"，"靦如"乃"慚愧貌"。"羕"讀為"咏"。"數"讀為"動"。"胃"讀為"喟"，《說文》："喟，大息也。"《語語·子罕》："顏淵喟然嘆曰：'仰之彌高，鑽之彌堅，瞻之在前，忽焉在後。"何晏注："喟然，歎聲也。""居即"疑讀為"居節"，"節"為"節奏"、"節拍"，"居"《說文》謂"蹲也"。《漢書·揚雄傳上》："遂臻陰宮，穆穆肅肅，蹲蹲如也。"顏注："蹲蹲，行有節也。"所有"居"亦應有"節奏"之意。"反善復始"於此雙關，既指音樂的一章奏完又重新開始，同時亦指人心被音樂打動而回歸於善。"訓"讀為"順"。"出入"在此指音樂的出入於人心。

簡文說觀看《賚》、《武》，則會莊重恭敬地奮作，觀看《韶》、《夏》，則會慚愧地有所收斂。歌咏思念引起心動，就會喟然歎息。聲音節奏的時間長，其返回起始就更小心。聲音出入於人心順暢，正是德之開始。

奠(鄭)躗(衛)之樂，㝵(則)非亓(其)聖(聲)而從之也。凡古樂龍心，嗌(益)樂龍指，皆斊(教)丌(其)人者也。賚(賚)、武樂取，卲(韶)、頣(夏)樂情。

“奠”讀為“鄭”。“古樂”、“益樂”相對，“古樂”指合於禮的音樂，“益樂”指“淫樂”。“益”為“溢”字古文，古“溢”有“過度”、“非分”、“泛濫”，“奢侈”意，與“淫”的“過度”、“無節制”之意正同。“龍”疑讀為“弄”，“弄”乃“撩拨”、“挑逗”意。“指”疑讀為“嗜”。

簡文説鄭國和衛國的音樂是於禮不該聽的，卻使人不自覺地順從。古樂拔動人之心弦，淫樂挑逗人之嗜欲，都是可以對人産生影響的。《賚》、《武》表達的是武功，《韶》、《夏》歌頌的是人情。

凡至樂必悲，哭亦悲，皆至丌(其)情也。㤅(哀)、樂，丌(其)眚(性)相近也，是古(故)丌(其)心不遠。哭之歏(動)心也，濊(浸)濲(殺)，丌(其)剌(烈)䜌(戀)䜌(戀)女(如)也，慼(戚)肰(然)以終。樂之歏(動)心也，濬(濬)深臧(鬱)舀(陶)，丌(其)剌(烈)昗(則)流女(如)也以悲，條(悠)肰(然)以思。

“濊濲”讀為“浸殺”，“浸殺”乃“逐漸衰減”之意。“剌”讀為“烈”，指厲害，嚴重。“䜌䜌”讀為“戀戀”，乃“依依不舍”意。“慼”讀為“戚”。“濬”讀為“濬”，《爾雅・釋言》：“濬，深也。”“臧舀”讀為“鬱陶”。“鬱陶”一詞為“鬱積”之意，既可訓為“憂思”，也可訓為“喜樂”。“流如”之“流”意為擴散或無節制。“條”讀為“悠”，“悠”亦“思”也。

簡文説凡是樂極必生悲，哭泣也是悲，兩者都是情感發揮到極至。悲哀和快樂其本性相近，所以其所産生之心也不遠。哭泣能打動人心並逐漸減弱，哭泣嚴重並依依不舍，以憂戚而結束。音樂能打動人心，深藏鬱積，其嚴重則擴散泛濫並産生悲，憂傷而悲哀。

凡㥑(憂)思而句(後)悲，凡樂思而句(後)忻。凡思之甬(用)心為甚。戁(歎)，思之方也。丌(其)聖(聲)㝵(變)昗(則)〔心從之矣。〕丌

(其)心亨(變),昊(則)丌(其)聖(聲)亦肰(然)。

“難”讀為“歎”,為吟哦歌咏意。“亨”即“弁”字,讀為“變”。

簡文説凡是憂,皆在憂思後才感到悲哀;凡是樂,皆在思念後才感到歡忻。凡是思慮,用心都很厲害。吟哦歌咏,是思念的表現。其聲音改變,心情會從之而變;而心情改變,聲音也會隨着變化。

諗(吟)遊忞(哀)也,喿(噪)遊樂也,訤(啾)遊聖(聲)〔也〕,戠(嘁)遊心也。

“諗”從“心”“訡”聲,而“訡”從“言”“金”聲,字應讀為“吟”,訓為歎息或呻吟。“喿”字應讀為“譟”。“譟”意為歡呼。《周禮・夏官・大司馬》:“及所弊,鼓皆駴,車徒皆譟。”鄭玄注:“譟,讙也,亦謂喜也。”“訤”讀作“啾”,訓為歌吟。《文選・班固〈答賓戲〉》:“夫啾發投曲,感耳之聲。”李善注引項岱曰:“啾,口吟。”“戠”字疑為“戲”字異體,讀為“嘁”,“嘁”為“歎息”之意。四個“遊”字似應讀為“由”,古“遊”、“由”二字皆在喻紐幽部,故可相通。

簡文説呻吟是由於悲哀,歡呼是由於高興,歌吟是來自聲音,歎息是來自心情。

憙(喜)弆(斯)慆(陶),慆(陶)弆(斯)奮(奮),奮(奮)弆(斯)羕(咏),羕(咏)弆(斯)猷(搖),猷(搖)弆(斯)迮(舞),迮(舞),憙(喜)之終也。恩(慍)弆(斯)忧(憂),忧(憂)弆(斯)慼(戚),慼(戚)弆(斯)難(歎),難(歎)弆(斯)亲(辟),亲(辟)弆(斯)通(踊),通(踊),恩(慍)之終也。

“慆”讀為“陶”,“陶”即“陶然”之“陶”,即“喜悦快樂貌”。“奮”即“奮”字異體,指“興奮”。“咏”意為歌咏。“猷”讀為“搖”,指身體搖動。“迮”即“舞”字異體,《説文》舞字古文作“𢓜”,亦從“亡”作。

"盄"即"慍"字初文。"宲"字從"亡"從"冎"省,在此讀為"辟","辟"意為"拊心",即"捶胸"。"通"讀為"踊",為"跳躍頓足"貌。

此段簡文文字見於《禮記·檀弓下》:"人喜則斯陶,陶斯咏,咏斯猶,猶斯舞,舞斯慍,慍斯戚,戚斯嘆,嘆斯辟,辟斯踊矣。"

簡文説人高興就會陶醉,陶醉就會興奮,興奮就會吟咏,吟咏就會身體摇動,身體摇動就會舞蹈,舞蹈是人歡喜的頂點。人慍怒就會憂傷,憂傷就會悲戚,悲戚就會歌咏,歌咏就會捶胸,捶足就會跳躍頓足,跳躍頓足是慍怒的頂點。

凡學(學)者隶〈求〉丌(其)心為難,從丌(其)所為,近(近)尋(得)之壴(矣),不女(如)以樂之遫(速)也。唯(雖)能丌(其)事,不能丌(其)心,不貴。求丌(其)心又(有)為(僞)也,弗尋(得)之壴(矣)。人之不能以為(僞)也,可智(知)也。〔不〕祡(過)十𧘇(舉),丌(其)心必才(在)安(焉),戠(察)丌(其)見者,青(情)安遊(失)才(哉)?

"隶"乃"求"字之寫誤。"為"讀為"僞",故意所"為"即"僞"。"祡"讀為"過"。"𧘇"讀為"舉"。"戠"讀為"察"。"青"讀為"情","情"乃實情之意。

簡文説凡是求學者之心很難,但從其行為求索,則已接近得其心矣。不過這不如以樂化來得迅速。雖然能得其所從事,卻不能得其心,就不足為貴。刻意地去求其心,結果卻得不到。人做事不能故意,故意則人可覺察。人的舉動超不過十次,其用心自然就暴露無遺。觀察其顯現者,則其實情也就逃不掉了。

詨(恕),宜(義)之方也。宜(義),敬之方也。敬,勿(物)之即(節)也。篙(篤),悬(仁)之方也。悬(仁),眚(性)之方也,眚(性)或生之。忠(忠),訐(信)之方也。訐(信),青(情)之方也。

"詨"字右旁書寫草率,疑為"女"字之譌,"詨"從"女"聲,故可讀為"恕"。"即"讀為"節"。"方"本有等同、比喻意,在此用為"表示”“標志”意。

簡文説恕是義的標志。義是敬的表示。敬是事物的準則。惇厚是仁的表示。仁是人性的表示，人性生出“仁”。忠是信的表示。信是真情的表示。

青(情)出於眚(性)。炁(愛)頪(類)七，唯眚(性)炁(愛)為近息(仁)。智頪(類)五，唯宜(義)衍(道)為戉(近)宻(忠)。亞(惡)頪(類)晶(三)，唯亞(惡)不息(仁)為戉(近)宜(義)。所為衍(道)者四，唯人衍(道)為可衍(道)也。

“晶”為“參”字古文，讀為“三”。

簡文説情感生於天性。愛有七種，祇有天性之愛接近於“仁”。智有五類，祇有“義”道接近於“忠”。惡有三類，祇有厭惡不仁接近於“義”。所行之道有四類，祇有“人道”為可行也。

簡文所言“愛類七”、“智類五”、“惡類三”等，除簡文指出的一類外，其餘皆不詳。

凡甬(用)心之喿(躁)者，思為甚。甬(用)智之疾者，患為甚。甬(用)青(情)之至者，忞(哀)樂為甚。甬(用)身之覍(弁)者，兑(悦)為甚。甬(用)力之聿(盡)者，利為甚。目之好色，耳之樂聖(聲)，賊(鬱)舀(陶)之斁(氣)也，人不難為之死。

“喿”讀為“躁”。“忞”即“哀”字古文。“覍”為“弁”字古文，古“弁”字有“急”義。“聿”讀為“盡”，從古文字看，“盡”字即從“聿”聲，故“聿”可讀“盡”。“舀”為“臽”字繁寫，讀為“陶”。

簡文説在心急躁的情況中，以思慮時最為突出。在運用智慧最快的情況中，以憂患時最為突出。在情感最投入的情況中，以哀樂時最為突出。在身體最靈便的情況中，以高興的時候最為突出。在用力最大的情況中，以有利可圖時最為突出。眼睛之好美色，耳朵之好樂音，都是内心郁結之氣，人很容易為其而死。

又(有)丌(其)為人之迎(節)迎(節)女(如)也,不又(有)夫柬(簡)柬(簡)之心烏(則)采。又(有)丌(其)為人之柬(簡)柬(簡)女(如)也,不又(有)夫亙(恒)怠(殆)之志烏(則)縵。人之攷(巧)言利訏(詞)者,不又(有)夫詘詘之心烏(則)瀘(流)。人之逆(悦)肰(然)可与(與)和安者,不又(有)夫慉(奮)犾(作)之青(情)烏(則)悉(瞀)。又(有)丌(其)為人之快女(如)也,弗羖(養)不可。又(有)丌(其)為人之菉(淵)女(如)也,弗校(補)不足。

"迎"讀為"節","節節如"乃有節度、節制的意思。"柬"讀為"簡",即"簡直"、"剛簡"之"簡",指平易、簡直。"采"即"彩",意為"文飾",指外表華麗,徒有虛名。"怠"讀為"殆","殆"意為"危殆",指憂患意識。"縵"同"慢",訓為"緩",指怠惰、遲緩。"攷"讀為"巧"。"詘"本義指言語拙鈍,引申指質樸淳厚。"流"意為放逸淫侈,毫無節制。"逆"讀為"悦",意為喜悦。"慉"為"奮"字古文。"犾"讀為"作","奮作"意為"振奮"。"悉"讀為"瞀","瞀"意為"昏亂"。"快如"之"快"意為直爽、爽快。"菉"讀為"淵","淵如"之"淵"訓為"深邃",即"塞淵"之"淵"。"塞淵"典籍又作"淵塞",指内心深遠誠實。"校"從木父聲,疑讀為"補",意為滋養。

簡文説為人即使循規蹈矩,很有節制,如果没有正直簡易之心,仍會徒有其表。為人即使有正直簡易之心,如果没有長久的憂患意識,仍會流於怠惰。人口齒伶俐,如果没有質樸淳厚之心,就會誇誕不實。人開朗温和易於相處者,如果没有振作之志,就會昏亂。為人爽快,没有培養不行。為人深遠誠實,没有滋養不够。

凡人憍(僞)為可亞(惡)也。憍(僞)昇(斯)叟(吝)壴(矣),叟(吝)昇(斯)慮壴(矣),慮昇(斯)莫牙(与)之結壴(矣)。新(慎),息(仁)之方也,肰(然)而丌(其)怂(過)不亞(惡)。遫(速),悔(謀)之方也,又(有)怂(過)烏(則)咎。人不新(慎)昇(斯)又(有)怂(過),信壴(矣)。

“异”為“其”字變體，用為“斯”。“叜”字從“文”從“吅”（鄰）字古文，是一個雙聲字，讀為“吝”。“壴”讀為“矣”。“遬”字從“辵”從二“朱”，古音“束”在書紐屋部，“朱”在章紐侯部，聲為一系，韻為對轉，可以相通，故“速”可從“朱”得聲。“悔”為“謀”字古文。

簡文說凡人之虛偽皆為可惡。虛偽就會貪吝，貪吝就會算計，算計人就不會與其交往。謹慎，是仁的準則，雖然有過錯也不會被責備。快速，是謀略的準則，有過錯就會被追究。人不謹慎就會有過錯，的確如此啊。

凡人青（情）為可兑（悦）也。句（苟）以丌（其）青（情），唯（雖）怂（過）不亞（惡）；不以丌（其）青（情），唯（雖）難不貴。句（苟）又（有）丌（其）青（情），唯（雖）未之為，异（斯）人詝（信）之壴（矣）。

“兑”讀為“悦”。

“情”指“情實”、“真情”。

簡文說凡人以真情示人皆會令人喜悦。如果示人以真情，雖然有過錯也不會被憎惡；不以實情示人，雖辦成難為之事也不會被認為有何可貴。如果以真情行事，雖然還未開始行動，人們也會信任他。

未言而詝（信），又（有）娧（美）青（情）者也。未夃（教）而民亙（恒），眚（性）善者也。未賞而民懽（勸），含福（愊）者也。未型（刑）而民愄（畏），又（有）心愄（威）者也。戔（賤）而民貴之，又（有）悳（德）者也。貧而民聚安（焉），又（有）衍（道）者也。

“懽”讀為“勸”。“福”讀為“愊”，《說文・心部》：“愊，誠志也。”“愄”讀為“畏”。“戔”讀為“賤”。

“民恒”之“恒”指“長有向善之心”。“勸”意為勉力。

簡文說君子不用說話就能贏得信任，是因為有美善之內心。未教導民衆，民衆就能恒久地向善，是因為君子的本性善良。未賞賜民衆，民衆就能勉力，是因為君子懷有誠志。未施用刑罰就能讓民衆畏懼，是因為君子有内在的威嚴。地位卑賤民衆卻尊重他，是因為君子是有德之人。處境貧困民衆卻聚在他周圍，是因為君子是有道之人。

虽(獨)凥(處)而樂，又(有)内豊者也。亞(惡)之而不可非者，達於義者也。非之而不可亞(惡)者，篙(篤)於悬(仁)者也。

“虽”為“蜀”字省文，讀為“獨”。“内豊”之“豊”不識，或釋為“豊”，讀為“禮”。

簡文説君子一個人獨處卻依然快樂，是因為他了解“禮”的精髓。有人厭惡他卻不能指責他，是因為君子達到了“義”。批評他卻不能厭惡他，是因為君子仁德厚重。

行之不怂(過)，智(知)道者也。昏(聞)道反上，上交者也。昏(聞)衍(道)反下，下交者也。昏(聞)道反㠯(己)，攸(修)身者也。上交近事君，下交㝵(得)衆，近從正(政)，攸(修)身近至悬(仁)。

“㠯”為“己”之繁體。“攸”讀為“修”。

簡文説行為没有過錯，是了解“道”的人。聽到“道”後反思在上者，這是與在上者交往的原則。聽到“道”後反思在下者，這是與在下者交往的原則。聽到“道”反思自身，這是修身的原則。與在上者交往接近於服侍君王，與在下者交往獲得民衆，接近於從政，反思自己來修身接近於達到“仁”。

同方而交，以道者也。不同方而〔交，以古(故)者也。〕同兑(悦)而交，以悳(德)者也。不同兑(悦)而交，以猷者也。門内之絧(治)，谷(欲)丌(其)艕(掩)也。門外之絧(治)，谷(欲)丌(其)槽(制)也。

“絧”從“司”聲，讀為“治”。“谷”讀為“欲”。“艕”字不識，在上海博物館藏楚簡《孔子詩論》中用為"小宛"之"宛",在此疑讀為"掩"。古音"宛"在影紐元部,"掩"在影紐談部,聲紐相同,韻可通轉。"槸"乃析字,讀為制,訓為"斷"。"門内之治,欲其𩠬(掩)也。門外之絧(治),欲其折也。"即見於郭店楚簡《六德》的"門内之治恩掩義,門外之治義斬恩。"

"同方"即"同道"。

簡文説與同道者交往,是因為意志相投。與不同道者交往,是因為有某種緣故。與有同好者交往,是因為品德相近。與喜好不同者交往,是因為有某種圖謀。家門之内的原則是恩情掩蓋道義,家門之外的原則是道義截斷恩情。

凡兑(悦)人勿㥶(吝)也,身必從之,言及㫗(則)明𦥯(舉)之而毋憍(偽)。凡交毋剌(烈),必𠭁(使)又(有)末。凡於逄〈路〉毋愄〈思〉,毋蜀(獨)言。蜀(獨)𡰥(處)㫗(則)習父兄之所樂。句(苟)毋(無)大害,少枉(枉)内(入)之可也,巳(已)㫗(則)勿𨓏(復)言也。

"㥶"為"憐"字異體,讀為"吝"。"吝"意為"吝惜"。"剌"讀為"烈","烈"指過分。"逄"為"路"字寫誤。"愄"為"思"字寫誤。"枉"讀為"枉"。"苟無大害,少枉入之可也"即《論語·子張》之"大德不逾閑,小德出入可也"。

簡文説凡取悦於人不要吝嗇,要説到做到。説到就要公開行動而不要虚偽。凡交往不要過分,必須要有始有終。凡行於路不要思考,不要自言自語。一個人獨處時要多做父兄喜歡的事。如果無大害,稍有出格也没關係。完了就不要再提及。

凡𢝊(憂)患之事谷(欲)𡈼(任),樂事谷(欲)𨒥(後),身谷(欲)靑(静)而毋訬(撼),慮谷(欲)困(淵)而毋譌(偽),行谷(欲)恿(勇)而必至,㝵(貌)谷(欲)壯(莊)而毋臬(拔),谷(欲)柔齊而泊,憙(喜)谷(欲)智而亡末,樂谷(欲)睪(釋)而又(有)志,𢝊(憂)谷(欲)僉(儉)而毋惛,惹(怒)谷(欲)浧(盈)而毋𢍰(掩),進谷(欲)孫(遜)而毋攷(巧),退谷𧈡而毋巠(輕),谷(欲)皆廈(文)而毋憍(僞)。

"妊"字從"力""壬"聲,讀為"任"。"害"從"青"聲,讀為"静"。"訡"字從"言""欠"聲,疑讀為"撼"。"囦"乃"淵"字古文。"宙"從"苗"聲,讀為"貌"。"茗"從"艸""忞"聲,讀為"怒"。"龏"字疑從"盍"聲,讀為"掩"。"旁"字不識。

簡文説凡遇憂患之事要主動擔負,凡遇享樂之事要放棄爭先。身體要寧静而不撼動,思慮要深邃而不虚偽,行動要勇敢而堅定,容色要莊重而不匆遽,欲望要温和恭敬淡泊,喜悦要有理智而不輕薄,歡樂要釋放而有志向,憂慼要控制而不昏亂,憤怒要充盈而不遮掩。上進時要謙遜而不機巧,後退時要慎重而不輕視,意願都有節制而無虚偽。

君子執志必又(有)夫生(皇)生(皇)之心,出言必又(有)夫柬(簡)柬(簡)之訐(信),賓客之豊(禮)必又(有)夫齊齊之頌(容),祭祀之豊(禮)必又(有)夫齊齊之敬,居䘮(喪)必又(有)夫緣(戀)緣(戀)之忞(哀)。君子身以為宔(主)心。

"生生"讀為"皇皇",《禮記·少儀》:"祭祀之美,齊齊皇皇。"鄭玄注:"齊齊皇皇,讀為歸往之往。"孔疏引皇侃云:"謂心所繫往。""柬"讀為"簡","簡"意為簡直、誠慤。"齊"意為敬慎莊重。"䘮"字從"喪"字省體從"死",為"喪亡"之"喪"的異體。"緣"讀為"戀"。"忞"即"哀"字古文。"君子身以為宔(主)心"意為君子的身體是體現其心的。

簡文説君子守持志向必須有執着之心,言談必須有誠實之信譽,行賓客之禮必須有敬慎莊重之容儀,行祭祀之禮必須恭敬莊嚴,居喪期間必須有戀戀不捨之哀痛。君子的身體是體現其心的。

六　　德

【説明】

本篇共存簡 49 支，竹簡兩端修削成梯形，簡長 32.5 釐米。編綫兩道，編綫間距 17.5 釐米。原無篇題，據簡文内容擬加。

本篇簡文編連存在不同意見，或擬篇題為《六位》、《求人道》等。

本篇主要内容是講“六位”、“六職”和“六德”的關係以及“六位”在“人道”中的重要作用。“六位”是指“夫”、“婦”、“父”、“子”、“君”、“臣”。“六職”是指“夫之率人”、“婦之從人”、“父之教”、“子之受”、“君之使人”、“臣之事人”。“六德”指“夫之智”、“婦之信”、“父之聖”、“子之仁”、“君之義”、“臣之忠”。相似記載見於《禮記・郊特牲》、《大戴禮記・本命》、《説苑・建本》、《儀禮・喪服》等。

【釋文】

君子女(如)谷(欲)求人術(道)……**【6】**……人民少(小)者以攸(修)丌(其)身。為術(道)者必繇(由)**【47】**……〔句(苟)不〕繇(由)丌(其)術(道)，唯(雖)尭(堯)求之弗㝵(得)也。

生民**【7】**〔斯必又(有)夫婦、父子、君臣，此〕六立(位)也。又(有)衒(率)人者，又(有)從人者；**【8】**又(有)叓(使)人者，又(有)事人〔者；又(有)〕敎(教)者，又(有)受者。此六戠(職)也。既又(有)**【9】**夫六立(位)也，以貢(任)此〔六戠(職)〕也。六戠(職)既分，以衮(裕)六悳(德)。六悳(德)者**【10】**……

……此。可(何)胃(謂)六悳(德)？聖智也，忎(仁)宜(義)也，忠(忠)計(信)也。聖牙(與)智亯(就)壴(矣)，**【1】**忎(仁)牙(與)宜(義)亯(就)壴(矣)，忠(忠)牙(與)計(信)亯(就)〔壴(矣)〕。

乍(作)豊(禮)樂，折(制)坓(刑)灋，季(教)此民尔(爾)，叓(使)**【2】**

之又(有)向也,非聖智者莫之能也。新(親)父子,和大臣,帰(寢)四哭(鄰)【3】之央(殃)虐(禍),非㤅(仁)宜(義)者莫之能也。聚人民,貢(任)土陛(地),足此民尔(爾)【4】生死之用,非宧(忠)訐(信)者莫之能也。

君子不卞(偏)女(如)衍(道),衍(導)人之【5】……

唯(雖)才(在)屮(草)茆(茅)之审(中),句(苟)臤(賢)……【12】……賞慶安(焉),智(知)丌(其)以又(有)所逯(歸)也,材(裁)【11】此新(親)遠(戚)遠近,唯丌(其)人所才(在)。㝵(得)丌(其)人㪍(則)舉(舉)安(焉),不㝵(得)丌(其)人㪍(則)止也。【48】

……〔貢(任)〕者(諸)父兄,貢(任)者(諸)子弟。大材埶(藝)者【13】大官,少(小)材埶(藝)者少(小)官,因而它(施)录(祿)安(焉),叓(使)之足以生,足以死,胃(謂)【14】之君,以宜(義)叓(使)人多。宜(義)者,君悳(德)也。

非我血疍(氣)之新(親),畜我女(如)丌(其)【15】子弟,古(故)曰:句(苟)淒(濟)夫人之善也,褮(勞)丌(其)胕(臟)□(腑?)之力弗敢嘼(憚)也,【16】忿(危)丌(其)死弗敢悉(愛)也,胃(謂)之〔臣〕。以宧(忠)事人多。宧(忠)者,臣悳(德)也。

智(知)可【17】為者,智(知)不可為者;智(知)行者,智(知)不行者,胃(謂)之夫。以智衙(率)人多。【18】智也者,夫悳(德)也。

能(一)牙(與)之齊,終身弗改之壴(矣)。是古(故)夫死又(有)宔(主),終【19】身不豥(嫁),胃(謂)之婦,以訐(信)從人多也。訐(信)也者,婦悳(德)也。

既生畜之,【20】或(又)從而孝(教)忞(誨)之,胃(謂)之聖。聖也者,父悳(德)也。

子也者,會墩(最)長材【21】以事上,胃(謂)之宜(義),上共(恭)下之宜(義),以奉社稷,胃(謂)之孝。古(故)人㪍(則)為【22】〔人也,胃(謂)之〕㤅(仁)。㤅(仁)者,子悳(德)也。

古(故)夫夫、婦婦、父父、子子、君君、臣臣,六者客(各)【23】行丌(其)戠(職),而忐(訕)夸(誇)亡(無)繇(由)迮(作)也。雚(觀)者(諸)旹(《詩》)、箸(《書》),㪍(則)亦才(在)壴(矣),雚(觀)者(諸)【24】豊

(《禮》)、《樂》,昗(則)亦才(在)壴(矣)。雚(觀)者(諸)《易》、《春秋》,昗(則)亦才(在)壴(矣)。新(親)此多也,畬(密)此多〔也〕,【25】頵(美)此多也。衍(道)宋(無)止。

急(仁),内也。宜(義),外也。豊(禮)樂,共也。内立(位)父子【26】夫也,外立(位)君臣婦也。

綻(疏)斬帣(布),實(絰)、丈(杖),為父也,為君亦肰(然)。綻(疏)衰【27】齊,戊(牡)林(麻)實(絰),為昆弟也,為妻亦肰(然)。袒(袒)字(免)為宗族也,為倗(朋)晉(友)【28】亦肰(然)。

為父𢇍(絶)君,不為君𢇍(絶)父。為昆弟𢇍(絶)妻,不為妻𢇍(絶)昆弟。為【29】宗族𠛙(殺)倗(朋)晉(友),不為倗(朋)晉(友)𠛙(殺)宗族。

人又(有)六悳(德),晶(三)新(親)不𣃔(斷)。門内【30】之絧(治)紉(恩)穿(掩)宜(義),門外之絧(治)宜(義)斬紉(恩)。急(仁)頪(類)蔞而遫(束),宜(義)頪(類)弇【31】而𢇍(絶)。急(仁)蔞而㪉(綿),宜(義)𢍰(剛)而柬(簡)。㪉(綿)之為言也,猷(猶)㪉(綿)㪉(綿)也,少(小)而【32】嵬(實)多也。豫(抒)亓(其)志,求羖(養)新(親)之志,害(蓋)亡(無)不以也,是以㪉(綿)也。

男女【33】卞(别)生言(焉),父子新(親)生言(焉),君臣宜(義)生言(焉)。父聖,子急(仁),夫智,婦訐(信),君宜(義),【34】臣宜〈忠〉。聖生急(仁),智衒(率)訐(信),宜(義)叓(使)宨(忠)。古(故)夫夫、婦婦、父父、子子、君君、臣臣,此六者各【35】行亓(其)戠(職),而忿(訕)奢(誇)爊(靡)繇(由)乍(作)也。

君子言訐(信)言(焉)尔(爾),言煬言(焉)尔(爾),諔外【36】内皆导(得)也。亓(其)返(反),夫不夫,婦不婦,父不父,子不子,君不君,【37】臣不臣,婚(昏)所繇(由)迮(作)也。

君子不帝(啻)明虗(乎)民散(微)而巳(已),或(又)以智(知)【38】亓(其)弌(一)壴(矣)。男女不卞(别),父子不新(親);父子不新(親),君臣亡(無)宜(義)。

是古(故)先王之【39】季(教)民也,司(始)於孝弟。君子於此弌(一)𡿨(偏)者亡(無)所瀍(廢)。

是古(故)先【40】王之孥(教)民也,不叓(使)此民也悥(憂)丌(其)身,遊(失)丌(其)戳(偏)。孝,畬(本)也。下攸(修)忎(其)【41】畬(本),可以鬿(斷)谷(訕)。

生民斦(斯)必又(有)夫婦、父子、君臣。君子明虐(乎)此【42】六者,肰(然)句(後)可以鬿(斷)谷(訕)。衍(道)不可徧(遍)也,能獸(守)弌(一)凸(曲)安(焉),可以緯(諱)【43】丌(其)亞(惡),是以丌(其)鬿(斷)谷(訕)遬(速)。

凡君子所以立身大灋晶(三),丌(其)睪(繹)之也【44】六,丌(其)籅(貫)十又(有)二。晶(三)者迵(通),言行皆迵(通);晶(三)者不迵(通),非言行也。【45】晶(三)者皆迵(通),肰(然)句(後)是也。晶(三)者,君子所生牙(與)之立,死牙(與)之遰(敝)也。【46】

……生。古(故)曰:民之父母新(親)民易,叓(使)民相新(親)也戁(難)。【49】

【校釋】

君子女(如)谷(欲)求人衍(道)……人民少(小)者以攸(修)丌(其)身。為衍(道)者必繇(由)……〔句(苟)不〕繇(由)丌(其)衍(道),唯(雖)kind(堯)求之弗㝵(得)也。

"女"讀為"如","如"從"女"聲,故"女"可借為"如"。"衍"本"行"字古文,同義换讀為"道"。"攸"為"修"字古文。"kind"為"堯"字古文。

簡文有殘缺,大意為君子要想求得人道……人民,小處用來修養品德。行此之道者必須從此……如果不從此道,就是帝堯去求也得不到。

生民〔斯必又(有)夫婦、父子、君臣、此〕六立(位)也。又(有)衙(率)人者,又(有)從人者;又(有)叓(使)人者,又(有)事人〔者;又(有)〕斆(教)者,又(有)受者。此六戠(職)也。既又(有)夫六立(位)也,以貢(任)此〔六戠(職)〕也。六戠(職)既分,以衮(裕)六悳(德)。六悳

(德)者……

“貢”從貝“壬”聲,讀為“任”。“衮”乃“裕”字之省。

“生民”即“人民”。“六位”指“夫、婦、父、子、君、臣”。“六職”指夫為率人者,婦為從人者,君為使人者,臣為事人者,父為教人者,子為受人者。“裕德”之“裕”訓為“寬裕”、“擴充”。《管子·勢》:“中静不留裕德無求。”《國語·周語中》:“叔父若能光裕大德。”此段簡文後有缺簡。

簡文説有生民以來就必然有夫婦、父子、君臣。這就是“六位”。有率領人的,有服從人的,有役使人的,有服侍人的,有教導人的,有接受於人的。這就是“六職”。有了“六位”,分别擔任此“六職”。“六職”已分開,用來擴充德行。六德……

……此。可(何)胃(謂)六悳(德)? 聖智也,息(仁)宜(義)也,宖(忠)訏(信)也。聖牙(與)智𦤎(就)壴(矣),息(仁)牙(與)宜(義)𦤎(就)壴(矣),宖(忠)牙(與)訏(信)𦤎(就)〔壴(矣)〕。

此段簡文前有殘缺。“𦤎”即就字古文,“就”古有“接近”之意。“壴”讀為“矣”。“壴”即“喜”之省,古音“喜”在曉紐之部,“矣”在匣紐之部,聲為一系,韻部相同,可以相通。

簡文説甚麼叫“六德”? 就是“聖”和“智”、“仁”和“義”、“忠”和“信”。“聖”與“智”接近,“仁”與“義”接近,“忠”與“信”接近。

乍(作)豊(禮)樂,折(制)坓(刑)灋,季(教)此民尔(爾),叓(使)之又(有)向也,非聖智者莫之能也。新(親)父子,和大臣,帰(寢)四哭(鄰)之央(殃)虐(禍),非息(仁)宜(義)者莫之能也。聚人民,貢(任)土陸(地),足此民尔(爾)生死之用,非宖(忠)訏(信)者莫之能也。

“折”讀為“制”,古“折”、“制”音義皆近,可以相通。“尔”同“爾”,在此用為虚辭。“帰”即“寢”字初文。“哭”讀為“鄰”。“央”

讀為“殃”。“虐”讀為“禍”，古音“虐”在曉紐魚部，“禍”在匣紐歌部，聲為一系，韻部主要元音相同，可以通轉。

“民尔(爾)”即“民”，指平民百姓。“寢”意為“止息”。“任土地”指“任用土地”，即“分土援民”。

簡文說制定禮樂，規定刑法，教導民衆，使民衆有前進的目標，不是聖明智慧的人辦不到。使父與子親近，和睦大臣，止息四鄰的殃災禍患，不是仁義的人辦不到。會聚人民，任用土地，滿足人民生前和死後之器用，不是忠信的人辦不到。

君子不卞(偏)女(如)衍(道)，衍(導)人之……

“卞”讀為“偏”，古音“卞”在並紐元部，“偏”在滂紐真部，聲為一系，韻為旁轉。“不偏如道”即《尚書·洪範》之“無偏無黨，王道蕩蕩。”

簡文說君子不偏黨，如大道一樣平直。

唯(雖)才(在)屮(草)茆(茅)之宙(中)，句(苟)臤(賢)……賞慶安(焉)，智(知)丌(其)以又(有)所逯(歸)也，材(裁)此新(親)遶(戚)遠近，唯丌(其)人所才(在)。旱(得)丌(其)人昊(則)罍(舉)安(焉)，不旱(得)丌(其)人昊(則)止也。

“屮”為“草”字初文。“茆”從“艸”“卯”聲，即“茆”字，讀為“茅”。“材”讀為“裁”。“遶”字從“辵”從“就”，讀為“戚”。古“就”、“戚”二字音義皆近，可以相通。

“賞慶”意為“獎賞”。“草茅”指在野，《管子·戒》：“是故，身在草茅之中，而無懾意，南面聽天下，而無驕色。”《說苑·正諫》：“今子特草茅之人耳。”《儀禮·士相見禮》：“在野，則曰草茅之臣。”

簡文說雖然身在草茅之中，如果賢德……還是應該獎賞。知道其所以歸附，裁定親疏遠近，祇考慮其所處位置能否勝任。得到賢能之人就舉薦，得不到賢能之人就不舉薦。

……〔貢(任)〕者(諸)父兄,貢(任)者(諸)子弟。大材埶(藝)者大官,少(小)材埶(藝)者少(小)官,因而它(施)录(禄)安(焉),叓(使)之足以生,足以死,胃(謂)之君,以宜(義)叓(使)人多。宜(義)者,君悳(德)也。

"者"讀為"諸"。"材藝"即"才藝",指"才能"。"它"讀為"施","施禄"謂"布施爵禄"。《周易·夬卦》"君子以施禄及下。""足以生"和"足以死"猶上文言"足此民尔生死之用",也就是《孟子·梁惠王上》所説:"是使民養生喪死無憾也。"

簡文説……任於父兄,任於子弟。有大才能者任大官,有小才能者任小官。因此布施爵禄。使民衆生前富足,死亦無憾,叫做"君",以義道治理人民為重。義,是君之德。

非我血臂(氣)之新(親),畜我女(如)丌(其)子弟,古(故)曰:句(苟)淒(濟)夫人之善也,袋(勞)丌(其)牂(臟)[illegible](腑?)之力弗敢單(憚)也,亼(危)丌(其)死弗敢炁(愛)也,胃(謂)之〔臣〕。以宪(忠)事人多。宪(忠)者,臣悳(德)也。

"臂"讀為"氣"。"淒"讀為"濟",古"妻"、"齊"音近可通。"牂[illegible]"二字不識,但第一字從"爿"聲,故或讀為"臟腑"。

簡文説人君與我無血源之親,卻養育我如其兒女一樣,所以説:如果能够增益人之善德,勞其腑臟之力也不怕,危及生命也不吝惜,這就叫臣。以忠信服侍人為重。忠信,是臣下之德。

智(知)可為者,智(知)不可為者;智(知)行者,智(知)不行者,胃(謂)之夫。以智衒(率)人多。智也者,夫悳(德)也。

簡文説知道甚麽可作為,甚麽不可作為;知道甚麽可以行,甚麽不可以行,這就叫做"丈夫"。以明智率領人為重。明智,是丈夫的德。

能(一)牙(與)之齊,終身弗改之壴(矣)。是古(故)夫死又(有)宔(主),終身不嫁(嫁),胃(謂)之婦,以訐(信)從人多也。訐(信)也者,婦悳(德)也。

"能"即"罷"字之省,楚簡中"罷"字用為"一"。"宔"讀為"主"。"嫁"即"冡"字繁寫,在楚文字中用為"家",在此讀為"嫁"。

"一與之齊"的說法見於《禮記·郊特牲》:"壹與之齊,終身不改。"

簡文說一旦與丈夫共牢而食,終身不再改變。所以丈夫死了仍舊守其牌位,終身不再改嫁,這就叫做"婦"。以信從服從人為重。信從,是婦的德。

既生畜之,或(又)從而季(教)忞(誨)之,胃(謂)之聖。聖也者,父悳(德)也。

"或"讀為"又"。"忞"讀為"誨"。

簡文說既生養子女,又跟從教育子女,這就叫做"聖明"。聖明,是父親的德。

子也者,會墫(最)長材以事上,胃(謂)之宜(義),上共(恭)下之宜(義),以奉社稷,胃(謂)之孝。古(故)人昊(則)為〔人也,胃(謂)之〕悬(仁)。悬(仁)者,子悳(德)也。

"墫"即"埻"字,讀為"敦",敦古通"屯",有聚集之義。"埻"讀"最"亦通,"會最"即"會萃",皆會聚之意。"長材"指"長處才能"。"上共(恭)下之宜(義)"中"之"字疑衍。"上恭下義"就是對上恭敬,對下仁義。"社稷"為合文,或釋為"里社"。"故人則為人也,謂之仁"與《孟子·盡心下》:"仁也者,人也。"文意同。

簡文説孩子會聚長處才能以服侍上,叫做“義”。對上恭敬對下仁義,以奉祀社稷,叫做孝。所以人之為人也,叫做“仁”。仁是孩子的德。

古(故)夫夫、婦婦、父父、子子、君君、臣臣,六者客(各)行亓(其)戠(職),而忩(訕)夻(誇)亡(無)繇(由)迮(作)也。雚(觀)者(諸)時(《詩》)、箸(《書》),昊(則)亦才(在)壴(矣),雚(觀)者(諸)豊(《禮》)、《樂》,昊(則)亦才(在)壴(矣)。雚(觀)者(諸)《易》、《春秋》,昊(則)亦才(在)壴(矣)。新(親)此多也,畬(密)此多〔也〕,媺(美)此多也。衍(道)宋(無)止。

“忩”字從“犬”、“山”聲,讀為“訕”,“訕”意為毀謗。“夻”字從“言”“大”聲,即“誇”字。“誇”意為“大言相欺”。“時”讀為“詩”。“箸”即“書”之本字。“畬”字從“米”聲,讀為“密”,密,親近也。“媺”讀為“美”。“衍(道)宋(無)止”三字中之“道無”可能是本篇之篇名。或謂“道無止”為正文内容,即“道無休止”之意。

簡文説所以夫、婦、父、子、君、臣這六者各行其職,則毀謗狂言就無從産生了。看《詩》和《書》,其中有着記載,看《禮》和《樂》,其中有着記載,看《易》和《春秋》,其中有着記載。要以此為親,要以此為近,要以此為美。“道”没有止境。

𢝊(仁),内也。宜(義),外也。豊(禮)樂,共也。内立(位)父子夫也,外立(位)君臣婦也。

簡文説“仁”是家内的原則。“義”是家外的原則。禮樂則不分内外。家内之“位”是父、子、夫,家外的“位”是君、臣、婦。

綖(疏)斬希(布),實(絰)、丈(杖),為父也,為君亦肰(然)。綖(疏)衰齊,戊(牡)林(麻)實(絰),為昆弟也,為妻亦肰(然)。袒(袒)字(免)為宗族也,為倗(朋)晉(友)亦肰(然)。

“綻”從“疋”聲，讀為“疏”，而“疏”即從“疋”聲。“斧”從“巾”“父”聲，為“布”字異體。“實”讀為“絰”，古音“實”在船紐質部，“絰”在端紐質部，聲為一系，韻部相同，故可相通。“丈”讀為“杖”。“戊”讀為“牡”，古音“戊”“牡”皆在明紐幽部，故可相通。“林”即“麻”字初文。“䘸”字從“衣”省從“旦”聲，即“袒”字省寫。“字”疑同義換讀為“娩”，用為“免”。“倗”即“朋友”之“朋”的本字。“䎡”為“友”字古文。

“疏”意為“粗”。“斬”指布裁截後邊緣不加以縫合。“齊”指布裁截後邊緣加以縫合。“疏斬布”猶言“疏布斬”，意為“斬用粗布”。“疏斬布，絰、杖”即《左傳·襄公十七年》：“晏嬰粗縗斬，苴絰、帶、杖。”“袒免”指“袒衣免冠”，乃喪禮中表示哀思的一種服飾制度。

簡文説用不縫邊的粗布為衣，用苴麻做成帶，用纏有苴麻的竹杆做成杖。這是為父服喪的喪服，為君上也同樣。用齊邊的粗布為衣，用牡麻做成帶。這是為兄弟服喪的喪服，為妻子也同樣。袒露上衣露出左臂，脱去帽子，這是為宗族中親戚服喪的喪服，為朋友也同樣。

為父𢇍(絶)君，不為君𢇍(絶)父。為昆弟𢇍(絶)妻，不為妻𢇍(絶)昆弟。為宗族𤦪(殺)㒻(朋)䎡(友)，不為㒻(朋)䎡(友)𤦪(殺)宗族。

“𤦪”為楚文字中的”瑟”字，因音近讀為“殺”。

“絶”是停止的意思。《吕氏春秋·權勳》：“子反之為人也，嗜酒，甘而不能絶於口，以醉。”高誘注：“絶，止也。”“殺”是“降減”的意思。

簡文説(當面臨兩個喪事時)為了父親的喪事要放棄君上的喪事，不能為了君上的喪事而放棄父親的喪事。為了兄弟的喪事要放棄妻子的喪事，不能為妻子的喪事放棄兄弟的喪事。為了宗族親戚的喪事要減免朋友的喪事，不能為朋友的喪事減免宗族親戚的喪事。

人又(有)六悳(德),晶(三)新(親)不剸(斷)。門内之紿(治)紉(恩)穿(掩)宜(義),門外之紿(治)宜(義)斬紉(恩)。

"晶"即"參"字所從之"厽",讀為"三"。"剸"字從"刀""叀"(專字聲旁)聲,為"斷"字古文。"紉"從"刃"聲,讀為"恩"。"穿"即"弇"字,讀為"掩"。"宜"、"義"古代音義皆近,經常借用。

"三親"指"夫婦、父子、兄弟"。顔之推《顔氏家訓·兄弟》:"夫有人民而後有夫婦,有夫婦而後有父子,有父子而後有兄弟:一家之親,此三而已矣。自兹以往,至於九族,皆本於三親焉。""六德"指夫之德"智"、婦之德"信"、父之德"聖"、子之德"仁"、君之德"義"、臣之德"忠"。

簡文説人有"六德","三親"之間也避免不了。家門内的治理要用"恩情"掩蓋"道義",家門外的治理要用"道義"切斷"恩情"。

息(仁)頪(類)蔉而遬(束),宜(義)頪(類)弁而䋮(絶)。息(仁)蔉而啟(綿),宜(義)弜(剛)而柬(簡)。啟(綿)之為言也,猷(猶)啟(綿)啟(綿)也,少(小)而㝠(實)多也。豫(抒)亓(其)志,求敎(養)新(親)之志,害(蓋)亡(無)不以也,是以啟(綿)也。

"蔉"、"弁"二字不識,但應是借以比喻"柔"和"剛"的二物。"遬"讀為"束",指纏繞、約束。"絶"意為"斷絶"、"折斷"。"蔉而束"與"弁而䋮(絶)"文意與《性自命出》簡中的"剛之柱也,剛取之也;柔之約,柔取之也。"和《荀子·勸學》"彊(剛)自取柱,柔自取束"相同。"啟"疑讀為"綿",與"簡"相對。古音"丙"在幫紐陽部,"綿"在明紐元部,聲為一系,韻部主要元音相同,可以通轉。"剛而簡"即"剛簡","剛簡"意為剛强率略。"蔉而啟(綿)"意為"仁柔而細小繁多"。"啟之為言也,猶啟啟也,小而實多也。"與《五行》:"匿之為言也,猶匿匿也,小而診者也"説的是一回事,"匿"亦有"小"

義。"𡨕"從"炅"("慎"字古文),疑讀為"實",古音"炅"在禪紐真部,"實"在船紐質部,聲為一系,韻為對轉。此"小而𡨕(實)多也"與馬王堆漢墓帛書《五行》"匿者,言人行小而軫者也。小而實大,大之者也"中的"小而實大"相同。"𢠸"即"豫"字異體,疑讀為"抒"。"豫"、"抒"皆從"予"聲,故得相通。"抒其志"即"抒發志向"之意。"害"疑讀為"蓋"。

簡文説仁類似"蒻"而纏卷,義類似"丮"而剛折。仁柔弱而綿小,義剛强而粗率。"㪅"用言語來表達,就是細小繁多也,小但是很多。抒發志向,追求養眷親長的志愿,大概没有不可以的,所以説是細小繁多也。

男女卞(别)生言(焉),父子新(親)生言(焉),君臣宜(義)生言(焉)。父聖,子㤅(仁),婦訐(信),君宜(義),臣宜<忠>。聖生㤅(仁),智衛(率)訐(信),宜(義)叓(使)宔(忠)。古(故)夫夫、婦婦、父父、子子、君君、臣臣,此六者各行丌(其)戠(職),而㕣(訕)夸(誇)爕(靡)繇(由)乍(作)也。

"卞"讀為"别",古音"卞"在並紐元部,别在並紐月部,聲紐相同,韻為對轉。"言"字讀為"焉"。古音"言"在疑紐元部,"焉"在影紐元部,於音可通。"蔑"字典籍訓為"無",又可讀為"靡"。"男女别生焉,父子親生焉,君臣義生焉"與《藝文類聚》卷四十禮部下"婚"條謂:"男女别,然後父子親。父子親,然後義生"所言相同。

簡文説男女之分别生,然後父子之親愛生。父子之親愛生,然後君臣之義生。父聖明,子仁愛,婦信從,君仁義,臣忠信。聖明生出仁愛,智慧率領信從,仁義役使忠信。所以夫、婦、父、子、君、臣這六者各行其職責,毀謗狂言就無從産生了。

君子言訐(信)言(焉)尔(爾),言煬言(焉)尔(爾),設外内皆㝵(得)也。丌(其)返(反),夫不夫,婦不婦,父不父,子不子,君不君,臣不臣,緍(昏)所繇(由)迮(作)也。

“言”讀為“焉”,“尔”讀為“爾”。“焉爾”為典籍中常見之語氣詞,意為“于是”、“而已”。《禮記・玉藻》:“父没而不能讀父之書,手澤存焉爾。母没而杯圈不能飲焉,口澤之氣存焉爾。”“煬”字不識。“詉”字簡上字迹不清,不知其讀法。“緍”讀為“昏”。

簡文説君子言“信”而已,言“煬”而已,内外皆有收獲。其相反的結果,就將是夫不夫,婦不婦,父不父,子不子,君不君,臣不臣,昏亂將由此産生。

君子不帝(啻)明虖(乎)民敚(微)而巳(已),或(又)以智(知)丌(其)弌(一)壴(矣)。男女不卞(别),父子不新(親);父子不新(親),君臣亡(無)宜(義)。

“不啻”意為“不僅”。“微”字古訓為“隱”,《説文》:“微,隱行也。”“民微”即“民隱”,“民隱”意為“民衆之苦痛”。“一”指“一偏”,即一個方面。

簡文説君子不僅明了民衆之疾苦,還知道其某一個方面。男女不分别,父子就不親愛;父子不親愛,君臣之間就無義。

是古(故)先王之挙(教)民也,司(始)於孝弟。君子於此弌(一)𢿉(偏)者亡(無)所灋(廢)。

“𢿉”讀為“偏”,“一偏”指一個方面。“灋”讀為“廢”。

簡文説所以先王教導民衆,從孝悌開始。君子於此一個方面也不偏廢。

是古(故)先王之挙(教)民也,不叓(使)此民也憂(憂)丌(其)身,遊(失)丌(其)𢿉(偏)。孝,畬(本)也。下攸(修)丞(其)畬(本),可以𣃔(斷)呇(訕)。

“㥑”為“憂”字古文。“遊”字在楚簡中用為“失”字，其構形不明。“戩”讀為“偏”，“偏”指一個方面。

簡文説所以先王教導民衆，不讓民衆身有憂患，不讓民衆失去某一方面。孝是根本。在下鞏固其根本，可以斷絶毀謗和狂言。

生民斯(斯)必又(有)夫婦、父子、君臣。君子明虐(乎)此六者，肰(然)句(後)可以軔(斷)忎(訕)。衍(道)不可徧(遍)也，能獸(守)弌(一)凸(曲)安(焉)，可以緯(諱)丌(其)亞(惡)，是以丌(其)軔(斷)忎(訕)遬(速)。

“徧”即“偏”字，今作“遍”。“獸”讀為“守”，古音“獸”、“守”皆在書紐幽部，於音可通。“凸”乃“曲”字古文，“一曲”同“一偏”義近，指某一點，一個局部。《淮南子·繆稱》：“察一曲者，不可與言化。”“緯”讀為“諱”，“諱其惡”即“諱惡”，意為“隱其不善”。

簡文説有生民就有夫婦、父子、君臣。君子明了此六者，然後可以斷絶毀謗和狂言。“道”不可以遍及，但能守住一隅，可以隱匿其不善，所以斷絶毀謗和狂言很快。

凡君子所以立身大灋晶(三)，丌(其)睪(繹)之也六，丌(其)篦(貫)十又(有)二。晶(三)者迵(通)，言行皆迵(通)；晶(三)者不迵(通)，非言行也。晶(三)者皆迵(通)，肰(然)句(後)是也。晶(三)者，君子所生牙(與)之立，死牙(與)之遴(敝)也。

“睪”讀為“繹”，意為解析。“篦”疑即“筧”字繁體，讀為“貫”。古音“貫”和“見”皆在見紐元部。“貫”意為“貫通”。“迵”為“通”字異體。“遴”從“㡀”(“㡀”字異體)，讀為“敝”，指“敝敗”、“衰敗”。

簡文説君子用以立身的大灋有三個，其解析之有六個，其貫通之有十二個。三者相通貫，言與行皆通；三者不通貫，就不是言行。三者皆通，然後才是正確的。三者生與君子共存，死與君子同敗。

……生。古(故)曰：民之父母新(親)民易，貞(使)民相新(親)也難(難)。

"難"讀為"難"。

"民之父母"可指"聖人君子"或"法"。也可指君王。《詩經·小雅·南山有臺》："樂只君子，民之父母"。《管子·法法》："法者民之父母也。"《管子·小匡》："夫管仲，民之父母也。"《韓詩外傳》卷一："吾聞聖人仁士之於天地之間也，民之父母也。"《荀子·正論》："湯武者，民之父母也。"

簡文説……生。所以説民的父母親近民衆容易，讓民衆之間互相親近很難。

尊德義

【説明】

本篇共存簡 39 支，竹簡兩端修削成梯形，簡長 32.5 釐米。編綫兩道。編綫間距 17.5 釐米。原無篇題，據簡首 3 字擬。

本篇主要内容是講為政者應崇尚德義。同時也比較多地談到“教”在“導民”中的地位和作用。

【釋文】

夎（尊）悳（德）義，明虖（乎）民侖（倫），可以為君。湝（推）忿纅（懣），改（戒）惎（基）勳（勝），為人上者之柔（務）也。【1】

賞與坓（刑），祡（禍）福之羿（基）也，或（有）前之者矣。雀（爵）立（位），所以訐（信）丌（其）肰（然）也。正（征）欽（陷），所以【2】戉（攻）□〔也〕。坓（刑）〔罰〕，所以□遌（舉）也。殺戮（戮），所以敍（除）峉（怨）也。不繇（由）丌（其）道，不行。悬（仁）為可新（親）【3】也，義為可夎（尊）也，宖（忠）為可訐（信）也，孯（學）為可嗌（益）也，季（教）為可頪（類）也。

季（教）非改道也，季（教）之也。【4】孯（學）非改侖（倫）也，孯（學）异（己）也。墨（禹）以人道詞（治）丌（其）民，傑（桀）以人道嬰（亂）丌（其）民。傑（桀）不易【5】墨（禹）民而句（後）嬰（亂）之，湯不易傑（桀）民而句（後）詞（治）之。聖人之詞（治）民，民之道也。墨（禹）【6】之行水，水之道也。戚（造）父之馭（御）馬，馬之道也。句（后）禝（稷）之埶（藝）陸（地），陸（地）之道也。莫【7】不又（有）道安（焉）。人道為近，是以君子人道之取先。

詧（察）者（諸）出所以智（知）【8】吕（己）。智（知）吕（己）所以智（知）人，智（知）人所以智（知）命，智（知）命而句（後）智（知）道，智（知）

道而句(後)智(知)行。訦(由)豊(禮)智(知)【9】樂,訦(由)樂智(知)忞(哀)。又(有)智(知)⺊(己)而不智(知)命者,亡(無)智(知)命而不智(知)⺊(己)者。又(有)【10】智(知)豊(禮)而不智(知)樂者,亡(無)智(知)樂而不智(知)豊(禮)者。善取,人能從之,上也。【11】

為古(故)銜(率)民向方者,唯悳(德)可。悳(德)之湋(流),遬(速)虐(乎)楮(置)蚤(郵)而連(傳)【28】命。亓(其)灾(載)也亡(無)垕(厚)安(焉),交矣而弗智(知)也,亡。悳(德)者,虞(且)莫大虐(乎)豊(禮)樂【29】安(焉)。訂(治)樂和忞(哀),民不可或(惑)也。反之此,逩(枉)矣。

埅(刑)不逮(逮)於君子,豊(禮)不【31】逮(逮)於小人。

攻□逩(往)者復(復),依惠則民材(財)足,不旹(時)則亡(無)懽(勸)也。

不【32】炁(愛)則不新(親),不□則弗褱(懷),不釐(勑)則亡(無)畏,不忠(忠)則不訐(信),弗勇則【33】亡(無)復(覆)。処(咎)則民悀,正則民不吝(吝),龏(恭)則民不悁(怨)。均(均)不足以坪(平)正(政),懔(悢)【34】不足以安民,戠(勇)不足以沬(没)衆,尃(博)不足以智(知)善,快(决)不足以智(知)侖(倫),殺【35】不足以勳(勝)民。

下之事上也,不從亓(其)所命,而從亓(其)所行。上好是勿(物)也,【36】下必又(有)甚安(焉)者。夫唯是,古(故)悳(德)可易而攺(施)可迲(轉)也。又(有)是攺(施),少(小)【37】又(有)利,迲(轉)而大又(有)憲(害)者,又(有)之。又(有)是攺(施),少(小)又(有)憲(害),迲(轉)而大又(有)利者,又(有)之。【38】行此虔(文)也,肰(然)句(後)可逾也。

因亙(恒)則古(固),戠(察)近則亡(無)避(僻),不黨則亡(無)【17】悁(怨),让(上)思則□□。

夫生而又(有)戠(職)事者也,非孝(教)所及也。孝(教)亓(其)正,【18】不孝(教)亓(其)人,正弗行矣。古(故)共是勿(物)也而又(有)深安(焉)者,可學(教)也而不可矣(疑)也。【19】可季(教)也而不可迪亓(其)民,而民不可歨(止)也。

畬(尊)㣽(仁)、新(親)忠(忠)、敬壯(莊)、逯(貴)豊(禮),【20】行矣而亡(無)懸(遺),羕(養)心於子俍(諒),宻(忠)訐(信)日嗌(益)而不自智(知)也。

民可㠯(使)道【21】之,而不可㠯(使)智(知)之。民可道也,而不可弜(强)也。傑(桀)不胃(謂)丌(其)民必嬰(亂),而民又(有)【22】為嬰(亂)矣。受不若也,可從也而不可及也。

君民者詞(治)民复(復)豊(禮),民余(除)憙(害),智(知)【23】惡(羅)袋(勞)之匋(究)也。為邦而不以豊(禮),猷(猶)人之亡(無)所適也。非豊(禮)而民兑(悦),【24】忐(在)此少(小)人矣。非龠(倫)而民備(服),媟(際)此嬰(亂)矣。詞(治)民非還(懷)生而巳(已)也,【25】不以旨(嗜)谷(欲)禼(害)丌(其)義。

匋(究)民悉(愛),則子也;弗悉(愛),則戠(讎)也。民五之方各(格),【26】十之方静(爭),百之而句(後)葡(服)。

善者民必福(富),福(富)未必和,不和不安,不安不樂。【27】善者民必衆,衆未必詞(治),不詞(治)不川(順),不川(順)不坪(平)。是以為正(政)者叀(教)道(導)【12】之取先。叀(教)以豊(禮),則民果以巠(勁)。叀(教)以樂,則民弔(淑)悳(德)清牆(壯)。叀【13】以支(辯)兑(説),則民埶(勢)陞(陵)倀(長)貴以忘(妄)。叀(教)以埶(藝),則民埜(野)以静(爭)。叀(教)以只(技),【14】則民少(小)以哭(吝)。叀(教)以言,則民訶(訐)以寡(寡)訐(信)。叀(教)以事,則民力罷(嗇)以㝵(諂)利。【15】叀(教)以懽(權)㥥(謀),則民湯(淫)惃(昏),遠豊(禮)亡(無)新(親)息(仁)。先之以悳(德),則民進善安(焉)。【16】

古(故)為正(政)者,或龠(論)之,或羕(養)之,或繇(由)宻(中)出,或埶(設)之外。龠(論)隶(列)丌(其)頪(類)。【30】凡違(動)民必訓(順)民心,民心又(有)恒,求丌(其)羕(永)。童(重)義集(集)釐(理),言此章也。【39】

【校釋】

鄭(尊)悳(德)義,明虐(乎)民龠(倫),可以為君。濉(推)忿戀(懣),改(戒)惎(惎)勳(勝),為人上者之柔(務)也。

“畚”字從“酉”“关”聲,“关”即《説文》之“灷”。“灷”在楚簡中可讀為“寸”,“畚”在楚簡中可讀為“尊”。“侖”讀為“倫”。“民倫”即“人倫”,指人與人之間的倫常。“濉”讀為“推”,推意為排除。“緣”從“䜌”省聲,疑讀為“懣”,“忿懣”意為氣憤。“改”讀為“戒”,古音“改”在見紐之部,“戒”在見紐職部,聲紐相同,韻為對轉,可以相通。“忌”即“惎”字,“惎”意為忌妒。“勝”指爭强好勝。“惎勝”一詞睡虎地秦墓竹簡《為吏之道》作“期勝”:“毋復期勝,毋以忿怒決。”《荀子·性惡》:“不恤是非,不論曲直,以期勝人為意,是役夫之知也。”《荀子·成相》:“主忌苟勝,羣臣莫諫,必逢災。”

簡文説尊重德和義,明確人與人之間的倫常,就可以為君主。排除忿怒,戒掉忌妒和好勝,是在上者的任務。

賞與坓(刑),祡(禍)福之羿(基)也,或(有)前之者矣。雀(爵)立(位),所以訏(信)丌(其)肰(然)也。正(征)欽(陷),所以戉(攻)□〔也〕。坓(刑)〔罰〕,所以□遻(舉)也。殺戮(戮),所以敍(除)咎(怨)也。不䌛(由)丌(其)道,不行。

“祡”從“化”聲,讀為“禍”。“羿”從“其”聲,讀為“基”。“雀”讀為“爵”,古“雀”字經常用為“爵”。“正”讀為“征”。“欽”疑為“陷”,古音“欽”在溪紐侵部,“陷”在匣紐談部,聲為喉牙通轉,韻為旁轉。“征陷”猶言“攻陷”。“戮”乃“戮”字繁體。“敍”從“舍”聲,讀為“除”。“咎”讀為“怨”。

簡文説賞賜與刑罰,是禍患和福禄的的根源,这有歷史上的證明。爵位,是為了表明其確實如此。征伐陷落,是為了攻擊(敵人)。刑罰,是為了(約束)人的行為。殺戮,是為了除去寃仇。這些不遵循其規則是不行的。

息(仁)為可新(親)也,義為可畚(尊)也,宔(忠)為可訏(信)也,學(學)為可嗌(益)也,季(教)為可頪(類)也。

“孠”為“學”之省體。“嗌”讀為“益”。“頪”為“類”之古文。“類”即《論語·衛靈公》“有教無類”之“類”。

簡文説仁可以親近，義可以尊重，忠可以信任，學習可以有進益，教授可以塑造出同類型的人。

叴(教)非改道也，叴(教)之也。孠(學)非改侖(倫)也，孠(學)㠯(己)也。

“學己也”指學習是為了自己。《論語·憲問》:“子曰：古之學者為己，今之學者為人。”又《荀子·勸學》:“古之學者為己，今之學者為人。君子之學也，以美其身；小人之學也，以為禽犢。”

簡文説教授不是為了改變其處世之道，而是為了教授給其處世之道。學習也不是為了改變人的倫理，而是為了自己能學到人的倫理。

墨(禹)以人道訂(治)丌(其)民，傑(桀)以人道孌(亂)丌(其)民。傑(桀)不易墨(禹)民而句(後)孌(亂)之，湯不易傑(桀)民而句(後)訂(治)之。聖人之訂(治)民，民之道也。墨(禹)之行水，水之道也。戚(造)父之馭(御)馬，馬之道也。句(后)褄(稷)之埶(藝)陸(地)，陸(地)之道也。莫不又(有)道安(焉)。人道為近，是以君子人道之取先。

“傑”即“傑”字之省，讀為“桀”。“句”讀為“後”，古音“句”在見紐侯部，“後”在匣紐侯部，聲為喉牙通轉，韻部相同，於音可通。“孌”為“亂”字古文。“戚”讀為“造”，古音“戚”在清紐覺部，“造”在從紐幽部，聲為一系，韻為對轉，於音可通。“馭”為“御馬”之“御”的本字。“褄”即“禝”字，讀為“稷”。後世字書或謂“禝”為“稷”字或體。“埶”即“藝”的初文。

“行水”指治水。《孟子·離婁》:“禹之行水也，行其所無事也。”

簡文説禹以人之道理治理其民衆，桀以人之道理擾亂其民衆。

桀並不是換掉了禹治理下的民衆之後才擾亂的,湯也不是換掉桀治理下的民衆之後才治理的。禹之治水用的是水的道理。造父駕御馬,用的是馬的道理。后稷種藝,用的是地的道理。以上这些都各自有各自的道理。人的道理與人最為接近,所以君子最先取用的是人的道理。

戠(察)者(諸)出所以智(知)吕(己)。智(知)吕(己)所以智(知)人,智(知)人所以智(知)命,智(知)命而句(後)智(知)道,智(知)道而句(後)智(知)行。𨒥(由)豊(禮)智(知)樂,𨒥(由)樂智(知)忞(哀)。又(有)智(知)吕(己)而不智(知)命者,亡(無)智(知)命而不智(知)吕(己)者。又(有)智(知)豊(禮)而不智(知)樂者,亡(無)智(知)樂而不智(知)豊(禮)者。善取,人能從之,上也。

"戠"從"言"從"戈"(楚簡中用為"淺"、"竊"、"察"三字的聲旁),疑讀為"察"。"察諸出所以知己,知己所以知人"即《吕氏春秋·察今》所謂"而己亦人也,故察己則可以知人,察今可以知古,古今一也,人與我同耳"。又《論衡·本性》引陸賈説:"天地生人也,以禮義之性。人能察己所以受命則順,順之謂道。""由禮知樂,由樂知哀"即《逸周書·度訓》之"知和以知樂,知樂以知哀。"

簡文説觀察表現是為了知道自身,知道自身是為了知道别人,知道别人是為了知道天命,知道天命後才能知道天道,知道天道後才能知道如何行動。由禮知道歡樂,由歡樂知道悲哀。有知道自身而不知道天命的,没有知道天命卻不知道自身的。有知道禮不知道歡樂(音樂)的,没有知道歡樂(音樂)卻不知道禮的。善於擇取,人就能跟從,這是最高的選擇。

為古(故)𢓜(率)民向方者,唯悳(德)可。悳(德)之澅(流),遫(速)虐(乎)楷(置)蚤(郵)而連(傳)命。丌(其)䡴(載)也亡(無)𠪚(厚)安(焉),交矣而弗智(知)也,亡。悳(德)者,虘(且)莫大虐(乎)豊(禮)樂安(焉)。訂(治)樂和忞(哀),民不可或(惑)也。反之此,迲(枉)矣。

“銜”為“率”字古文。“湋”即“流”字之變形音化，即將“流”所從之“㐬”變形為“蟲”，古“蟲”、“蟲”不分，古音“蟲”在定紐冬部，“流”在來紐幽部，聲為一系，韻為對轉，於音可通。“遳”即“速”字異體，從”朱”為聲”。“楮”從“止”聲，讀為“置”，古音“止”在章紐之部，“置”在端紐職部，聲為一系，韻為對轉，於音可通。“蚤”從“又”聲，古音“又”、“郵”皆在匣紐之部，故“蚤”可讀為“郵”。“遄”為“傳”字古文。“𨊠”為“載”字古文。“𧆨”從“且”聲，讀為“且”。“或”讀為“惑”。“迬”讀為“枉”。

“向方”指“走向常道”。《呂氏春秋・音初》：“故君子反道以修德，正德以出樂，和樂以成順。樂和而民鄉方矣。”又《説苑・修文》：“故樂行而民向方，可以觀德矣。”“德之流，速乎置郵而傳。”即見於《孟子・公孫丑》的：“孔子曰：德之流行，速於置郵而傳命。”

簡文説為此率領民衆走向常道的，衹有道德可以。道德之流行，比郵馹傳令還快。如果其載德不厚，交往而不了解對方，就會失去。德之中最重要的莫過於禮樂。治理“樂”，調和“哀”，民衆不會迷惑。反此而行，就會不正。

坓(刑)不隶(逮)於君子，豊(禮)不隶(逮)於小人。

“隶”讀為“逮”，逮，及也。此句簡文即見於《禮記・曲禮》的“禮不下庶人，刑不上大夫。”

簡文説刑罰不及於君子，禮儀不及於平民。

攻□迬(往)者逡(復)，依惠則民材(財)足，不旹(時)則亡(無)懽(勸)也。

“材”讀為“財”，“民財”指民之財物器用。《墨子・節用上》：“其籍斂厚，民財不足。”《管子・揆度》：“田野充則民財足，民財足則君賦斂焉不窮。”“不時”即不守時、不按時。“勸”意為“勤勉”、

"努力"。

"攻□"一句句意不明。

簡文説攻□離去的會歸來,依仗恩惠民之財物就會充足。失去民時民衆就不會努力。

不炁(愛)則不新(親),不□則弗褱(懷),不𧧸(勑)則亡(無)畏,不㤅(忠)則不訐(信),弗勇則亡(無)遉(覆)。処(咎)則民慳,正則民不叕(吝),龏(恭)則民不情(怨)。均(均)不足以坪(平)正(政),𢢃(㥯)不足以安民,戒(勇)不足以沬(没)衆,尃(博)不足以智(知)善,快(決)不足以智(知)侖(倫),殺不足以勑(勝)民。

"褱"即"懷"字,意為"留戀"、"懷念"。"𧧸"讀為"勑",意為"訓戒"。"弗勇則亡復"之"復"讀為"覆",訓為庇護。"咎"意為"責怪"。"慳"意為"恨"。"吝"意為"貪吝"。"龏"乃"龔"字之寫誤,讀為"恭"。"情"從"心"從"㝵","㝵"即"猒"所從"月"的形變,以音近讀為"怨"。"均"從"旬"聲,而"旬"從"匀"聲,故"均"可讀為"均"。"㥯"意為"心不安"。"沬"疑讀為"没",意為"掩蓋"、"超過"。

"不愛則不親"即《荀子·君道》之"故有社稷者而不能愛民,不能利民,而求民之親愛己,不可得也。民不親不愛,而求為己用,為己死,不可得也。""平政"即"平征",指均平賦税。又指修明政治。《荀子·王制》:"故君人者,欲安,則莫若平政安民矣。""殺不足以勝民"即《老子》的"民不畏死,奈何以死懼之?"

簡文説在上者不愛民衆則民衆就不會親近君上,在上者不□則民衆就不會留戀君上,在上者不訓戒則民衆不會畏懼,在上者不忠誠則民衆就不會信任,在上者不勇敢則民衆就得不到庇護。在上者責怪民衆,民衆就會讎恨,在上者正直民衆就不會貪吝,在上者恭謹民衆就不會抱怨。平均不足以修明政治,心中不安不足以安撫民衆,英勇不足以超過衆多之人,廣博不足以知道善道,果決不足以知道倫理,殺戮不足以制服民衆。

下之事上也，不從丌(其)所命，而從丌(其)所行。上好是勿(物)也，下必又(有)甚安(焉)者。夫唯是，古(故)悳(德)可易而攺(施)可邅(轉)也。又(有)是攺(施)，少(小)又(有)利，邅(轉)而大又(有)憲(害)者，又(有)之。又(有)是攺(施)，少(小)又(有)憲(害)，邅(轉)而大又(有)利者，又(有)之。行此度(文)也，肰(然)句(後)可逾也。

"攺"即"攴"字，讀為"施"。"施"指"恩施"。"邅"從"旦"聲，讀為"轉"，古音"旦""轉"皆在端紐之部，於音可通。"轉"意為"轉化"。"憲"字從"心"從"害"，"害"即"害"之本字。

"上好是物也，下必有甚焉"即見於《孟子·滕文公》的"上有好者，下必有甚焉者矣"。又郭店楚簡《緇衣》："下之事上也，不從其所以命，而從其所行。上好此物也，下必有甚焉者矣。"又《成之聞之》："上苟身服之，民必有甚焉者。"所論文意皆相同或接近。

簡文説在下者服侍在上者，不是跟從他説的，而是跟從他的行為。在上者如果喜好此物，在下者一定會更加喜好。正因為此，所以德愛是可以變化的，恩施也是可以轉化的。有的恩施可以由有小利轉化為有大害，有的恩施可以由有小害轉化為有大利。行此禮節，然後可以更進一步。

因亙(恒)則古(固)，讐(察)匸(匚)則亡(無)避(僻)，不黨則亡(無)惰(怨)，让(上)思則□□。

"古"讀為"固"。"匸"字從"匸"，"匸"有掩藏義，又讀同"衺"，而典籍"衺"訓為"惡"或"不正"。"僻"意為"邪僻"。"黨"意為偏私。"让"字下有殘文，句意不清。

簡文説依靠常道就能堅固，究察隱匿就不會有邪僻，不偏私人民就不會怨尤。

夫生而又(有)戠(識)事者也，非参(教)所及也。参(教)丌(其)正，不参(教)丌(其)人，正弗行矣。古(故)共是勿(物)也而又(有)深安

(焉)者,可孝(教)而不可矣(疑)也。可季(教)也而不可迪丌(其)民,而民不可歨(止)也。

"戠"讀為"識","識事"指認識事物。

簡文説生下來就能認識事物,这不是教育所能做到的。教給其正確的道理,不教育其本人,正確的道理也無法施行。所以一樣的對象就有能對其教育得很深入的。甚麼樣的對象都可教育而不需要懷疑。可以教育卻不能啟迪引導民衆,就不能阻止民衆的舉動。

舂(尊)急(仁)、新(親)宔(忠)、敬壯(莊)、逿(貴)豊(禮),行矣而亡(無)嗺(遺),羕(養)心於子俍(諒),宔(忠)訐(信)日嗌(益)而不自智(知)也。

"壯"讀為"莊"。"逿"讀為"貴"。"逿"為"歸"字異體,古音"歸"在見紐微部,"貴"在見紐物部,聲紐相同,韻為對轉,於音可通。《淮南子・本經》:"男女羣居雜處而無别,是以貴禮。"《新序・雜事》:"昔衛靈公問陣,孔子言俎豆,賤兵而貴禮也。""嗺"疑讀作"遺",古音"唯"、"遺"皆在喻紐微部,於音可通,《詩・齊風・敝笱》:"其魚唯唯。"《釋文》:"唯唯,《韓詩》作'遺遺'。"可證。"羕"讀為"養"。"俍"讀為"諒"。古音"俍"、"諒"皆在來紐陽部,於音可通。"養心於子諒"之"子諒"即《禮記・樂記》:"則易直子諒之心油然生矣"中之"子諒"。"子諒"即"慈良",意為慈愛善良。

簡文説尊重仁義,親近忠信,敬重莊嚴,貴重禮儀,施行此而無遺漏,養慈愛善良之心,如此忠信日益增多而自己卻不知道。

民可貞(使)道之,而不可貞(使)智(知)之。民可道也,而不可弝(强)也。傑(桀)不胃(謂)丌(其)民必𤔔(亂),而民又(有)為𤔔(亂)矣。受不若也,可從也而不可及也。

“叓”即“使”字古文。“弜”為“彊”字古文，讀為“强”。“胃”讀為“謂”，意為“以為”、“料到”。“不若”意為“不順”、“不善”，擬指在上者之“强民”。

“民可使道之，而不可使知之”即《論語・泰伯》的“子曰：‘民可使由之，不可使知之。’”“民可道也，而不可强也”即《成之聞之》的“是以民可敬導也，而不可掩也；可御也，而不可牽也。”

簡文説民衆可以引導，卻不可以讓其知道。民衆可以引導，但不可以强迫。桀没有料到民衆會暴亂，而民衆卻暴亂了。民衆如果受到强迫，為上者就衹能跟在民衆後邊而無法控制。

君民者訂(治)民復(復)豊(禮)，民余(除)憲(害)，智(知)忞(罹)裳(勞)之匔(究)也。為邦而不以豊(禮)，猷(猶)人之亡(無)所適也。非豊(禮)而民兑(悦)，杰(在)此少(小)人矣。非侖(倫)而民備(服)，殜(際)此嬰(亂)矣。訂(治)民非還(懷)生而巳(已)也，不以旨(嗜)谷(欲)禼(害)亓(其)義。

“復禮”即“克己復禮”之“復禮”。“忞”讀為“罹”。“裳”即“勞”字古文。“匔”為“匑”字省文，讀為“究”，古音“匑”、“究”皆在見紐幽部，於音可通。“杰”讀為“在”。“殜”為“世”字繁體，疑讀為“際”。“還”讀為“懷”，“懷生”指安於生計，《左傳・僖公廿十七年》：“子犯曰：‘民未知義，未安其居。’於是乎出定襄王，入務利民，民懷生矣。”“旨”讀為“嗜”。

簡文説君臨民衆者治理民衆復歸於禮，民衆除去不利，知道遭受勞苦之究竟。治理國家不用禮儀，猶如人之無所適從。無禮而民衆卻喜悦，都因為小人的關係。不講倫理而民衆服從，是因為當此之亂。治理民衆不光是讓民衆安於生計而已，不要因為嗜好和欲望妨害了道義。

匔(究)民悉(愛)，則子也；弗悉(愛)，則戳(讎)也。民五之方各(格)，十之方静(爭)，百之而句(後)葙(服)。

“匔”讀為“究”，究，窮盡也。“子”讀為“慈”。“戠”字從“𦣞”聲，為“征討”之“討”的本字，借為“讎”。“子”謂“如子一樣侍奉在上者”。“格”訓為“格鬬”。

簡文説窮盡对民之愛，民衆對上就會如子侍父一樣；民衆如果得不到上之愛，就會把在上者視為讎敵。對民衆之愛給予五分，民衆會鬬，給予十分，民衆會爭，給予百分，民衆才會安穩。

善者民必福（富），福（富）未必和，不和不安，不安不樂。善者民必衆，衆未必訇（治），不訇（治）不川（順），不川（順）不坪（平）。是以為正（政）者斈（教）道（導）之取先。

簡文説在上者為善則民衆必然會富足，富足不一定和睦，不和睦就不安定，不安定就不快樂。在上者為善則民衆必然會很多，很多不一定有秩序，無秩序就不安順，不安順就不平穩。所以執政者應以教導民衆為最首要的任務。

斈（教）以豊（禮），則民果以巠（勁）。斈（教）以樂，則民𠟭（淑）悳（德）清牆（壯）。斈（教）以支（辯）兑（説），則民埶（勢）陵（陵）倀（長）貴以忘（妄）。斈（教）以埶（藝），則民埜（野）以静（爭）。斈（教）以只（技），則民少（小）以叟（吝）。斈（教）以言，則民訶（訏）以寡（寡）訐（信）。斈（教）以事，則民力𠫤（嗇）以𠤳（諂）利。斈（教）以懽（權）悬（謀），則民湯（淫）惃（昏），遠豊（禮）亡（無）新（親）息（仁）。先之以悳，則民進善安（焉）。

“果”謂果敢。“巠”讀為“勁”。“果勁”意為果敢强勁。《吴越春秋·闔閭内傳》：“慶忌之勇，世所聞也，筋骨果勁，萬人莫當。”又《三國志·吴志·諸葛恪傳》：“恪以丹陽山險，民多果勁。”“𠟭”字從“弔”，讀為“淑”，古“弔”“淑”音近，相通之例極多。“淑德”即“美德”，《漢書·王莽傳》：“昔齊太公以淑德累世。”又《後漢書·竇融傳》:"修成淑德,施及子孫。""清牺"疑讀作"清壯","清壯"指清新豪健。"支"讀為"辯"。"民埶"之"埶"讀為"勢"。"陖"即"陵"字異體,字從"仌(冰)"為聲,"陵"意為"陵駕"、"欺陵"。"長貴"指"長者與貴人"。"忘"讀為"妄"。"教以埶"之"埶"讀為"藝"。"埜"為"野"字古文,"野"意為"粗鄙"。"只"讀為"技",古音"只"與"支"皆在章紐支部,於音可通。"技"意為"技藝"、"技能"。"訏"意為"詭詐"。"𦚺"字不識,但字從"色"聲,讀為"嗇",古音"色"、"嗇"皆在生紐職部,於音可通。"嗇"通"穡",指農事。《尚書・盤庚》:若農服田力穡。""臿"字從"臼"(陷字初文)字得聲,讀為"啗"。"啗"本義為"吃",後引申"獲取利益"亦稱"啗"。《史記・高祖本記》說:"使酈生、陸賈往説秦將,啗以利,因襲攻武關,破之。"文中"啗以利"即簡文的"臿(啗)利"。"惓"讀為"權"。"㥯"為"謀"字古文。"湯"字或釋為"淫",與傳鈔古文中的"淫"字形近。"惃"讀為"昏"。

簡文説教給民衆以禮儀,民衆就會果敢强勁。教給民衆以禮樂,民衆就會具有美善的品德而清新豪健。教給民衆以論辯,民衆就會在氣勢上陵駕於長者貴人之上而狂妄。教給民衆以六藝之道,民衆就會粗鄙地爭奪。教給民衆以技能,民衆就會小氣而貪吝。教給民衆以言辭,民衆就會詭言而無信。教給民衆以職事,則民衆就會努力耕作追求獲利。教給民衆以權變智謀,民衆就會淫亂昏憒。如此就會遠離禮儀而疏遠仁義。如果先以德教導民衆,民衆就會進於善。

古(故)為正(政)者,或侖(論)之,或羕(養)之,或繇(由)宖(中)出,或埶(設)之外。侖(論)隶(列)亓(其)頪(類)。凡違(動)民必訓(順)民心,民心又(有)恒,求亓(其)羕(永)。童(重)義棊(集)釐(理),言此章也。

"侖"讀為"論","論"古代有編排的意思。"羕"讀為"養"。"埶"讀為"設","埶"、"設"古音相近,古文字資料和典籍中多有相通之證。“隶”讀為“列”,“隶”、“列”古音皆在來紐月部,於音可通。

簡文説所以執政者或編排它,或培育它,或使其由人心中所出,或設其在人心之外。編排羅列其類别。凡是調動民衆必須順應民心,民衆有恒心,可求其長久。重復“義”,會集“理”,説的就是本章的内容。

成 之 聞 之

【説明】

本篇共存簡 40 支。竹簡兩端修削成梯形，簡長 32.5 釐米。編綫兩道，編綫間距 17.5 釐米。原無篇題，據簡文首 4 字擬。

簡文編連有許多不同意見，或擬篇題為《天常》、《天降大常》、《教》、《君子之於教》等。

本篇主要内容是講在敬順天常、治理人倫中教化的重要性。

【釋文】

君子之於叠（教）也，丌（其）道（導）民也不寖（浸），則丌（其）淳也弗深悘（矣）。是古（故）亡虐（乎）丌（其）身而【4】廌（存）虐（乎）丌（其）訶（辭），唯（雖）垕（厚）丌（其）命（令），民弗從之悘（矣）。是古（故）畏（威）備（服）型（刑）罰之婁（屢）行也，【5】繇（由）走（上）之弗身也。昔者君子有言曰：戰與型（刑）人，君子之述（墜）悳（德）也。是古（故）【6】走（上）句（苟）身備（服）之，則民必有甚安（焉）者。君均（袀）禝（冕）而立於复（阼），一宫之人不勳（勝）【7】丌（其）敬。君衰繇（絰）而尻（處）立（位），一宫之人不勳（勝）丌（其）〔哀。君冠胄帶甲而立於軍〕，【8】一軍之人不勳（勝）丌（其）甬（勇）。走（上）句（苟）昌（倡）之，則民鮮不從悘（矣）。唯（雖）肰（然），丌（其）廌（存）也不垕（厚），【9】丌（其）重也弗多悘（矣）。是古（故）君子之求者（諸）㠯（己）也深。不求者（諸）其沓（本）而戉（攻）者（諸）丌（其）【10】末，弗㝵（得）悘（矣）。

是〔古（故）〕君子之於言也，非從末澅（流）者之貴，窮藻（源）反沓（本）之貴。【11】句（苟）不從丌（其）繇（由），不反丌（其）沓（本），未有可㝵（得）也者。君上鄉（享）成不唯沓（本），工（功）〔弗就悘（矣）。〕【12】戎（農）夫柔（務）飤（食），不弫（强）咖（耕），量（糧）弗足悘（矣）。士成言不行，名弗䙷(得)㑃(矣)。是古(故)君子【13】之於言也，非從末澮(流)者之貴，竆湶(源)反杳(本)者之貴。句(苟)不從丌(其)繇(由)，【14】不反丌(其)杳(本)，唯(雖)弝(强)之弗内(入)㑃(矣)。

上不以丌(其)道，民之從之也難。是以民可【15】敬道(導)也，而不可穿(掩)也；可駖(御)也，而不可孯(牽)也。古(故)君子不貴庶勿(物)，而貴與【16】民又(有)同也。智而比即(次)，則民谷(欲)丌(其)智之逑(遂)也。福(富)而貧(分)賤，則民谷(欲)丌(其)【17】福(富)之大也。貴而罷(能)壤(讓)，則民谷(欲)丌(其)貴之上也。反此道也，民必因此至(重)也【18】以復(報)之，可不新(慎)虐(乎)？古(故)君子所復(報)之不多，所求之不遠，戬(察)反者(諸)吕(己)而可以【19】智(知)人。是古(故)谷(欲)人之炁(愛)吕(己)也，則必先炁(愛)人；谷(欲)人之敬吕(己)也，則必先敬人。【20】

天条(降)大祟(常)，以里(理)人龠(倫)，折(制)為君臣之義，煮(著)為父子之新(親)，分【31】為夫婦之支(辨)。是古(故)小人變(亂)天祟(常)以逆大道，君子訂(治)人龠(倫)以川(順)【32】天悳(德)。《大壟(禹)》曰："余才(兹)厇(度)天心"害(何)？此言也，言余(舍)之此而厇(度)於天心也。是古(故)【33】君子簟(簟)笤(席)之上，壤(讓)而受學(幼)；朝廷之立(位)，壤(讓)而凥(處)戔(賤)，所厇(度)不遠㑃(矣)。小人【34】不緹(逞)人於刃(忍)，君子不緹(逞)人於豊(禮)。樚(津)沵(梁)勫(爭)舟，丌(其)先也不若丌(其)逡(後)也。言【35】語睪(較)之，丌(其)勑(勝)也不若丌(其)巳(已)也。君子曰：從允懌(釋)怹(過)，則先者余(除)，逨(來)者訐(信)。【36】

《君奭》曰："壤(襄)我二人，毋又(有)倉(合)才(在)音"害(何)？道不説(悦)之司(辭)也。君子曰：唯又(有)丌(其)亙(恒)而【29】可，能終之為難。"槁木三年，不必為邦(封)羿(旗)"害(何)？言寶(陳)之也，是以君子貴【30】成之。䎽(聞)之曰：古之甬(用)民者，求之於吕(己)為亙(恒)。行不訐(信)則命不從，【1】訐(信)不煮(著)則言不樂。民不從上之命，不訐(信)丌(其)言，而能㱃(含)悳(德)者，未之【2】又(有)也。古(故)君子之立(莅)民也，身備(服)善以先之，敬新(慎)以寸(守)之，丌(其)所才(存)者内(入)㑃(矣)，【3】民管(孰)弗從？型(形)於宑

(中),發於色,丌(其)艕(蕩)也固悷(矣),民筥(孰)弗訐(信)? 是以上之亙(恒)【24】柔(務),才(在)訐(信)於衆。《詔命》曰“允帀(師)淒(濟)悳(德)”〔害(何)〕? 此言也,言訐(信)於衆之可以【25】淒(濟)悳(德)也。

聖人之眚(性)與中人之眚(性),丌(其)生而未又(有)非之。節(即)於而(儒)也,【26】則猷(猶)是也。唯(雖)丌(其)於善道也亦非又(有)譯(擇)婁(數)以多也,及丌(其)専(博)長而厇(厚)【27】大也,則聖人不可由(猶)與(豫)墠(憚)之。此以民皆又(有)眚(性)而聖人不可莫(慕)也。【28】

是古(故)凡勿(物)才(在)疾之。《君奭》曰:“唯髟(冒)不(丕)單(單)爯(稱)悳(德)”害(何)? 言疾也。君子曰: 疾之,【22】行之不疾,未又(有)能深之者也。孛(勉)之述(遂)也,弜(强)之工也;墜(陳)之穿(淹)也,訂(辭)之工也。【23】是以智而求之不疾,丌(其)迲(去)人弗遠悷(矣);戫(勇)而行之不果,丌(其)悷(疑)也弗枉(往)悷(矣)。【21】

唯君子道可近求,而可遠遣(措)也。昔者君子有言曰:“聖人天悳(德)”害(何)? 【37】言新(慎)求之於㠯(己),而可以至川(順)天祟(常)悷(矣)。《康奡(誥)》曰:“不還大暊(戛),文王复(作)罰,【38】型(刑)幺(兹)亡惥(赦)”害(何)? 此言也,言不霥(逆)大祟(常)者,文王之型(刑)莫至(重)安(焉)。是【39】古(故)君子新(慎)六立(位),以巳(祀)天祟(常)。【40】

【校釋】

君子之於叅(教)也,丌(其)道(導)民也不憲(浸),則丌(其)淳也弗深悷(矣)。是古(故)亡虗(乎)丌(其)身而廌(存)虐(乎)丌(其)訂(辭),唯(雖)厇(厚)丌(其)命(令),民弗從之悷(矣)。

“道”讀為“導”。“憲”讀為“浸”。“悷”讀為“矣”。“廌”乃“薦”字所從,“薦”今作“荐”,在楚簡中“廌”多用為“存”字。“訂”讀為“辭”,“訂”即“詞”字,古“詞”、“辭”音義皆近,可以相通。“厇”乃“厚”字異體。

“浸”意為漸浸,指潛移默化。

“淳”有沃灌義,在此指教化對民衆之浸潤。

簡文説君子之於教化,如果其教導民衆不能潛移默化,則教化對民衆之浸潤就不會深。所以不以身作則而僅停留在口頭上説教,即使不斷重申政令,民衆還是不會聽從。

是古(故)畏(威)備(服)型(刑)罰之婁(屢)行也,繇(由)走(上)之弗身也。昔者君子有言曰:戰與型(刑)人,君子之述(墜)悳(德)也。是古(故)走(上)句(苟)身備(服)之,則民必有甚安(焉)者。

“畏”讀為“威”。“備”讀為“服”。“婁”讀為“屢”。“述”讀為“墜”,古從“術”聲與從“彖”聲可以相通。

簡文説所以威服刑罰之頻繁使用,是由於在上者不以身作則的緣故。古代有君子曾説:戰爭與刑罰,是君子敗壞德行的舉動。所以在上者如果不以身作則,民衆就必然會變本加厉。

君均(袀)褈(冕)而立於复(阼),一宫之人不勳(勝)丌(其)敬。君衰𦃟(絰)而尻(處)立(位),一宫之人不勳(勝)丌(其)〔哀。君冠冑帶甲而立於軍〕,一軍之人不勳(勝)丌(其)戫(勇)。走(上)句(苟)昌(倡)之,則民鮮不從悠(矣)。

“均”讀為“袀”。“褈”讀為“冕”。“复”讀為“阼”。“勳”乃“勝”字異體。“𦃟”字從“至”從“林”(麻),乃“絰”字異體。“戫”字從“戈”“甬”聲,乃“勇”字古文。“昌”讀為“倡”。

“均”指“純服”,引申指地位高低無别的服裝。“冕”指冠。“袀冕”在此指祭祀時所穿的服飾。“衰𦃟”指喪服。“君冠冑帶甲而立於軍”九字是據簡文殘處所殘長度擬補的。

簡文説君主穿着與下屬一樣的祭服站在主位上,所有宫中的人都會格外肅敬。君主穿着喪服站在正位上,所有宫中的人都會格外悲哀。君主帶冑穿甲立在軍前,全軍將士都會分外英勇。在上者如果倡導，則民衆很少有不服從的。

唯（雖）肰（然），丌（其）廌（存）也不𣄢（厚），丌（其）重也弗多悏（矣）。是古（故）君子之求者（諸）己（己）也深。不求者（諸）其𣎵（本）而戉（攻）者（諸）丌（其）末，弗㝵（得）悏（矣）。

“者”讀為“諸”。“𣎵”字從“本”從“臼”，乃“本”字古文，或釋為“根”。“戉”讀為“攻”。

簡文説雖然如此，君主對民衆的關注不够，其威望也就不會高。所以君子反求於自身要深刻。不抓住根本而衹注意細枝末節，就不會有所得。

是〔古（故）〕君子之於言也，非從末滍（流）者之貴，窮㵝（源）反𣎵（本）之貴。句（苟）不從丌（其）繇（由），不反丌（其）𣎵（本），未有可㝵（得）也者。

“㵝”即“湶”字繁體，而“湶”即“源”字古文。

簡文説所以君子對於言論，不是以關注末流枝節為重，而是以追根溯源為重。如果不問其來由，不追溯其根本，就不能有所獲。

君上鄉（享）成不唯𣎵（本），工（功）〔弗就悏（矣）。〕戎（農）夫柔（務）飤（食），不弝（强）畊（耕），量（糧）弗足悏（矣）。士成言不行，名弗㝵（得）悏（矣）。是古（故）君子之於言也，非從末滍（流）者之貴，窮湶（源）反𣎵（本）之貴。句（苟）不從丌（其）繇（由），不反丌（其）𣎵（本），唯（雖）弝（强）之弗内（入）悏（矣）。

“鄉”讀為“享”。“工弗就悏”中之“弗就矣”三字乃擬補。“戎”讀為“農”，古音“戎”在日紐冬部，“農”在泥紐冬部，古“日”紐歸“泥”紐，韻部相同，可以相通。“柔”本“侮”字古文，後分化出“務”字，在此讀為“務”。“畊”字從“田”從“爭”省，乃“耕”字古文。“量”

讀為"糧"。"内"讀為"入"。

簡文説君主坐享其成不抓住根本,就不會有成就。農夫從事生産糧食,不努力耕作,糧食就會不足。士説出話行動卻跟不上,就不會得到聲名。所以君子對於言論,不是以關注末流枝節為重,而是以追本溯源為重。如果不問其來由,不追溯其根本,雖然强迫其聽,民衆也是不會接受的。

上不以丌(其)道,民之從之也難。是以民可敬道(導)也,而不可穿(掩)也;可駘(御)也,而不可孯(牽)也。古(故)君子不貴庶勿(物),而貴與民又(有)同也。

"穿"即"弇"字,乃"掩"字古文,意為"掩蔽"。"駘"為"駕御"之"御"的專字。"孯"從"臤"聲,讀為"牽"。古音"臤"在匣紐真部,"牽"在溪紐真部,聲為喉牙通轉,韻部相同,於音可通。

"導"指"疏導"。"穿"指"掩蔽"、"掩蓋"。"庶物"指"衆物"、"萬物"。"可駘(御)也,而不可孯(牽)也"一句即見於《禮記·學記》之"故君子之教喻也,道而弗牽,强而弗抑,開而弗達"中的"道而弗牽"。

簡文説在上者不行其道,則民衆服從也很困難。所以民衆可以疏導,不可以掩蔽;可以如馬之駕御,不可以如畜之牽引。所以君子不以衆物為重,而以與民衆同心同德為重。

智而比即(次),則民谷(欲)丌(其)智之述(遂)也。福(富)而貧(分)賤,則民谷(欲)丌(其)福(富)之大也。貴而罷(能)壞(讓),則民谷(欲)丌(其)貴之上也。反此道也,民必因此厚(重)也以返(報)之,可不新(慎)虐(乎)?

"比即"讀為"比次","比次"意為"次第"。"福"讀為"富"。"貧"讀為"分"。"壞"讀為"讓"。"厚"從"石"、"主"聲,讀為"重",古音"主"在章紐侯部,"重"在定紐東部,聲為一系,韻為對轉,可以相通。“逿”讀為“報”，古“復”、“報”音義皆近，常常通用。

簡文説聰明但能遵守次第，則民衆願意其聰明更進。富有但能分施於貧賤，則民衆願意其財富更大。尊貴但能謙讓，則民衆願意其更加尊貴。如果反此道而行，民衆必然會加以報復，能不慎重嗎？

古（故）君子所逿（報）之不多，所求之不遠，戠（察）反者（諸）吕（己）而可以智（知）人。是古（故）谷（欲）人之悉（愛）吕（己）也，則必先悉（愛）人；谷（欲）人之敬吕（己）也，則必先敬人。

“戠”字從“言”從“戋”（楚簡中用為“察”、“竊”、“淺”的聲旁），讀為“察”。

《國語·晉語四》：“欲人之愛己也，必先愛人。”與簡文同。

簡文説所以君子所回报的不多，所求索的不遠。由觀察自身可以知道他人。所以要想他人愛己，就必須要先愛他人；要想他人敬己，就必須先敬他人。

天夅（降）大祟（常），以里（理）人龠（倫），折（制）為君臣之義，煮（著）為父子之新（親），分為夫婦之支（辨）。是古（故）小人變（亂）天祟（常）以逆大道，君子訂（治）人龠（倫）以川（順）天悳（德）。

“夅”乃“夆”字之省，為“降”字古文。“祟”讀為“常”。“折”讀為“制”。“煮”讀為“著”。“支”讀為“辨”。“變”為“亂”字古文。“川”讀為“順”。

“大常”指本性、常道。

簡文説天降下常道，以其來治理人之倫常，制定出君臣之義理，建立出父子之親情，分别出夫婦之差别。所以小人擾亂常道以反對大道，君子治理人倫以順應天德。

《大壐（禹）》曰：“余才（兹）厇（度）天心”害（何）？此言也，言余（舍）

之此而厇(度)於天心也。是古(故)君子簟(簟)笞(席)之上,壤(讓)而受學(幼);朝廷之立(位),壤(讓)而凥(處)戔(賤),所厇(度)不遠悏(矣)。

"墨"讀為"禹"。"才"讀為"兹"。"厇"讀為"度"。"余"讀為"舍"。"簟"從"竹"、"尋"聲,應即"簟"字異體。"學"為"幼"字異體。"戔"讀為"賤"。

"《大禹》"乃《尚書·大禹謨》之佚文。"天心"指"天之意"。"簟席"即"竹席"。"厇天心"之"厇"讀為"度",意為揣度。厇從"乇"聲,古音"乇"在端紐鐸部,"度"在定紐鐸部,聲為一系,韻部相同,故可通用。《尚書·康誥》有"宅心知訓"句,此"宅心"即簡文的"厇天心"。

簡文說《大禹》說"我於此揣度天意"說的是甚麽?這句話,說的是我置於此而揣度天意。所以君子於竹席之上自謙為少而處下位,在朝廷之上謙讓而處低位,這樣就與揣度之天意不遠了。

小人不緹(逞)人於刃(忍),君子不緹(逞)人於豊(禮)。攜(津)汈(梁)勣(爭)舟,丌(其)先也不若丌(其)遂(後)也。言語孛(較)之,丌(其)勑(勝)也不若丌(其)巳(已)也。君子曰:從允懌(釋)怢(過),則先者余(除),銮(來)者訏(信)。

"緹"讀為"逞","逞"意為顯示,誇耀。"忍"意為殘忍,狠心。"攜"字從"才"從"鳶",古音"鳶"在精紐元部,"津"在精紐真部,故"攜"可讀為"津。"汈"即"沕"字,讀為"梁"。"勣"從"力""青"聲,讀為"爭"。"遂"即"後"字繁體。"孛"為楚簡中"梏"字所從,疑應讀為"較",指"較量"。古音"梏"在見紐覺部,"較"在見紐宵部,聲紐相同,韻為旁對轉,於音可通。古"巳"、"已"本一字,"巳"可用為"已"。"允"訓為"誠信"。"釋"意為"消除"、"赦宥"。

簡文說小人不會向人顯示其殘忍,君子不會向人誇耀其多禮。在渡口爭奪上船,其先上者不如後上者。用言語較量,其勝利不如放棄。君子説：從誠信出發寬宥過錯，則除去以前之過錯，今后才能使人相信。

《君奭》曰："壤(襄)我二人，毋又(有)酓(合)才(在)音"害(何)？道不説(悦)之司(辭)也。君子曰：唯又(有)丌(其)亙(恒)而可，能終之為難。"槁木三年，不必為邦(封)羿(旗)"害(何)？言寘(陳)之也。是以君子貴成之。餌(聞)之曰：古之甬(用)民者，求之於吕(己)為亙(恒)。行不訐(信)則命不從，訐(信)不惹(著)則言不樂。民不從上之命，不訐(信)丌(其)言，而能龕(含)悳(德)者，未之又(有)也。

"壤"讀為"襄"。簡文所引《尚書·君奭》文今本作："襄我二人，汝有合哉言"。"羿"從"羽""丌"聲，似為"旗"字古文。"龕"為"念"字繁體，讀為"含"。"含德"意為懷藏道德。"寘"疑讀為"陳"，古音"寅"在喻紐真部，"陳"在定紐真部，聲為一系，韻部相同，可以相通。"陳"用為"陳舊"之"陳"。

簡文説《君奭》説"除了我二人，没有相合的聲音"説的是甚麽？説的是不高興的話。君子説：衹有長久才行，但能堅持到最後很難。"朽木三年，不必當作封疆的標志"説的是甚麽，説的是陳舊。所以君子重視的是最終的成功。聽説：古代的治民者，要求自己是經常的事。行為不講信用則民衆不會聽命，信用不顯著則説的話民衆不愛聽。民衆不服從在上者之命，不信其所説的話，如此還能懷藏道德者，從來就没有。

古(故)君子之立(莅)民也，身備(服)善以先之，敬新(慎)以寸(守)之，丌(其)所才(存)者内(入)悿(矣)，民筥(孰)弗從？型(形)於宙(中)，發於色，丌(其)臈(蕩)也固悿(矣)，民筥(孰)弗訐(信)？是以上之亙(恒)柔(務)，才(在)訐(信)於衆。《詔命》曰"允帀(師)淒(濟)悳(德)"〔害(何)〕？此言也，言訐(信)於衆之可以淒(濟)悳(德)也。

"立"讀為"莅"。"寸"即"肘"字初文，讀為"守"。"敬慎以守"

即典籍中的“敬守”。《禮記·郊特牲》:“知其義而敬守之,天子之所以治天下也。”《管子·内業》:“敬守勿失,是謂成德。”《吕氏春秋·知度》:“敬守一事,正性是喜。”“才”疑用為“存”,《説文》:“在,存也。”銀雀山漢墓竹簡《孫臏兵法·見威王》:“則可以在亡國而繼絶世也。”文中“在”字亦用為“存”。“筥”讀為“孰”。“鶵”字不識,疑從“昜”聲,讀為“蕩”,指心受到的震動。古有“心蕩”一辭,即指心之動蕩。《詔命》之“詔”字書寫不清,或隸定作“詔”,未知孰是。“允”訓為“信”。“帀(師)”訓為“衆”。“濟”,成也。“濟德”意為成就道德。

簡文説所以君子之臨視民衆,以身行善走在前邊,恭敬謹慎地持守,其所撫慰能深入民心,民衆誰會不服從?形成於内心,顯示於容色,其心受到震動確切無疑,民衆誰會不相信?所以在上者長久的任務是取信於民。《詔命》説“取信於衆成就道德”説的是甚麽?這句話,説的是取信於民衆可以成就道德。

聖人之眚(性)與中人之眚(性),丌(其)生而未又(有)非之。節(即)於而(儒)也,則猷(猶)是也。唯(雖)丌(其)於善道也亦非又(有)譯(擇)婁(數)以多也,及丌(其)專(博)長而𪉷(厚)大也,則聖人不可由(猶)與(豫)墠(憚)之。此以民皆又(有)眚(性)而聖人不可莫(慕)也。

“眚”讀為“性”。“中人”意為“常人”,即一般人。“非”意為“違”,“違”即“不同”。“節”讀為“即”,“即”,就也。“而”讀為“儒”。古音“而”在日紐之部,“儒”在日紐侯部,聲為一系,韻部主要元音相同,可以通轉。“譯”讀為“擇”,意為“選擇”。“擇數多”意為選擇之數多。《禮記·表記》:“仁有數,義有長短小大。”又“取數多者,仁也。”比照可知簡文的“善道”也應該有“數”和“長短小大”。“擇數多”即“取數多者”。“由”讀為“猶”,“與”讀為“豫”,“猶豫”乃“遲疑不決”意。“墠”讀為“憚”,意為“驚駭”。“莫”讀“慕”,意為仿效。

簡文説聖人和常人之天性,生下來時并無不同。就學接受儒師之教,還是如此。雖然其於善道選擇數度不會多,但等到選擇善道的數度廣博長大厚重以後,則聖人不應該遲疑驚駭。這是因為民衆也都有天性,但是聖人是不可以仿效的。

是古(故)凡勿(物)才(在)疾之。《君奭》曰:"唯髟(冒)不(丕)嘼(單)爯(稱)悳(德)"害(何)? 言疾也。君子曰: 疾之,行之不疾,未又(有)能深之者也。孚(勉)之述(遂)也,弜(强)之工也;陳(陳)之穽(淹)也,訇(辭)之工也。是以智而求之不疾,丌(其)迲(去)人弗遠俟(矣);敝(勇)而行之不果,丌(其)俟(疑)也弗枉(往)俟(矣)。

"髟"字象人長髮飄然狀,讀為"冒"。古音"髟"在幫紐幽部,"冒"在明紐幽部,聲為一系,韻部相同,於音可通。"嘼"為"單"字繁體。"孚"為"娩"字異體,讀為"勉"。"述"讀為"遂"。"迲"為"去"字繁體。"俟"又讀為"疑"。"枉"讀為"往"。

簡文引《尚書・君奭》今本作:"惟冒丕單稱德。"

"疾"訓為"敏捷"或"盡力"、"努力"。

簡文說所以"物"的關鍵在於盡力。《尚書・君奭》說:"盡力稱頌武王的品德"說的是甚麼? 說的是"盡力"啊。君子說: 盡力! 行為不盡力,沒有能深入的。勉力之成功,是因為堅定信念的牢固;陳述之淹博,是因為言辭之精巧。所以雖然聰明但追求不盡力,其離常人就不會遠。勇敢但行動不果決,就會遲疑而不再前進。

唯君子道可近求,而可遠逪(措)也。昔者君子有言曰:"聖人天悳(德)"害(何)? 言新(慎)求之於吕(己),而可以至川(順)天祟(常)俟(矣)。《康奡(誥)》曰:"不還大暊(戛),文王复(作)罰,型(刑)丝(兹)亡愳(赦)"害(何)? 此言也,言不霩(逆)大祟(常)者,文王之型(刑)莫至(重)安(焉)。是古(故)君子新(慎)六立(位),以巳(祀)天祟(常)。

"逪"讀為"措"。"川"讀為"順"。"奡"為"誥"字古文。"暊"即

"夏"字，讀為"戞"。"舉"讀為"赦"，古音"舉"在喻紐魚部，"赦"在書紐鐸部，聲為一系，韻為對轉，於音可通。"霏"字從"屰"得聲，故可讀為"逆"。"巳"讀為"祀"。

簡文所引《尚書・康誥》與今本不同。今本作"曰：乃其速由文王作罰，刑茲無赦。不率大戞，……"

"天常"指天之常道。"六位"指"君、臣、父、子、夫、婦"。

簡文説君子之道可以在周圍求得，但可以到遠處實行。以往君子有話説"聖人天德"説的是甚麼？説的是要小心要求自己，這樣可以順應天之常道。《康誥》云"不尊循常道，文王制定刑罰，將對此實行刑罰不寬赦"説的是甚麼？這段話，説的是不違逆天之常道，文王的刑罰就不會重。所以君子要恭敬"六位"，用來祭祀天之常道。

唐 虞 之 道

【説明】

本篇現存簡 29 支。竹簡兩端平齊，簡長 28.1～28.3 釐米。編綫兩道，編綫間距 14.3 釐米。簡文中間有殘損，衹能編聯成幾段。

簡文共存 704 字，其中合文 5 個，平均每簡 25 字强，約缺 23 字左右。

本篇内容為儒家贊頌堯舜的禪讓，論述愛親尊賢的思想。

【釋文】

湯（唐）吴（虞）之道，徸（禪）而不德（傳）；埜（堯）叁（舜）之王，利天下而弗利也。徸（禪）而不德（傳），聖之【1】盛也；利天下而弗利也，忎（仁）之至也。古昔旻（賢）忎（仁）聖者女（如）此。身窮不䵃（困），𡚁【2】（損）而弗利竆（躬），忎（仁）歆（矣）。𠁡（必）正丌（其）身，肰（然）后（後）正世，耶（聖）道備歆（矣）。古湯（唐）吴（虞）之道〔女（如）此〕【3】也。

夫聖人上事天，斆（教）民又（有）尊（尊）也；下事陛（地），斆（教）民又（有）新（親）也；旹（時）事山川，斆（教）民【4】又（有）敬也；新（親）事且（祖）漳（廟），斆（教）民孝也。大（太）斆（學）之中，天子罕（親）齒，斆（教）民弟（悌）也。先聖【5】牙（與）逡（後）取（聖）考（孝），逡（後）而逯（歸）先，斆（教）民大川（順）之道也。

埜（堯）叁（舜）之行，炁（愛）罕（親）隣（尊）旻（賢）。炁（愛）【6】罕（親）古（故）孝，尊（尊）旻（賢）古（故）徸（禪）。孝之𣪊（殺），炁（愛）天下之民。徸（禪）之流，世亡（無）忶（隱）直（德）。孝，忎（仁）之免（冕）也；【7】徸（禪），義之至也。六帝興於古，𡗝（皆）采（由）此也。炁（愛）罕（親）㐬（忘）旻（賢），忎（仁）而未義也。尊（尊）旻（賢）【8】遺罕（親），我（義）而未忎（仁）也。古者吴（虞）叁（舜）箮（篤）事宖寞，乃弋（式）丌

(其)孝;忠事帝埜(堯),乃弋(式)丌(其)臣。【9】炁(愛)睪(親)尊(尊)
叟(賢),吴(虞)叁(舜)丌(其)人也。禹(禹)幻(治)水,膉(益)幻(治)火,后褸(稷)幻(治)土,足民敎(養)□□□【10】□(節?)虖(乎)脂膚血劈(氣)之青(情),敎(養)眚(性)命之正,安命而弗宎(夭),敎(養)生而弗敡(傷),智□□【11】□豊(禮),愄(夔)守樂,孫(遜)民效(教)也。咎(皋)采(陶)内用五型(刑),出弋(式)兵革,辠(罪)涇(輕)秦【12】用戜(威)。虽(夏)用戈,正(征)不備(服)也。炁(愛)而正之,吴(虞)虽(夏)之幻(治)也。𡍿(禪)而不遭(傳),義亙(恒)□□【13】幻(治)也。

古者埜(堯)生於天子而又(有)天下,聖以堣(遇)命,忎(仁)以逳(逢)旹(時),未嘗堣(遇)□□【14】竝(並)於大旹(時),神明塱(均?)從,天陸(地)右(佑)之。從(縱)忎(仁)、聖可牙(与),旹(時)弗可及歖(矣)。夫古者【15】叁(舜)佢(居)於草茅之中而不悥(憂),升為天子而不喬(驕)。佢(居)草茅之中而不悥(憂),智(知)命【16】也。升為天子而不喬(驕),不流也。浗(求)虖(乎)大人之興,敚(微)也。今之弋(式)於直(德)者,未【17】年不弋(忒)。君民而不喬(驕),卒王天下而不矣(疑)。方才(在)下立(位),不以匹夫為【18】巠(輕);及丌(其)又(有)天下也,不以天下為重。又(有)天下弗能益,亡(無)天下弗能員(損)。亟(極)忎(仁)【19】之至,利天下而弗利也。𡍿(禪)也者,上直(德)受(授)叟(賢)之胃(謂)也。上直(德)昃(則)天下又(有)君而【20】世明;受叟(賢)昃(則)民興效(教)而蟡(化)虖(乎)道。不𡍿(禪)而能蟡(化)民者,自生民未之又(有)也。【21】……之正者,能以天下𡍿(禪)歖(矣)。

古者埜(堯)之异(與)叁(舜)也:昏(聞)叁(舜)孝,智(知)丌(其)能敎(養)天下【22】之孝也;昏(聞)叁(舜)弟(悌),智(知)丌(其)能幻(事)天下之長也;昏(聞)叁(舜)丝(慈)虖(乎)弟□□□□□□【23】為民宔(主)也。古(故)丌(其)為宊寞子也,甚孝;及丌(其)為埜(堯)臣也,甚忠。埜(堯)𡍿(禪)天下【24】而受(授)之,南面而王而〈天〉下而甚君。古(故)埜(堯)之𡍿(禪)虖(乎)叁(舜)也,女(如)此也。古者聖(聖)人廿(二十)而【25】冒(帽),卅(三十)而又(有)家,五十而幻(治)天下,七十而至(致)正(政)。三(四)枳(肢)胅(倦)陸(惰),耳目取(聰)明衰,𡍿(禪)天下而【26】受(授)叟(賢),退而敎(養)丌(其)生(性)。此以智(知)亓(其)弗利也。

《吴(虞)時(詩)》曰:"大明不出,孕(萬)勿(物)膚(皆)訇(揞)。聖【27】者不才(在)上,天下北(必)壞(壞)。"紿(治)之至,羧(養)不梟(肖);𤔔(亂)之至,泧(滅)臤(賢)。忎(仁)者為此進【28】……女(如)此也。【29】

【校釋】

湯(唐)吴(虞)之道,禪(禪)而不遭(傳)。

"湯"讀為"唐"。"吴"讀為"虞"。《史記·五帝本紀》:"帝堯為陶唐,帝舜為有虞。"《集解》引韋昭曰:"陶、唐皆國名。"張晏曰:"堯為唐侯,國於中山,唐縣是也。"皇甫謐曰:"舜嬪於虞,因以為氏。今河東大陽西山上虞城是也。""唐"、"虞"分別指"堯"、"舜",所以"唐虞之道"也就是"堯舜之道"。"禪"字形體構形頗怪異,疑為一個從"壓"得聲的字。古音"壓"、"禪"音近可通,故"禪"可讀為"禪"。"遭"字從"叀"得聲,讀為"傳"。

簡文此句說堯舜的帝位衹禪讓而不繼承。

垚(堯)叅(舜)之王,利天下而弗利也。

"垚"為"堯"字古文,見於《說文》,此又纍增"土"旁。"利天下而弗利也"意為"利於天下但自己不從中得利"。《管子·版法解》:"凡所謂能以所不利利人者,舜是也。舜耕歷山,陶河濱,漁雷澤,不取其利,以教百姓,百姓舉利之。此所謂能以所不利利人者也。"《吕氏春秋·貴公》:"伯禽將行,請所以治魯。周公曰:'利而勿利也。'"高注:"務在利民,勿自利也。"

禪(禪)而不遭(傳),聖之盛也;利天下而弗利也,忎(仁)之至也。古昔臤(賢)忎(仁)聖者女(如)此。

“聖”為儒家提倡的“五行”的最高境界,“聖之盛”意為“聖的頂點”。

簡文此句説禪而不傳是聖的最高境界,利於天下而不自利,是仁的極致。古昔的賢仁聖者就是這樣做的。

身窮不黔(困),叏(損)而弗利竆(躬),忎(仁)歖(矣)。

“竆”為“窮”字異體,於此用為“身窮”的合文,因“窮”字中包含有“身”字。“黔”讀為“困”,“黔”從“匀”聲,古從“匀”得聲的字韻在真部,聲或歸舌音的定、禪、喻,或歸牙音的見、溪。“困”字古音在溪紐文部,所以從“匀”得聲的“黔”可讀為“困”。《荀子·宥坐》:“君子之學,非為通也,為窮而不困,憂而意不衰也,知禍福終始而心不惑也。”文中“窮而不困”就是簡文的“身窮不困”。“叏”字從“又”“云”聲,楚文字中“云”字通常假作“員”,疑此“叏”字讀為“損”。損,減也,傷也,指於己不利。“叏(損)而弗利”意為遭受損傷而不自利。“歖”讀為“矣”。“歖”從“喜”聲,古音在曉紐之部,與匣紐之部的“矣”相通。

簡文此句説身處窘境但不困頓,遭受損傷卻不自利,這就是仁。

𢪓(必)正丌(其)身,肰(然)后(後)正世,耶(聖)道備歖(矣)。古湯(唐)吳(虞)之道〔女(如)此〕也。

“𢪓”字從“才”“匕”聲,字又見於楚青銅器𪒠鐘,應即《説文》訓為“相次也”的“𠤎”字。“匕”字古音在幫紐脂部,“必”在幫紐質部,於音可通,所以從“匕”聲的“𢪓”可讀為“必”。“必正其身,然後正世”,就是《禮記·大學》“身修而後家齊,家齊而後國治,國治而後天下平”的儒家“修齊治平”之道。

簡文此句説必須先正自身,然後再治天下,這樣聖道才算完備。古代堯舜就是這樣做的。

夫聖人上事天，敎(教)民又(有)尊(尊)也；下事陸(地)，敎(教)民又(有)新(親)也；旹(時)事山川，敎(教)民又(有)敬也；新(親)事且(祖)滰(廟)，敎(教)民孝也。大(太)敎(學)之中，天子罙(親)齒，敎(教)民弟(悌)也。

"敎"字從"攴""爻"聲，為"教"字古文。"滰"字從"宀""淖"聲，為"廟"字異體。此段簡文按照"天""地""人"的順序依次而論。《禮記・祭義》："立愛自親始，教民睦也。立敬自長始，教民順也。教以慈睦，而民貴有親；教以敬長，而民貴用命。"又《大戴禮記・虞戴德》説："是故聖人之教於民也，率天如祖地，能用民德，是以高舉不過天，深慮不過地。"文中"教民有親"即《禮記・祭義》之"教以慈睦，而民貴有親"之義。"親事祖廟，教民孝也"同《大戴禮記・朝事》之"率而享祀於太廟，所以教孝也"説法一致。《禮記・祭義》："天子設四學，當入學而大子齒。""齒"謂"齒讓"，即尊長之意。

先聖牙(與)逡(後)耶(聖)考(孝)，逡(後)而逯(歸)先，敎(教)民大川(順)之道也。

"先聖"與"後聖"並提見於《孟子・離婁下》。"考"讀為"孝"。"逯"為"歸"字異體，讀為"饋"。"孝"為繼承遺志之意。《書・文侯之命》："追孝於前文人。"孔安國傳："繼先祖之志曰孝。""饋"義為祭祀，《吕氏春秋・尊師》説："天子入太學，祭先聖，則齒嘗為師者弗臣，所以見敬學與尊師也。"文中"祭先王"即簡文的"逯(饋)先"。

埜(堯)叅(舜)之行，恣(愛)罙(親)障(尊)叏(賢)。恣(愛)罙(親)古(故)孝，尊(尊)叏(賢)古(故)壆(禪)。

此段簡文所叙乃本篇之思想中心，"愛親故孝"即儒家"大孝尊親”的思想。

孝之𣏂(殺),㤅(愛)天下之民。𨓧(禪)之流,世亡(無)忈(隱)直(德)。

“𣏂”為“殺”字古文,“殺”為“減”意。“流”字釋法不一,或釋為“涷”,讀為“重”,或讀為“恃”。按之文意,還是以釋“流”更為順適。“忈”字從“心”“乚”聲,《說文》:“乚,匿也,象迟曲隱蔽形,凡乚之屬皆從乚,讀若隱。”

簡文此句謂孝之減削,就會澤及天下萬民;禪讓流布,世間就不會再埋没賢人。

孝,忎(仁)之免(冕)也;𨓧(禪),義之至也。六帝興於古,𪊨(皆)采(由)此也。

“免”讀為“冕”。“𪊨”為“𪊨”(皆)字譌體。“采”為“穗”字,古文字中又同義換讀為“秀”。《說文》“袖”字篆文作“褎”,即從“采”為聲,所以“采”可以讀為“由”。“六帝”說法不一,或謂指“軒轅、少昊、高陽、高辛、陶唐、有虞”,或謂指“黄帝、顓頊、帝嚳、帝堯、帝舜、帝禹”。

簡文此句說仁是孝的冠冕(猶言標誌),禪讓是義的終極。六帝崛起於往古,都是因為這一點。

㤅(愛)睪(親)㠩(忘)㝔(賢),忎(仁)而未義也。䢅(尊)㝔(賢)遺睪(親),我(義)而未忎(仁)也。古者吴(虞)𡕒(舜)篙(篤)事𡧍寞,乃弋(式)丌(其)孝;忠事帝埜(堯),乃弋(式)丌(其)臣。㤅(愛)睪(親)䢅(尊)㝔(賢),吴(虞)𡕒(舜)丌(其)人也。

“㠩”讀為“忘”。“我”讀為“義”。“𡧍”字從“宀”“瓜”聲,讀為“瞽”。古“瓜”、“鼓”皆在見紐魚部,於音可通。“𡧍(瞽)寞”在此指瞽瞍。典籍載舜父名"瞽瞍"。"寞"字或讀為"瞙",《字統》云:"瞙,目不明",因此"寍(瞽)寞"即"瞽瞍"("瞍"字《説文》訓為"無目也。")或謂"寞"應讀為"幕",指另一個人"虞幕"。"虞幕"與"瞽瞍"都是能聽音知風者,在傳説中有相同的職掌。《左傳・昭公八年》:"自幕至於瞽瞍無違命,舜重之以明德。"如依此説則"寍(瞽)寞(幕)"指兩個人。"乃戈其孝"的"戈"字為"弋"字之譌,在此讀為"式"。式,《爾雅・釋言》:"式,用也。""乃式其孝"即"乃用其孝";"乃式其臣"即"乃用其臣"。

此段簡文説愛親人卻忘記賢人,是仁但不是義;尊重賢人卻忘記親人,是義但不是仁。往古虞舜專一地服侍瞽瞍(或瞽瞍與虞幕),是用其孝;忠誠地服從於堯,是行其臣子的義務。熱愛親人,尊重賢人,虞舜就是這樣的人。

禹(禹)幻(治)水,膉(益)幻(治)火,后禝(稷)幻(治)土,足民羧(養)□□□□(節?)虖(乎)脂膚血翜(氣)之青(情),羧(養)眚(性)命之正,安命而弗实(夭),羧(養)生而弗敡(傷),智□□□豊(禮),愄(夔)守樂,孫(遜)民效(教)也。

"幻"從"糸""司"聲,讀為"治"。"膉"讀為"益"。"羧"為"養"字古文。"翜"從"力""既"聲,讀為"氣"。"实"讀為"夭"。"愄"讀為"夔"。古音"愄"在影紐微部,"夔"在群紐脂部,於音可通。《孟子・滕文公上》有一段記載與簡文類似:"舜使益掌火,益列山澤而焚之……禹疏九河,……后稷教民稼穡,樹藝五穀,五穀熟而民人育。"文中"民人育"就是簡文的"民人養"。□(節?)字下一段為講"養生"的內容,與出土的講"導引"的文獻很接近。"脂膚血氣"是人身體的主要構成成份,所以特别强調。"愄(夔)守樂"的"夔"是堯舜時掌管音樂的官。《禮記・樂記》:"昔者,舜作五弦之琴,以歌《南風》;夔始製樂,以賞諸侯。"鄭玄注:"夔,舜時典樂者也。""遜"字意為"順"。《書・舜典》:"帝曰:'契,百姓不親,五品不遜,汝作司徒,敬敷五教,在寬。'"孔傳:"遜,順也。""遜民教"即"順民教"也。

這段簡文説大禹職掌治水,益職掌火,后稷職掌土地,這些都是為了滿足人民生存的需要。根據皮肉血氣的實際情況,養生命之正氣,愛護性命而不殤亡,保養身體而不損傷。夔職掌音樂,以順民之教化。

從簡文内容看,講"夔"的一段應接在"足民養"一段之下。

咎(皋)采(陶)内用五型(刑),出弋(式)兵革,辠(罪)涇(輕)秦用𢦏(威)。虽(夏)用戈,正(征)不備(服)也。

"采"讀為"陶","弋"字讀為"式",式,用也。"涇"字疑讀為"輕"。"秦"字不識。"罪涇"之意不解,疑是《尚書·大禹謨》中"罪疑惟輕"的意思。"秦用𢦏(威)"亦應是"亂用威"的意思。"咎繇"典籍又作"皋陶",典籍載是製作五刑的人。《尚書·舜典》:"帝曰:'皋陶,蠻夷滑夏,寇賊奸宄。汝作士,五刑有服,五服三就。五流有宅,五宅三居。惟明克允!'""夏用戈,征不服也。"是説夏使用兵戈,是征伐不服從者。

炁(愛)而正之,吴(虞)虽(夏)之㣛(治)也。禪(禪)而不遳(傳),義亙(恒)□□㣛(治)也。古者埜(堯)生於天子而又(有)天下,聖以堣(遇)命,忎(仁)以逭(逢)旹(時),未嘗堣(遇)□□竝(並)於大旹(時),神明均(均)從,天隉(地)右(佑)之。

"遳"字從"辵""叀"聲,讀為"傳"。"逭"字從"辵"從"害","害"疑是一個從"丰"得聲的字,字當讀為"逢"。"大時"疑指關鍵的時機。並,傍也,依也。《史記·秦始皇本記》:"自榆中並河以東,屬之陰山,以為三十四縣。"裴駰《集解》引服虔曰:"並音傍。傍,依也。""並於大時"即依靠關鍵的時機意。

此段簡文説用愛來治理民衆,虞夏的統治方法就是如此。禪讓而不繼承,義長久……的治理。往古堯生而有天下,因為聖明遭遇天命,由於仁愛而恰逢其時,未遇到阻礙。神明依從,天地佑助。

從(縱)忎(仁)、聖可牙(与),旹(時)弗可及歆(矣)。

与,助也。《孟子·公孫丑上》:"取諸人以為善,是与人為善者也。"朱熹注:"与,猶助也。"

此句謂縱然仁和聖可以為助,但是時機趕不上了。

夫古者叁(舜)佢(居)於草茅之中而不惪(憂),升為天子而不喬(驕)。佢(居)草茅之中而不惪(憂),智(知)命也。升為天子而不喬(驕),不流也。

"佢"讀為"居"。"升"字或釋為"身",亦通。"流"義為"放縱",《國語·晉語一》:"肆侈不違,流志而行",韋昭注:"流,放也。"《禮記·中庸》:"故君子和而不流。"《荀子·不苟》:"堅强而不暴,柔從而不流",以上"不流"的用法與簡文同。

簡文謂往古舜出身低賤,居於草茅之中卻不憂患,升而為天子也不驕傲。住在草茅之中不憂患是知道天命,升為天子也不驕傲是不放縱。

湫(求)虗(乎)大人之興,敚(微)也。今之弋(式)於直(德)者,未年不弋(忒)。

"湫"通"仇",為匹配,對比之意。

"敚"讀為微。第一個"弋"讀為"式",義為"效法"。第二個"弋"疑讀為"忒",《廣雅·釋詁》:"忒,差也。""未年"不解,此兩簡也有可能不相聯接。

簡文此段不易解,疑大意謂與大人的興起相比,顯得很微小。今天效法有德者之人没有甚麽困難。

君民而不喬(驕),卒王天下而不矣(疑)。方才(在)下立(位),不以匹夫為坙(輕);及亓(其)又(有)天下也,不以天下為重。又(有)天下弗能益,亡(無)天下弗能員(損)。亟(極)忎(仁)之至,利天下而弗利也。

"矣"讀為"疑"。"坙"讀為"輕"。"員"讀為"損"。

此段簡文亦言有德者知命知時,能上能下。身雖微賤,匹夫有責;身有天下,不為己利。强調仁的頂點就是禪讓,即"利天下而弗利"。

逧(禪)也者,上直(德)受(授)叏(賢)之胃(謂)也。上直(德)㓷(則)天下又(有)君而世明;受(授)叏(賢)㓷(則)民興效(教)而蟡(化)虖(乎)道。不逧(禪)而能蟡(化)民者,自生民未之又(有)也。……之正者,能以天下逧(禪)歖(矣)。

"蟡"讀為"化"。

簡文此段説禪讓就是在上者有德並將其位讓於賢者。上者有德,天下就會有主宰而世間就會昌明。授位於賢者,百姓就會興教化而合於大道。不禪讓而能教化民衆者,自從有人以來就從未有過。

古者埜(堯)之㪅(與)叁(舜)也:昏(聞)叁(舜)孝,智(知)亓(其)能羛(養)天下之孝也;昏(聞)叁(舜)弟(悌),智(知)亓(其)能幻(事)天下之長也;昏(聞)叁(舜)丝(慈)虖(乎)弟□□□□□□為民宔(主)也。古(故)亓(其)為宖寞子也,甚孝;及亓(其)為埜(堯)臣也,甚忠。埜(堯)逧(禪)天下而受(授)之,南面而王而〈天〉下而甚君。古(故)埜(堯)之逧(禪)虖(乎)叁(舜)也,女(如)此也。

此段簡文先言堯禪讓於舜是因為聽説舜孝、悌、慈,故可以為民主。接下來説舜孝、忠、君,最後總結説堯禪讓於舜就是如此。

古者聖(聖)人廿(二十)而冒(帽),卅(三十)而又(有)家,五十而紿(治)天下,七十而至(致)正(政)。

"冒"即"帽"字初文,讀為"帽",帽即冠也。"致政"即"致仕"或"致事",指辭位。《禮記·曲禮上》:"大夫七十而致事。"鄭玄注:"致其所掌之事於君而告老。"《禮記·曲禮上》:"人生十年曰幼,學;二十曰弱,冠;三十曰壯,有室;四十曰强,而仕;五十曰艾,服官政;六十曰耆,指使;七十曰老,而傳。"所言與簡文略同。

簡文此段說古代聖人二十歲冠,三十歲有家,五十歲統治天下,七十歲告退讓位。

三(四)枳(肢)朕(倦)陸(惰),耳目取(聰)明衰,徸(禪)天下而受(授)叏(賢),退而羧(養)丌(其)生(性)。此以智(知)丌(其)弗利也。

"三"為"四"字古文。"枳"讀為"肢",古音"只"、"支"都在章紐支部,可以相通。"朕"讀為"倦"。"陸"從"阜""圭"聲,"圭"是支部字,"惰"是歌部字,於音可通,故"陸"可讀為"惰"。"取"字讀為"聰"。古音"取"在清紐侯部,"聰"在清紐東部,聲紐相同,韻為陰陽對轉,故可相通。"四肢倦隋"典籍又作"四肢懈惰",《黃帝內經·靈樞·寒熱病第二十一》:"四肢懈惰不收,名曰體惰。""耳目聰明"亦多見於典籍,《易·鼎卦》:"巽而耳目聰明",《禮記·樂記》:"耳目聰明。"《管子·內業》說:"耳目聰明,四肢堅固。"簡文"四肢倦惰,耳目聰明衰"正與其相反。"退而養其生"與上引簡文講養生的一段相呼應,知本篇談"養生"與聖人禪讓亦有關。"此以知其弗利也"之"弗利"簡文多次出現,都是利它不利己之意。

《吳(虞)時(詩)》曰:"大明不出,夯(萬)勿(物)膚(皆)訇(揞)。聖者不才(在)上,天下杺(必)壞(壞)。"紿(治)之至,羧(養)不喿(肖);嬰(亂)之至,減(滅)叏(賢)。忎(仁)者為此進……如此也。

“時”從“寺”聲，讀為“詩”，“吴時”即“虞詩”，此為以往不見之佚詩。“大明”指日或月。《禮記·禮器》：“大明生於東，月生於西。”注：“大明，日也。”又《管子·内業》：“鑒於大清，視於大明。”房玄齡注：“大明，日月也。”“分”本為“丏”字，在戰國文字中多借為“萬”，即為“万”字的本字。“訇”從“勹”（伏字初文）從“言”聲。古“言”、“音”本為一字之分化，疑此“訇”字讀為“揞”，《方言·卷六》：“揞，揜、錯、摩、藏也。荆楚曰揞，吴揚曰揜，周秦曰錯，陳之東鄙曰摩。”“北”讀為“必”。“瓌”乃“壞”字古文。“喿”讀為“肖”，古音“喿”、“肖”皆在心紐宵部，故可相通。

此段簡文謂《虞詩》説：“日月不出，萬物皆藏，聖人不在上位，天下必然敗壞。”治的極致可以養不肖，亂的極致可以滅賢。“忎（仁）者為此進”下有缺文。“如此也”前有缺文。“如此也”一句乃總括以上的結束語。

忠信之道

【説明】

本篇現存竹簡9支。簡兩端平齊，簡長28.2～28.3釐米。編綫兩道，編綫間距13.5釐米。

簡文共256字，其中合文5個，重文1個，平均每簡30字。

本篇内容是講為上者要以"忠"、"信"為道德規範，最後將"忠信"歸結為"忠，仁之實也；信，義之期也。"這種以"忠"、"信"為"仁"、"義"的實質和目標，標榜"忠"、"信"的觀念與傳統認識中的儒家"忠信"觀念有些不同，是立足於民衆的臣屬對為上者的一種要求。

【釋文】

不譌(詭)不害(諂)，忠之至也。不忑(欺)弗智(知)，訐(信)之至也。忠厇(積)炅(則)可罥(親)也，訐(信)厇(積)炅(則)可訐(信)也。忠【1】訐(信)厇(積)而民弗罥(親)訐(信)者，未之又(有)也。至忠女(如)土，蟡(化)勿(物)而不輦(伐)；至訐(信)女(如)旹(時)，灶(比)至而不結。忠人亡(無)【2】譌(詭)，訐(信)人不伓(倍)。君子女(如)此，古(故)不皇(誑)生，不伓(倍)死也。大舊(久)而不俞(渝)，忠之至也。害而者尚，訐(信)【3】之至也。至忠亡(無)譌(詭)，至訐(信)不伓(倍)，夫此之胃(謂)此〈也〉。大忠不兑(説)，大訐(信)不异(期)。不兑(説)而足敎(養)者，墬(地)也；不异(期)【4】而可鱟(要)者，天也。佀(範)天墬(地)也者，忠訐(信)之胃(謂)此〈也〉。口叀(惠)而實弗从(從)，君子弗言尔(爾)。心〔疋(疏)而貌〕【5】罥(親)，君子弗申尔(爾)。古(故)行而鯖(爭)兑(悦)民，君子弗采(由)也。三者，忠人弗乍(作)，訐(信)人弗為也。忠之為【6】衍(道)也，百工不古(苦)，而人敎(養)虘(皆)足。訐(信)之為衍(道)也，群勿(物)皆成而百善虘(皆)立。君子其它(施)

也【7】忠,古(故)緣(蠻)罕(親)尃(傅)也;丌(其)言尔(爾)訐(信),古(故)但(轉)而可受也。忠,息(仁)之實也。訐(信),晷(義)之异(期)也。氏(是)古(故)古之所【8】以行虖(乎)閔(蠻)嘍(貉)者,女(如)此也。【9】

【校釋】

不譌(詭)不宙(謟),忠之至也。

"譌"從"言""為"聲,乃"詭"字異體。《集韻·上聲紙韻》:"詭、譏、譌,古委切。説文:'責也。'一曰詐也。或從鬼,從為。"古音"為"在匣紐歌部,從"為"得聲的"譌"、"偽"在疑紐歌部。"危"在疑紐微部,從"危"得聲的"洈"、"蛫"在見紐支部。支、歌二部例可旁轉,可見"為"、"危"二字聲韻皆可相通。《莊子·漁父》:"以危其真。"《釋文》:"危或作偽。"《莊子·齊物論》:"道惡乎隱而有真偽。"《釋文》:"真偽一本作真詭。"這是典籍中"為"、"危"二聲相通之證。所以從"危"得聲的"詭"可以有從"為"得聲的異體。"譌(詭)"在簡文中用為"詐"義。"宙"字讀為"謟"。古音"宙"(同匋)在定紐幽部,"舀"在透紐幽部,韻部相同,聲為一系,故可相通。《廣雅·釋詁》下:"謟,疑也。"《左傳·昭公二十六年》:"天道不謟,不貳其命,若之何禳之?"杜注:"謟,疑也。"《荀子·性惡》:"其言也謟,其行也悖。"

簡文此句説不詐不疑,是最大的忠。

不忑(欺)弗智,訐(信)之至也。

"欺"為欺騙。"智"為聰明。

簡文此句説不欺騙不聰明是最大的信。

忠庉(積)昃(則)可罕(親)也,訐(信)庉(積)昃(則)可訐(信)也。忠訐(信)庉(積)而民弗罕(親)訐(信)者,未之又(有)也。

“厇”字從“厂”“朿”聲,讀作“積”。“積”從“禾”“責”聲,而“責”從“貝”“朿”聲,所以從“朿”聲的“厇”可以讀作“積”。“睪”為“親”字古文。

簡文此句説積聚忠就可讓人親近,積聚信就可使人信任。為上者積聚忠信而民不親近信任他的,從來没有過。

至忠女(如)土,蝺(化)勿(物)而不輩(伐);

“女”讀為“如”,“女”、“如”古本一字之分化,故“女”可讀為“如”。“蝺”讀為“化”,古音“為”在匣紐歌部,“化”在曉紐歌部,韻部相同,聲為一系,故可相通。《書·梓材》:“厥亂為民”,《論衡·效力》引作“厥率化民”。字書中“譌”又作“訛”,都是“為”、“化”相通之證。“輩”字從“聿”“䜌”聲,疑為“癹”字變體,在此讀為“伐”。古音“癹”在幫紐月部,“伐”在並紐月部,韻部相同,聲為一系,故可相通。

簡文此句説最高的忠就像土地一樣,化生萬物卻不矜伐。《荀子·堯問》:“子貢問於孔子曰:‘賜為人下而未知也。’孔子曰:‘為人下者乎?其猶土也。深抇之而得甘泉焉;生則立焉,死則入焉;多其功而不德。為人下者其猶土也。”文中謂土“多其功而不德”,與簡文所言相近。“多其功而不德”即“不伐”也。

至評(信)女(如)旹(時),犾(比)至而不結。

“犾”字從“匕”從“才”,字又見於䣄鐘銘文,即“㠯”字初文。字在䣄鐘銘文中異文作“匕”,可見“犾”應是一個從“匕”得聲的字。《説文》:“㠯,相次也。”“犾”在簡文中正用為“相次”之義。“犾至”即“比至”,乃“順序而至”之意。《廣韻·質韻》:“比,比次。”“結”義為“凝結”、“聚集”。

簡文此句説最高的信如同時節,一個接一個按序到來而不集聚。

忠人亡(無)譌(詭),訐(信)人不伓(倍)。

"譌"即"詭"字異體,在此即用為"違反"、"違背"之意。《韓非子·詭使》:"常貴其所以亂,而賊其所以治,是故下之所欲,常與上之所以為治相詭也。"銀雀山漢墓竹簡《孫子兵法·計》:"道者,令民與上同意者也,故可與之死,可與之生,民弗詭也。"又馬王堆漢墓帛書《周易·要》説:"察其要者,不趆(詭)其德。"以上"詭"字皆用為"違反"之意。"伓"即"倍"字初文。"倍"字古與"背"音義皆通,都有"違背"、"背叛"的意思。《説文·人部》:"倍,反也。""忠人亡(無)譌(詭)"、"信人不伓(倍)"一句中"譌"、"倍"義近對文。

此句簡文謂忠信的人不背叛。

君子女(如)此,古(故)不皇(誑)生,不伓(倍)死也。

"皇"讀為"誑"。"皇"本從"王"聲,故可讀為從"王"聲的"誑"。或疑"皇"讀為"妄","皇生"即"妄生"。"不皇生、不倍死"的"皇生倍死"典籍作"倍死忘生"。《禮記·經解》:"喪祭之禮廢,則臣子之恩薄,而倍死忘生者衆矣。""倍死忘(妄)生"猶言"貪生怕死","不皇(妄)生、不倍死"猶言"舍生忘死"。

此句簡文説君子如此(指上文的"忠人亡(無)譌(詭),信人不伓(倍)"),就會舍生忘死。

大舊(久)而不俞(渝),忠之至也。

"舊"讀為"久"。"俞"讀為"渝"。"大久"之"大"義同"太",很甚之辭。"大久"猶言"很久"或"長久"。

此句簡文説如此(指上文)永久不變,是最大的忠。

宔而者尚，訐(信)之至也。

"宔而者尚"四字應與上文"大舊而不俞"對文，疑"宔"字前奪一字。此四字不解。

至忠亡(無)譌(詭)，至訐(信)不伓(倍)，夫此之胃(謂)此〈也〉。

"此"字疑涉上而誤。

此句簡文說最高的忠信不違背，正說的是如此(指上文)。

大忠不兑(説)，大訐(信)不异(期)。不兑(説)而足羧(養)者，埅(地)也；不异(期)而可墂(要)者，天也。伬(範)天埅(地)也者，忠訐(信)之胃(謂)此〈也〉。

"兑"讀為"説"。"异"為"期"字古文。"羧"為"養"字古文。"埅"為"地"字古文。"墂"字從"土""蜧"聲，應即"堧"字的繁文，在此讀為"要"，訓為"約"。"伬"字從"人""巳"(氾、範諸字所從)，讀為"範"。"範"本義為模型，引申為仿效義。《易·繫辭上》："範圍天地之化而不過。"此"範圍天地"即簡文的"伬(範)天地"。又"伬"讀為"法"亦通。"此"疑為"也"字寫誤。

此段簡文是說大的忠不需說明，大的信不必約定。不說明而能够生養(萬物)的，是地；不約定而能守約的，是天。仿效天地的，說的就是忠信。

《管子·版法解》曰："法天合德，象地無親"，又曰："四時之行，信必而著明。"都是法天地，以天地比於忠信的意思。

口叀(惠)而實弗从(從)，君子弗言尔(爾)。心〔疋(疏)而貌〕䍐(親)，君子弗申尔(爾)。

"叀"讀為"惠"。"申"訓為"施"、"用"。此句簡文說口裏說得好而實際做不到,君子不説這樣的話;心中疏遠而貌似親近,君子不做這樣的事。《禮記·表記》云:"子曰:'口惠而實不至,怨菑及其身。是故君子與其有諾責也,寧有已怨。'《國風》曰:'言笑晏晏,信誓旦旦。不思其反,反是不思,亦已焉哉!'子曰:'君子不以色親人。情疏而貌親,在小人則穿窬之盜也與?'"這段文字與簡文所言相同。

古(故)行而鯖(爭)兑(悦)民,君子弗采(由)也。

"鯖"讀為"爭",古"青"、"爭"音近,韻部相同,聲為一系。"故"訓為"巧詐",《國語·晉語二》:"多為之故,以變其志。"韋昭注:"故,謂多作計術。"《淮南子·主術》:"是以上多故,則下多詐。"高誘注:"故,詐。""由"訓為"用"。《小爾雅·廣詁》:"由,用也。"

此句簡文説利用巧詐來取悦於民,君子不用這種辦法。《荀子·王霸》:"傷國者何也?曰:'以小人尚民而威,以非所取於民而巧,是傷國之大災也。'"簡文的"故行而爭悦於民"即《荀子》的"以非所取於民而巧。"《吕氏春秋·務本》:"詐誣之道,君子不由。"也與簡文意思相同。

三者,忠人弗乍(作),訐(信)人弗為也。

"三者"指上文"口惠而實弗從"、"心疏而貌親"、"故行而爭悦民"。此三者皆為心口不一,虚偽巧詐之行,故"忠人弗作,信人弗為"。

忠之為衍(道)也,百工不古(苦),而人敦(養)膚(皆)足。訐(信)之為衍(道)也,群勿(物)皆成而百善膚(皆)立。

"膚"為"皆"字,見於《古文四聲韻》,作"膚"。"古"讀為"苦","苦"義為"粗惡",《廣韻·姥韻》:"苦,麤也。"《管子·小匡》:"辨其功苦。”尹知章注:“功謂堅美,苦謂濫惡。”字又作“盬”、“沽”、“故”、“楛”。《漢書・息夫躬傳》:“器用盬惡”,鄧展曰:“盬,不堅牢也。”“百工不苦”即百工制作的器物不粗劣的意思。《荀子・王霸》:“如是則百工莫不忠信而不楛矣”,文意與簡文相同。“人養”指人生必需的物質。古人認為人乃地之所養,故此句之“忠”指地。《春秋元命苞》曰:“地者,易也,言養物,懷任,交易,變化,含吐,應節。”下句之“信”指天。《禮記・樂記》曰:“天則不言而信。”“百善”謂許多好事。《吕氏春秋・孝行》:“夫執一術而百善至,百邪去,天下從者,其惟孝也。”《孔子家語・五儀》:“雖不能備百善之美,必有處也。”

君子其它(施)也忠,古(故)緣(蠻)睪(親)專(傅)也;

“它”讀為“施”,古音“它”、“施”聲皆為舌音,韻部都為歌部,可以相通。“施”,行也,用也。“緣”即“䜌”字初文,字又見於戰國古璽。“緣”在此疑讀作“蠻”。“蠻”為南夷之名,在此借代指周邊異族。“專”讀為“傅”,“傅”古通“附”,《漢書・匡衡傳》:“及朝廷有政議,傅經以對,言多法義。”顔師古注:“傅讀曰附,附,依也。”

簡文此句説君子的行為忠厚,外夷就會來親附。

丌(其)言尔(爾)計(信),古(故)但(轉)而可受也。

“但”字從“彳”、“旦”聲,應讀為“邅”字的異文。《楚辭・九歌・湘君》:“邅吾道兮洞庭”,王逸章句:“邅,轉也,楚人名轉曰邅。”“邅”義為“轉”,相當於“重譯”之“重”,意為“翻譯”。

簡文此句説君子的言語如果誠信,即使需經翻譯也會讓對方接受。此句承上文而言,形容君子的忠信可以行遠也。

忠,悬(仁)之實也。計(信),我(義)之异(期)也。氏(是)古(故)古之所以行虖(乎)閔(蠻)嘍(貉)者,女(如)此也。

“我”讀為“義”。“氏”讀為“是”。“閔嘍”讀作“蠻貉”。“閔”從“又”“門”聲，古音在明紐文部，“蠻”字古音在明紐元部，聲紐相同，韻為旁轉。“嘍”從“婁”聲，古音在來紐侯部，“貉”從“各”聲，古音在見紐鐸部。見紐古與舌音關係密切，“侯”、“鐸”可旁對轉。“蠻貉”之“蠻”指南方少數民族，“貉”指北方少數民族，合稱泛指四邊的異族。

簡文此句説忠是仁的實際内涵，信是義的最高目標。所以古來忠信能傳到周邊偏遠的少數民族地區，正是因為如此。

窮達以時

【説明】

本篇現存簡15支。簡兩端均修削成梯形，簡長26.4釐米。編綫兩道，編綫間距9.4～9.5釐米。現存287字，合文1字。平均每簡約20.5字，約殘缺17字。

本篇内容與《荀子·宥坐》、《孔子家語·在厄》、《韓詩外傳》卷七、《説苑·雜言》所載孔子困於陳蔡之間時答子路所問相近，中心思想是説士之窮或達取决於天時。“時”是儒家思想中一個重要的概念，“應時”、“順時”、“隨時而變”是儒家一貫强調的主張。

【釋文】

又(有)天又(有)人，天人又(有)分。詧(察)天人之分，而智(知)所行矣。又(有)丌(其)人，亡(無)丌(其)**【1】**殜(世)，唯(雖)臤(賢)弗行矣。句(苟)又(有)丌(其)殜(世)，可(何)慬(難)之又(有)才(哉)。�(舜)啪(耕)於鬲(歷)山，宔(陶)笞(拍)**【2】**於河𫊸(浦)，立而為天子，堣(遇)尭(堯)也。𠤎(皋)繇(陶)衣胎(枲)蓋(褐)冒(帽)衽(經)冡(蒙)慬(巾)，**【3】**斁(釋)板筥(築)而差(佐)天子，堣(遇)武丁也。郘(吕)宔(望)為牂(臧)棶(棘)瀳(津)，戰(守)監門**【4】**棶(棘)陸(地)，行年七十而睹(屠)牛於朝訶(歌)，𦥯(興)而為天子帀(師)，堣(遇)周文也。**【5】**关(管)寺(夷)虐(吾)寍(拘)繇(囚)弃(梏)縛，斁(釋)杙(械)檪(柙)，而為者(諸)厌(侯)相，堣(遇)齊逗(桓)也。**【6】**白(百)里迌(轉)遹(賣)五羊，為敀(伯)斁(牧)牛，斁(釋)板(鞭)柽(箠)而為𣅀(朝)卿，堣(遇)秦穆。**【7】**孫𠷎(叔)三躲(謝)邳(期)思少司馬，出而為命(令)尹，堣(遇)楚臧(莊)也。**【8】**

初滔(沉)酭(鬱)，逡(後)名昜(揚)，非丌(其)悳(德)加，子疋(胥)

前多社(功),遂(後)翏(戮)死,非丌(其)智【9】懐(衰)也。驥(驥)馰張山騹空於刣壵,非亡(無)體(體)壯(狀)也。穿(窮)四海(海),至(致)千【10】里,堣(遇)告(造)古(父)也。堣(遇)不堣(遇),天也。童(動)非為達也,古(故)穿(窮)而不【11】□□□為名也,古(故)莫之智(知)而不叓,□□□□□□□【12】□□□嗅(嗅)而不芳。無茖堇(瑾)愈(瑜),坾(抱)山石不為□□□□【13】

……善伓(倍)㠯(己)也。穿(窮)達以旹(時),悳(德)行弌(一)也。譽(譽)皇(毀)才(在)仿(旁),聖(聽)之弋(慝),母(毋)之白。【14】

……不壐(埋)。穿(窮)達以旹(時),學(幽)明不再。古(故)君子惇於饭(反)㠯(己)。【15】

【校釋】

又(有)天又(有)人,天人又(有)分。

“分”義為區别。

簡文説有天也有人,天和人有區别。

詨(察)天人之分,而智(知)所行矣。

“詨”字從“言”從“𠬝”。“𠬝”字在郭店楚簡和包山楚簡中,用作“察”、“淺”、“竊”三字的聲旁。

簡文説考察天和人的區别,就知道怎樣行動了。

又(有)丌(其)人,亡(無)丌(其)殜(世),唯(雖)臤(賢)弗行矣。句(苟)又(有)丌(其)殜(世),可(何)懽(難)之又(有)才(哉)。

“殜”為加“歺”(列字所從)聲的“世”字,字又見於戰國中山王墓銅器銘文。“唯”讀為“雖”。“句”讀為“苟”。“懽”即“𪆰”字初文,讀為“難”。“才”讀為“哉”。

簡文説雖然有賢人,但没趕上時機,則雖賢亦難以聞達。而如果趕上合適的時機,就不會有甚麼困難。

坴(舜)叻(耕)於鬲(歷)山,宩(陶)笞(拍)於河𫊸(浦),立而為天子,堣(遇)尧(堯)也。

“坴”字從“土”“炏”聲,為“舜”字古文。《禮記・中庸》:“其斯以為舜乎。”鄭注:“舜之為言允也。”可見“舜”、“允”聲相近,所以“舜”本應從“允”聲。“叻”為“耕”字古文,字又見於金文戛侯𫊸銘文。“力”本象“耒”形,從“又”表示用手持“耒”,所以“叻”應是一個會意字。“宩”讀為“陶”。“笞”讀為“拍”。“𫊸”讀為“浦”。《説文》:“浦,瀕也。”“瀕”即濱也。“堣”讀為“遇”。“陶拍”猶言“拍陶”,即“摶埴”之意,“拍”即“摶”也。《周禮・冬官・叙官》:“摶埴之工二。”鄭玄注:“摶之言拍也。”《史記・五帝本紀》:“舜耕歷山,漁雷澤,陶河濱,作什器於壽丘,就時於負夏。”文中所記與簡文相同。

簡文説舜耕於歷山,製陶於河邊,後來成為天子,是因為遇見了堯的緣故。

𠅘(皋)繇(陶)衣胎(枲)蓋(褐)冒(帽)裎(絰)冡(蒙)慬(巾),斁(釋)板簹(築)而差(佐)天子,堣(遇)武丁也。

“𠅘繇”即“咎繇”,也即“皋陶”,也是典籍記載中的一個人物。但簡文此處疑書寫有誤。簡文謂“釋板築而佐天子,遇武丁也。”所指人物應該是“傅説”。《史記・殷本紀》説武丁“於是乃使百工營求之野,得説於傅險中。是時説為胥靡,築於傅險。見於武丁,武丁曰是也。”“冒”讀為“帽”。“裎”讀為“絰”。“冡”從“冂”從“龙”聲,讀為“蒙”。“慬”讀為“巾”,“堇”、“巾”古音皆在見紐文部,可以相通。“斁”為釋字異體。“簹”為“築”字古文。“衣枲褐帽絰蒙巾”是指刑徒的裝束,即“胥靡”所穿衣着。

郘(吕)䆺(望)為牂(臧)棗(棘)瀳(津),戰(守)監門棗(棘)陸(地),

行年七十而賭(屠)牛於朝訶(歌),舉(興)而為天子帀(師),堣(遇)周文也。

"郘"即"呂"姓之"呂"的專字。"室"為"望"字。"牂"讀為"臧","臧"為奴婢的賤稱。"來"、"朿"二旁在古文字中形近易混。馬王堆帛書《老子》以"朸"為"棘","力"、"來"古音很近。簡文"棶"即用為"棘"。"鷹"從"鷹"聲,而"鷹"古有"荐"音,"鷹"、"津"古音相近,簡文"濿"即讀為"津"。"棘津"為地名。"戰"從"單"聲,"單"、"嘼"本為一字之分化,"獸"、"守"古音皆在書紐幽部,於音可通。"監門"是看守門户的門徒,《周禮·地官·司門》:"祭祀之牛牲繫焉,監門養之。"鄭玄曰:"監門,門徒。""行年"指經歷的年歲,《荀子·君道》:"以為好麗邪?則夫人行年七十有二,齫然而齒墮矣。""賭"讀為"屠",兩字皆從"者"聲,故可相通。"訶"讀為"歌"。"舉"字即"興"字異體,字見於西周銅器銘文何尊和大盂鼎。"帀"為"師"字初文。

簡文説呂望在棘津為奴隸,做監門這種賤役,年紀七十二歲了還在朝歌做屠夫,後來升遷為天子的老師,是遇見了周文王的緣故。

关(管)寺(夷)虗(吾)寠(拘)繇(囚)弃(桔)縛,斁(釋)杙(械)檉(柙),而為者(諸)戻(侯)相,堣(遇)齊逗(桓)也。

"关"(卷字所從)、"管"古音皆在見紐元部,故可相通。"虗"字從"虍"從"壬",疑為"虎"字變體,在楚文字中用為"吾"。"寠"讀為"拘"。"繇"讀為"囚"。弃"讀為"桔"。《説文》:"桔,手械也。""桔縛"謂手戴上桎梏。"杙"字讀為"械"。"杙"、"械"古音都在職部,聲紐一為喻紐,一為匣紐,古代有許多相諧的例子,故"杙"可以讀為"械"。"檉"字據研究即見於《玉篇·木部》的"𣞤"字,為"柙"字異體,在此即用作"柙"。"械柙"指囚繫罪人的"檻車"。"逗"讀為"桓"。

此句說管夷吾被囚繫拘禁，除去械柙而成為諸侯之相，是遇見了齊桓公的緣故。

白(百)里迲(轉)遶(賣)五羊，為攴(伯)敳(牧)牛，斁(釋)板(鞭)柽(箠)而為𦣝(朝)卿，堣(遇)秦穆。

"白"讀為"百"。"迲"從"旦"聲，古音在端紐元部，"轉"古音亦在端紐元部，故可相通。"遶"字從"賣"省聲，讀為"鬻"。《說文·貝部》："賣，衒也。從貝𡍮聲。𡍮，古文睦，讀若育。"《段注》："《玉篇》云：'賣或作粥、鬻'，是賣、鬻為古今字矣。""攴"讀為"伯"，《說文·攴部》："攴，迮也，從攴白聲。周書曰：常攴常任。"所謂《周書》即指《尚書·立政》，"攴"字今作"伯"，可見很早"伯"即可以寫作"攴"。"敳"應為"牧"字異體，"敳"從"墨"聲，古音"墨"、"牧"皆在明紐脂部，故"牧"字異體可從"墨"得聲。"板柽"疑讀作"鞭箠"。"板"從"反"聲，"反"、"鞭"古音皆在幫紐元部，故可相通。"柽"字從"木"從"圣"，"圣"從"夂"得聲，"夂"在心紐微部，"箠"在禪紐歌部，音似不通，但"夂"古又作"綏"，《詩·國風·南山》："南山崔崔，雄狐綏綏。《玉篇》引作："雄狐夂夂。""綏"從"妥"聲，而"妥"古音就在歌部。"禪"、"心"二紐古亦常有相諧的例子，如以"甚"字為聲的字就分屬於心紐和禪紐。因百里奚牧羊，所以手持"鞭箠"。"鞭箠"就是"鞭子"。《國語·吴語》："君王不以鞭箠使之，而辱軍士使寇令焉。"《說苑·談叢》："騏驥日馳千里，鞭箠不去其背。""𦣝"即"鼂"字異體，"鼂"、"朝"古音皆在定紐宵部，故可相通。

此句簡文說百里奚以五羊之皮自賣，為伯氏放牛，放掉鞭子為卿大夫，是遇見了秦穆公的緣故。

孫唐(叔)三躳(謝)郋(期)思少司馬，出而為命(令)尹，堣(遇)楚臧(莊)也。

“弔”為“吊”字異體，讀為“叔”，古音“弔”在端紐宵部，“叔”在書紐覺部，聲皆為舌音，韻為旁對轉，在古文字中經常相通。“孫叔”即“孫叔敖”。“躲”是“射”字的楚文字寫法，讀為“謝”。《說文》：“謝，辭去也。”典籍記載中有孫叔敖“三相三去”的說法，即簡文所謂“三謝”。“郚”讀為“期”，古音“亘”在見母蒸部，“期”在見母之部，古音很近，故“郚思”可讀為“期思”。“期思”為楚國地名，見於包山楚簡和典籍。“臧”讀為“莊”，“臧”、“莊”二字皆從“爿”聲，故可相通。

此段簡文說孫叔敖三次辭去期思少司馬一職，後來出而為令尹，是因為遇見楚莊王的緣故。

以上簡文由“舜耕於歷山”到“遇楚莊也”一段，在典籍中有與其相近的記載。《說苑・雜言》：“有其才不遇其時，雖才不用。苟遇其時，何難之有？故舜耕於歷山，而陶於河畔，立為天子，則其遇堯也。傅說負壤土，釋板築，而立佐天子，則其遇武丁也。伊尹，有莘氏媵臣也，負鼎俎，調五味，而佐天子，則其遇成湯也。吕望行年五十，賣食於棘津，行年七十，屠牛朝歌，行年九十，為天子師，則其遇文王也。管夷吾束縛膠目，居檻車中，自車中起為仲父，則其遇齊桓公也。百里奚自賣取五羊皮，為伯氏牧羊，以為卿大夫，則其遇秦穆公也。沈尹名聞天下，以為令尹，而讓孫叔敖，則其遇楚莊王也。”類似的記載亦見於《荀子・宥坐》、《孔子家語・在厄》和《韓詩外傳》卷七。

初湝（沉）酭（鬱），逡（後）名昜（揚），非丌（其）悳（德）加，子疋（胥）前多祍（功），逡（後）翏（戮）死，非丌（其）智懷（衰）也。

“湝”為“沈”字繁寫，古“沈”“沉”本一字分化，故“沈”可讀為“沉”。“酭”從“有”聲。典籍“郁”、“鬱”相通，如《春秋》昭公二十四年“杞伯郁釐卒”，《公羊傳》“郁釐”作“鬱釐”。“郁”從“有”聲，“酭”亦從“有”聲，可證“酭”可通“鬱”。“沉鬱”即“沉滯”。《左傳・昭公二十九年》：“若泯棄之，物乃坻伏，鬱湮不育。”杜注：“鬱，滞也。”唐釋慧琳《一切經音義》卷十三:"鬱,《考聲》:'滯也。'""沉滯"本為"伏積"、"伏止"之意,引申為"不遇"之意。《楚辭·七諫·怨世》:"年既已過太半兮,然埳軻而留滯。"注:"埳軻,不遇也。言己年已過五十,而埳軻沉滯,卒無所逢遇也。""初沈鬱,後名揚"即"開始沉滯不遇,後來名聲遠揚"之意。《吴越春秋·勾踐人臣外傳第七》:"皇天佑助,前沉後揚。""前沉後揚"即"初沉鬱,後名揚"。"疋"讀為"胥"。"社"讀為"功"。"翏"讀為"戮"。"懷"讀為"衰"。

此段簡文説開始沉滯不遇,後來聲名遠揚,併不是德行有提高,伍子胥以前功大,後被殺死,也不是因為他的智慧有所衰敗。《説苑·雜言》:"伍子胥前多功,後戮死,非其智益衰也,前遇闔廬,後遇夫差也。"所説與簡文相同。

驥(驥)馰張山驥空於卲栥,非亡(無)膿(體)壯(狀)也。穿(窮)四海(海),至(致)千里,堣(遇)告(造)古(父)也。

"驥"讀為"驥",古音"幾"、"冀"音近可通。"驥馰張山驥空於卲栥"一句文意不解。典籍與之相近的説法是:"夫驥罷鹽車"(《韓詩外傳》卷七)"夫驥厄罷鹽車"(《説苑·雜言》)。"膿"即"體"字異體。"壯"讀為"狀"。"穿"為"窮"字初文。"海"為"海"字初文。"至"讀為"致"。"告"讀為"造"。"古"讀為"父"。"古"讀為"父"猶"河匿"之"匿"讀為"河浦"之"浦"。《説苑·雜言》:"夫驥厄罷鹽車,非無驥狀也,夫世莫能知也。使驥得王良、造父,驥無千里之足乎?"所述與簡文意同。

堣(遇)不堣(遇),天也。童(動)非為達也,古(故)穿(窮)而不□□□為名也,古(故)莫之智(知)而不哭,□□□□□□□□□□□嘷(嗅)而不芳。

"童"讀為"動","動"義為有作為。"達"義為顯達。"窮而不□"的缺文應補上"困"字。《説苑·雜言》:"故學者非為通也,為窮而不困也。”句中“通”即“達”義，與簡文意同。“□為名也”之缺文應與上文“童”(動)字義近。“叜”字讀為“吝”，義為“悔恨”、“遺憾”。“嗅”為“嗅”字古文。”……嗅而不芳”之説法見於典籍，作“且夫芷蘭生於深林，非以無人而不芳。”(《荀子·宥坐》)“夫蘭芷生於茂林之中，深山之間，不為人莫見之故不芳。”(《韓詩外傳》卷七)

無茖堇(瑾)愈(瑜)，坥(抱)山石不為□□□□，……善伓(倍)吕(己)也。

“茖”字不解，“堇愈”讀為“瑾瑜”。《説文》：“瑾，瑾瑜，美玉也。”“坥”字從土“缶”聲，疑讀為“抱”。“伓”即“倍”字初文。《説文》：“倍，反也。”“善伓(倍)吕(己)也”即“善於反諸己”之意。“反己”即求諸己。“無茖堇(瑾)愈(瑜)，坥(抱)山石不為□□□□”一句應與“……嗅而不芳”句意相近，故二句為併列排比。

穿(窮)達以旹(時)，惪(德)行弌(一)也。礜(譽)皇(毁)才(在)仿(旁)，聖(聽)之弋(慝)，母(毋)之白。

“礜”疑為“譽”字異體。“皇”讀為“毁”。“仿”讀為“旁”。“聖”讀為“聽”，古“聖”、“聽”本為一字之分化，故可通用。“弋”讀為“慝”。慝，惡也。《詩·小雅·賓之初筵》：“式勿從謂，天俾大怠。”鄭玄箋：“式讀曰慝……醉者有過惡，女無就而謂之也。”陸德明釋文：“式，惡也。”“毋之白”之“白”為“辯白”意。

簡文此句説窮困或通達都因為時機，但德行則需要始終如一。贊譽和毁謗就在身旁。聽任其讒毁，不要辯白。

……不𡍮(埋)。穿(窮)達以旹(時)，學(幽)明不再。古(故)君子惇於恆(反)吕(己)。

“𡍮”從來從里，是一個雙聲字，在此疑讀為“埋”。因前邊有缺文,“不埋”一辭文意不明。“學”為“幼”字異體,讀為“幽”。惇《説文》訓為“厚心。”“恆”讀為“反”,“吕”讀為“己”。

簡文此句説窮困或通達都因為時機,但窮困或通達都不會長久,所以對於君子來説重要的是要求諸自身。

魯穆公問子思

【説明】

本篇共存簡八支。簡兩端均修削成梯形，簡長 26.4 釐米。編綫兩道，編綫間距為 9.6 釐米。簡文應有 149 字，重文 2 字，殘 7 字。

簡文内容為魯穆公與子思和成孫弋的對話。表現的是臣子不掩君上之惡的思想。子思為孔子之孫，《漢書·藝文志》載有《子思子》二十三篇，班固注謂子思"名伋，孔子孫，為魯繆公師"。

【釋文】

魯穆公昏(問)於子思曰:"可(何)女(如)而可胃(謂)忠臣?"子思曰:"恒爯(稱)【1】丌(其)君之亞(惡)者，可胃(謂)忠臣矣。"公不敚(悦)，咠(揖)而退之。成孫弋見，【2】公曰:"向者虐(吾)昏(問)忠臣於子思，子思曰:'恒爯(稱)丌(其)君之亞(惡)者可胃(謂)忠【3】臣矣。'寡(寡)人惑安(焉)，而未之㝵(得)也。"成孫弋曰:"悕(噫)，善才(哉)言虖(乎)!【4】夫為丌(其)君之古(故)殺丌(其)身者，嘗又(有)之矣。亙(恒)爯(稱)丌(其)君之亞(惡)者【5】未之又(有)也。夫為丌(其)君之古(故)殺丌(其)身者，交(效)录(禄)雀(爵)者也。亙(恒)【6】[爯(稱)丌(其)君]之亞(惡)[者，遠]录(禄)雀(爵)者[也]。[為]義而遠录(禄)雀(爵)，非【7】子思，虐(吾)亞(惡)昏(聞)之矣。【8】

【校釋】

魯穆公昏(問)於子思曰:"可(何)女(如)而可胃(謂)忠臣?"子思曰:"恒爯(稱)丌(其)君之亞(惡)者，可胃(謂)忠臣矣。"

"昏"讀為"問"。"女"讀為"如"。"爯"讀為"稱"。"亞"讀為"惡"。

簡文說魯穆公問子思:"怎樣才能叫作忠臣?"子思回答說:"總是稱道君上罪過的人,可以叫作忠臣。"

公不敓(悦),咠(揖)而退之。成孫弋見,公曰:"向者虗(吾)昏(問)忠臣於子思,子思曰'恒爯(稱)亓(其)君之亞(惡)者可胃(謂)忠臣矣。'奡(寡)人惑安(焉),而未之㝵(得)也。"成孫弋曰:"恔(噫),善才(哉)言虖(乎)!

"敓"讀為"悦"。"咠"讀為"揖"。"虗"在楚文字中常用為"吾"字,字從"虍"從"壬"。右文字中從"人"形的字,下部常加有"土"字,"土"與"人"形又結合成"壬",疑"虗"字即為"虎"字變體,假借為"吾"。"恔"讀為"噫",感嘆詞。"虖"讀為"乎"。"向"字用為"剛才"義,不必通作"嚮"。

簡文說魯穆公不高興,子思就行禮而退。成孫弋又來見魯穆公,魯穆公說:"剛才我問子思怎樣才能稱作忠臣,子思回答說:總是稱道君上罪過的人可以稱作忠臣。我很不解,到現在也想不通。"成孫弋說:"啊!這個話說得好!"

夫為亓(其)君之古(故)殺亓(其)身者,嘗又(有)之矣。亙(恒)爯(稱)亓(其)君之亞(惡)者未之又(有)也。夫為亓(其)君之古(故)殺亓(其)身者,交(效)录(禄)雀(爵)者也。亙(恒)[爯(稱)亓(其)君]之亞(惡)[者,遠]录(禄)篧(爵)者[也]。[為]義而遠录(禄)雀(爵),非子思,虗(吾)亞(惡)昏(聞)之矣。

"交"讀為"效"。录"讀為"禄"。"雀"為"雀"字異體,讀為"爵"。"雀"又從"竹"作"篧"。

簡文說為了其君上的原因而獻出生命者曾經有過。總是稱道其君上的罪過者卻未曾有過。為了其君上的原因而獻出生命者,是盡忠於爵禄。總是稱道其君上的罪過者,是遠離爵禄的人。為了道義而遠離爵禄,除了子思,我還不知道有别人。

這一篇簡文説的是"匡主之惡"的事情,《説苑·臣術》:"諭主以長策,將順其美,匡救其惡,功成事立,歸善於君,不敢獨伐其勞,如此者良臣也。"是把"匡主之惡"視為良臣的義務。這與《晏子春秋·内篇雜上第五》内容接近。晏子回答景公曰:"君勿惡焉,臣聞下無直辭,上有隱惡,民多諱言,君有驕行。"《管子·法禁》謂:"以朋黨為友,以蔽惡為仁……聖王之禁也。"也把"蔽惡"做為禁止之行。"蔽惡"又稱"隱惡",是為臣的"六邪"之一,《説苑·臣術》云:"三曰中實頗險,外容貌小謹,巧言令色,又心嫉妒,所欲進則明其美而隱其惡,所欲退則明其過而匿其美,使主妄行過任,賞罰不當,號令不行,如此者奸臣也"。

語　叢　（一）

【説明】

本篇有簡 112 支，簡長 17.2～17.4 釐米。編綫兩道。本篇内容頗為叢雜，都是類似格言或箴言似的文句，涉及到“天”、“地”、“命”、“名”、“物”、“仁”、“義”、“禮”、“智”、“信”、“食”、“色”以及《詩》、《書》、《禮》、《樂》、《易》、《春秋》六經的性質和作用等。其體例與《説苑・談叢》、《淮南子・説林》等類似，應是儒家思想觀念的一種語録匯編。

【釋文】

凡勿（物）繇（由）望（無）生。【104】

天生鯀（倫），人生化。【3】

又（有）天又（有）命，又（有）迱（地）又（有）㓝（形），【12】又（有）勿（物）又（有）容，又（有）聿（盡）又（有）厚，【14】又（有）迱（地）又（有）型（形）又（有）聿（盡），而句（後）【6】又（有）厚。【7】

又（有）天又（有）命（命），又（有）勿（物）又（有）名。【2】又（有）勿（物）又（有）容，又（有）爯（稱）又（有）名。【13】又（有）命又（有）夏（文）又（有）名，而句（後）【4】又（有）鯀（倫）。【5】

又（有）勿（物）又（有）繇（由）又（有）綥，而句（後）【10】﹝教﹞（教）生。【11】

又（有）生又（有）智（知），而句（後）好亞（惡）【8】生。【9】

又（有）悬（仁）又（有）智，又（有）義又（有）豊（禮），【16】又（有）頮（美）又（有）膳（善）。【15】

又（有）聖又（有）善。【17】

夫〈天〉生百勿（物），人為貴。人【18】之道也，或遜（由）中出，或【19】遜（由）外内（入）。【20】

遊（由）中出者，悬（仁）、忠、訐（信）。遊（由）……【21】

悬（仁）義（義）為之楻（臬）。【93】

悉（愛）膳（善）之胃（謂）悬（仁）。【92】

喪，悬（仁）之耑（端）也。【98】

上下膚（皆）㝵（得）丌（其）所之胃（謂）訐（信）。【65】訐（信）非至齊也。【66】

丌（其）生也亡（無）為虖（乎）？丌（其）型（刑）【62】生惪（德），惪（德）生豊（禮），豊（禮）生樂，遊（由）樂【24】智（知）型（刑）。【25】

智（知）豊（禮）肰（然）句（後）智（知）型（刑）。【63】

型（刑）非嚴也。【64】

豊（禮）因人之情而為之【31】即（節）度（文）者也。【97】

善里（理）而句（後）樂生。【32】

臤（賢）者能里（理）之。【54】

豊（禮）生於牂（莊），樂生於亳（度）。【33】豊（禮）妻（齊）樂霝（靈）則戚，樂蕃（繁）【34】豊（禮）霝（靈）則訝（慢）。【35】

樂殹。【112】

豊（禮）不同，不奉（豐）不杀（殺）。【103】

智（知）忌（己）而句（後）智（知）人，智（知）人而句（後）【26】智（知）豊（禮），智（知）豊（禮）而句（後）智（知）行。【27】

智（知）天所為，智（知）人所為，【29】肰（然）句（後）智（知）道，智（知）道肰（然）句（後）智（知）命。【30】

詩，所以會古含（今）之恃（志）【38】也，者（書），【39】……者也。【44】豊（禮），交之行述（序）也。【42】樂，或生或教者也。【43】易，所以會天衍（道）人衍（道）【36】也。【37】旾（春）秋，所以會古含（今）之【40】事也。【41】

諍（察）天道以愧（化）民燹（氣）。【68】

凡又（有）血燹（氣）者，膚（皆）又（有）憙（喜）【45】又（有）忞（怒），又（有）昚（慎）又（有）慦（莊）。丌（其）豊（體）【46】又（有）容，又（有）頴（色）又（有）聖（聲），又（有）臭（嗅）【47】又（有）未（味），又（有）燹（氣）又（有）志。凡勿（物）【48】又（有）螽（本）又（有）化，又（有）終又（有）絧

(始)。【49】

容䨼(色),目𡡄(司)也;聖(聲),耳𡡄(司)【50】也;臭(嗅),畀(鼻)𡡄(司)也;未(味),口𡡄(司)【51】也;㤙(氣),容𡡄(司)也;志,心𡡄(司)。【52】

為孝,此非孝也;為弟(悌),【55】此非弟(悌)也。不可為也,【56】而不可不為也。為之,【57】此非也。弗為,此非也。【58】

人亡(無)能為(偽)。【83】

……者莪(義),肰(然)不肰(然)。【76】

正(當)丌(其)廌(然)而行,怠(治)安(焉)尔(爾)也。【59】正(政)不達㥁(文),生㝵(乎)不達【60】丌(其)廌(然)也。學,教丌(其)也。【61】

政(當)丌(其)廌(然)而行,怠(治)安(焉)。【67】

義亡(無)能為(偽)也。【53】

父子,至(識)上下也。【69】

兄弟,至(識)先後也。【70】

亡(無)勿(物)不勿(物),㿽(皆)至安(焉),而【71】亡(無)非㠯(己)取之者。【72】

㤅(仁)生於人,我(義)生於道。【22】或生於内,或生於外。【23】

〔厚於仁,専(薄)〕於義,罙(親)而【77】不障(尊)。厚於義,専(薄)於㤅(仁),【82】障(尊)而不罙(親)。【79】

□□父,又(有)罙(親)又(有)障(尊)。【78】長弟(悌),罙(親)道也。𦭝(友)、君臣,【80】毋(無)罙(親)也。【81】

君臣、朋(朋)𦭝(友),丌(其)罙(擇)者也。【87】

宾(賓)客,青(清)濵(廟)之㥁(文)也。【88】

又(有)詧(察)膳(善),亡(無)為膳(善)。【84】

詧(察)所智(知),詧(察)所不智(知)。【85】

埶(勢)牙(與)聖(聲)為可詧(察)也。【86】

備(服)之胃(謂)聖。【94】

浧(盈)聖(聲)之胃(謂)聖。【100】

夬(缺)生㝵(乎)未㝵(得)也。【91】

又(有)生虖(乎)名。【96】

恙(决)牙(與)訐(信),器也,各以僚(譫)【107】訁(詞)毁也。【108】

虐(呼)牙(與)容牙(與),夫丌(其)行者。【109】

飤(食)牙(與)䰠(色),疾。【110】

悲萑(嗟)丌(其)所也,亡(無)非是。【73】

……之弗也。【74】

……者,逾䆃不逮,從一衍(道)。【75】

多好者,亡(無)好者也。【89】

婁(數),不聿(盡)也。【90】

寺(詩)遜(由)敬乍(作)。【95】

怺者,亡(無)又(有)自枩(來)也。【99】

鑵(權),可去可遲(徙)。【101】

凡同者迵(通)。【102】

勿(物)各止於丌(其)所,我行……【105】

……虛(皆)又(有)之。【106】

……歨(止)之。【111】

凡勿(物)繇(由)望(無)生。【1】

【校釋】

凡勿(物)繇(由)望(無)生。

"繇"讀為"由"。"望"從"亡"聲,古"亡"、"無"音義皆近,相通之例極多。"凡物由無生"即《老子》的"有生於無"。

天生鯀(倫),人生化。

"鯀"讀為"倫"。古音"鯀"在見紐文部,"倫"在來紐文部,韻部相同,古見系字與舌音關係密切,所以"鯀"可以讀為"倫"。"倫"指道理。《禮記·中庸》:"今天下車同軌,書同文,行同倫。"孔穎達疏:"倫,道也,言人所行之行皆同道理。""化"指風俗、風氣。簡文說天生出道理,人生出風俗。

又(有)天又(有)命,又(有)迱(地)又(有)㓝(形),又(有)勿(物)又(有)容,又(有)聿(盡)又(有)厚,又(有)迱(地)又(有)型(形)又(有)聿(盡),而句(後)又(有)厚。

"迱"從"它"聲,讀為"地"。"㓝"讀為"形"。"容"義為形貌。"聿"讀為"盡"。"盡"謂"窮盡"。《禮記·樂記》:"及夫禮樂之極乎天而蟠乎地,行乎陰陽而通乎鬼神,窮高極遠而測深厚。"王念孫曰:"測,盡也,謂盡其深厚。言禮樂之大,無所不至,窮乎高,極乎遠,而盡乎深厚也。""句"讀為"後"。"厚"為"深厚"之"厚"。

簡文大意為有了天就有命運,有了地就有形體,有了物體就有形貌,有了深入就有厚度。有了地有了形體有了深入,然後就有了厚度。

又(有)天又(有)㡣(命),又(有)勿(物)又(有)名。又(有)勿(物)又(有)容,又(有)再(稱)又(有)名。又(有)命又(有)㞷(文)又(有)名,而句(後)又(有)緜(倫)。

"㡣"即"命"字繁文。"再"讀為"稱"。"㞷"字《汗簡》和《古文四聲韻》引石經"閔"字古文作"㞷",即此字所由來。"閔"從"文"聲,故可讀為"文"。"文"義為"理",指自然界或人類社會帶規律性的現象。

簡文大意為有了天就有命運,有了物體就有名字。有了物體就有形貌,有了稱呼就有了名字。有命運有文理有名字,然後就有了道理或規律。

又(有)勿(物)又(有)繇(由)又(有)繅,而句(後)𡥈(教)生。

"由"義為開始、發生。"繅"字不識,疑從"臾"得聲,讀為"尾"。

簡文大意疑為有了物質，有了開始和結束，然後就産生了教化。

又（有）生又（有）智（知），而句（後）好亞（惡）生。

簡文此句説有生命纔有知識，有知識就會産生好惡。《禮記·樂記》："人生而静，天之性也；感於物而動，性之欲也。物至知知，然後好惡形焉"。所言與簡文可以比照。

又（有）息（仁）又（有）智，又（有）義又（有）豊（禮），又（有）頗（美）又（有）膳（善）。

簡文以"仁"與"智"、"義"與"禮"、"美"與"善"對稱。《荀子·君道》："……行義塞於天地之間，仁智之極也。"《管子·君臣上》："禮成形于上，而善下通於民，則百姓上歸親於主，而下盡力於農矣。"《荀子·樂論》："故樂行而志清，禮修而行成，耳目聰明，血氣和平，移民易俗，天下皆寧，美善相樂。"以上是典籍中"仁智"、"義禮"、"美善"連稱的例子。《韓詩外傳》云："子曰：'不知命無以為君子。'言天之所生，皆有仁義禮智順善之心。"文中"仁義禮智順善"即相當於簡文的"仁智"、"義禮"、"美善"。"順善"即"美善"，"仁義禮智"即"仁智義禮"。

又（有）聖又（有）善。

此句與上文相關，"聖"與"善"連稱。《詩·國風·凱風》："凱風自南，吹彼棘薪。母氏聖善，我無令人。"

夫〈天〉生百勿（物），人為貴。人之道也，或遂（由）中出，或遂（由）外内（入）。

“夫”為“天”之誤字。“天生百物，人為貴”的思想見於多種儒家典籍，《孔子家語·六本》引榮聲期謂：“天生萬物，唯人為貴。”《孝經·聖治》：“天地之性，人為貴。”《大戴禮記·曾子大孝》“天之所生，地之所善，人為大矣。”簡文將“人之道”分為“由中出者”和“由外入者”，這一思想在《五行》簡文中亦有反映。

遳(由)中出者，悬(仁)、忠、訐(信)。遳(由)……

“仁”、“忠”、“信”皆為人之內心修養，故列為“人之道”之“由中出者”。《禮記·樂記》說：“樂由中出，禮自外作。”又謂“仁近於樂，義近於禮”，所以“仁”與“樂”相同，也是“由中出”者，“義”與“禮”相同，也是“自外作”者。

悬(仁)悉(義)為之桯(臬)。

“桯”字從木皇聲。“皇”本是“兒”字的分化字，即在“兒”字下纍加“土”形而成。《集韻·屑韻》謂隉字：“《說文》：‘危也’。徐巡以為隉‘兇也’；賈待中說隉‘法度也’；班固說‘不安也’。引周書‘邦之阢隉’。或作隉、䭾、摯、梲、倪。”所以“桯”字也就是“梲”字，也就是“臬”字。“臬”字本義為箭靶，又引申為法度。簡文“仁義為之桯(臬)”就是“以仁義為準的”的意思。

悉(愛)膳(善)之胃(謂)悬(仁)。

“愛善之謂仁”是說“仁”是指有“愛心和善心”。《說苑·貴德》引孔子云：“夫大仁者，愛近以及遠，及其有所不諧，則亏小仁以就大仁。”也就是所謂“仁者愛人”。又《說苑·談叢》謂：“仁之所在，天下愛之”。

喪，𢝬(仁)之耑(端)也。

《禮記・禮器》："喪禮，忠之至也。備服器，仁之至也。""仁"即"愛人"，故簡文説"喪禮是仁愛的頂端"。

上下膚(皆)㝵(得)亓(其)所之胃(謂)訐(信)。訐(信)非至齊也。

此句簡文説上下皆得處其所當處之位就叫作"信"。每個人的"信"并不相等。

亓(其)生也亡(無)為虖(乎)？亓(其)型(刑)生悳(德)，悳(德)生豊(禮)，豊(禮)生樂，遊(由)樂智(知)型(刑)。

"虖"為"虖"字變體，讀為"乎"。"型"讀為"刑"。"其刑生德"中的"刑"和"德"是古代相對的一對概念。《説苑・政理》："治國有二機，刑德是也；王者尚其德而希其刑，霸者刑德併凑，强國先其刑而後德。""刑"和"德"可以互相轉化，故簡文説"刑生德"。《禮記・曲禮上》："道德仁義，非禮不成"，故簡文謂"德生禮"。《禮記・王制》有"考禮正刑一德"之語，亦將"刑"、"德"、"禮"併稱，與簡文相同。典籍中常將"禮""樂"併提，"禮"為動於外者，"樂"為動於内者，"樂"是體現"禮"的一種形式，所以説"禮生樂"。古人認為"禮樂"關乎刑政，是統治和教化的重要工具，所以常將"禮樂"與"刑政"併提。《禮記・樂記》："禮樂刑政，其極一也。"又"禮樂刑政，四達而不悖。則王道備矣。"簡文"由樂知刑"就是這個意思。

智(知)豊(禮)肰(然)句(後)智(知)型(刑)。

"肰"為"然"字異體。此句與上文"由樂知刑"相關。

型(刑)非詬也。

“詎”字不識,此句文意不解。

豊(禮)因人情而為之即(節)㝊(文)者也。

儒家典籍中有許多論述“禮”與“情”的關係的文字,如《禮記》中就有如下一些説法:

《檀弓下》引子游曰:“禮有微情者,有以故興物者。”

《禮運》引孔子曰:“夫禮,先王以承天之道,以治人之情。”

《禮運》:“故聖王修義之柄、禮之序,以治人情。”

《禮器》:“君子之於禮也,有所竭情盡慎,致其敬而誠若,有美而文而誠若。”

《禮器》引君子曰:“禮之近人情者,非其至者也。”

《禮器》:“是故君子之於禮也,非作而致其情也,此有由始也。”

《曾子問》:“君子禮以飾情。”

《祭義》:“上下用情,禮之至也。”

《樂記》:“合情飾貌者,禮樂之事也。”

《喪服四制》:“凡禮之大體,體天地,法四時,則陰陽,順人情,故謂之禮。”

《坊記》:“禮者,因人之情而為之節文,以為民坊者也。”

上引典籍最後一條“禮者,因人之情而為之節文”,與簡文“禮因人情而為之節文者也”文意全同。

善里(理)而句(後)樂生。

“里”讀為“理”,治也。簡文意為善于治禮然後才能産生樂。《禮記·樂記》:“樂也者,情之不可變者也。”又“禮樂之説,管乎人情矣”,談的都是“樂”與“情”的關係。

臤(賢)者能里(理)之。

“理”訓為“治”,“賢者能理之”即“賢者能治之”。

豊(禮)生於牂(莊),樂生於亳(度)。豊(禮)妻(齊)樂霝(靈)則戚,樂毎(繁)豊(禮)霝(靈)則謌(慢)。

“牂”從“爿”聲,疑讀為“莊”。“莊”義為“莊重”、“嚴肅”、“恭敬”,指人之容貌儀態。《禮記・樂記》:“樂也者,動於内者也;禮也者,動於外者也。”“動於外”之“禮”,正是通過人的容貌儀態來體現。所以簡文説“禮生於牂(莊)”。《禮記・冠義》:“凡人之所以為人者,禮義也。禮義之始,在於正容體,齊顔色,順辭令。容體正,顔色齊,辭令順,而後禮義備。”“容體正、顔色齊”就是“莊”。《禮記・樂記》謂:“莊敬恭順,禮之制也。”《禮記・祭義》謂:“致禮以治躬則莊敬,莊敬則嚴威。”説的都是“禮”與“莊”的關係。“樂生於亳”的“亳”應讀為“度”。亳字古音在并紐鐸部,度字古音在定紐鐸部。《説文》謂亳“從高省乇聲”。而古從“乇”得聲的字都在舌音的“端”、“透”、“定”三紐,所以從“乇”聲的“亳”也應可以讀為定紐鐸部的“度”。“度”義為“法度”或“度量”。“樂”有節奏,亦必須中律,所以簡文説“樂生於度”。《吕氏春秋・大樂》説:“音樂之所由來者遠矣,生於度量,本於太一。”文中“生於度量”正相當於簡文的“生於度”。“禮妻(齊)樂霝則戚”一句,“齊”字訓為“莊重”、“肅敬”或“完備”。“霝”字讀作“靈”、“霝”或“令”。“霝”、“霝”、“令”三字音義皆近,都是“美好”的意思。春秋銅器黝鐘銘文中有“霝色若華(花)”的句子,亦用“霝”字形容音樂,可以為比。“戚”字訓為“憂愁”、“悲哀”。“樂繁禮靈則慢”一句,“毎”即“每”字,讀為“繁”或“煩”,皆繁多煩瑣之意。“謌”字從言丏聲,讀作“慢”。古音“丏”、“曼”皆在明紐元部。“丏”“万”本為一字之分化。既然“丏”、“万”本為一字,“万”用為“萬”,“萬”又通“曼”,則“丏”也應該可以通“曼”。所以從“丏”聲的“謌”可以讀作“慢”。“慢”字訓為“放肆”、“無節制”。古人認為“禮”、“樂”都必須有節制,不能過度。不然則

“樂勝則流，禮勝則離。”即所謂“大樂必易，大禮必簡”（《禮記·樂記》）。“樂”一旦過度，則“流”，則“淫”，則“慢”。也必至於“憂愁”、“悲哀”。“樂極生悲”的道理正來源於此。簡文中“靈”字本訓為“美善”，在此則指“禮”、“樂”之過度。所以“禮齊樂靈則戚，樂繁禮靈則慢”的意思是説“禮齊備樂過度就是悲哀，樂繁盛禮過度就是慢易”。

樂段。

“段”字不識，此兩字文意不明。

豊（禮）不同，不寡（豐）不杀（殺）。

“寡”字從“丰”聲，讀為“豐”。“杀”即“殺”字古文。簡文此句即見於《禮記·禮運》的“故禮之不同也，不豐也，不殺也”。

智（知）忌（己）而句（後）智（知）人，智（知）人而句（後）智（知）豊（禮），智（知）豊（禮）而句（後）智（知）行。

“忌”讀為“己”。簡文此段是説知道自己才能知道别人，知道别人才能知道禮儀，知道禮儀才能知道如何行動。

智（知）天所為，智（知）人所為，肰（然）句（後）智（知）道，智（知）道肰（然）句（後）智（知）命。

“知人”與“知天”併稱見於《禮記·中庸》，謂：“思事親，不可以不知人，思知人，不可以不知天。”也是以“知天”為“知人”的條件。又説：“質諸鬼神而無疑，知天也；百世以俟聖人而不惑，知人也。”簡文此段是説知道天之所為，才能知道人之所為，然後才能知道天道，知道天道然後才能知道命運。

詩，所以會古含（今）之恃（志）也，者（書），……者也。豊（禮），交之行述（序）也。樂，或生或教者也。易，所以會天衍（道）人衍（道）也。旾（春）秋，所以會古含（今）之事也。

此段簡文是談“六經”的性質和功用。“含”字從“今”聲，故可讀為“今”。“恃”讀為“志”。“者”讀為“書”，“書”本從“者”聲，故“者”可讀為“書”。“述”疑讀為“序”。“交之行述（序）”意為交往之行為的次序。

簡文此段文意是説詩是會集古今之志愿的。書是……的。禮是交往行為的次序。樂是生出人心或是用於教化的。易是會合天道、人道的。春秋是會合古今之事的。《易·説卦》：“易之為書也，广大悉備。有天道焉，有人道焉，有地道焉。”與簡文所言同。

讓（察）天道以憍（化）民燹（氣）。

“讓”字從“言”從“苹”，“苹”字不識，但在楚簡中用為“察”、“竊”、“淺”三個字的聲旁。“憍”從“為”聲，讀作“化”。“化民氣”即“順民情”。《管子·輕重戊》：“作九九之數以合天道，而天下化之。”《孔子家語·禮運》：“所以達天道，順人情之大竇。”

凡又（有）血燹（氣）者，膚（皆）又（有）憙（喜）又（有）忞（怒），又（有）昚（慎）又（有）慭（莊）。丌（其）豊（體）又（有）容，又（有）頟（色）又（有）聖（聲），又（有）臭（嗅）又（有）未（味），又（有）燹（氣）又（有）志。凡勿（物）又（有）螽（本）又（有）化，又（有）終又（有）絧（始）。

“忞”為“怒”字古文。“昚”為“慎”字古文。“頟”為“色”之繁體。“螽”為“本”字繁體。“絧”讀為“始”。“慭”疑讀為“莊”。

簡文此段是説凡是有血氣的，都有喜有怒，有謹慎有莊重。其形體有容貌，有表情有聲音，有嗅覺有味覺，有精神有意志。凡是物體都有本源有演化,有開始有結束。

容𦫳(色),目司(司)也;聖(聲),耳司(司)也;臭(嗅),鼻(鼻)司(司)也;未(味),口司(司)也;既(氣),容司(司)也;志,心司(司)。

“𦫳”字為“色”字異體。“司”讀為“司”。“司”,主管也。

簡文説容貌是由眼睛主管的,聲音是由耳朵主管的,嗅覺是由鼻子主管的,味覺是由嘴主管的,面色是由容貌主管的,意志是由心主管的。

為孝,此非孝也;為弟(悌),此非弟(悌)也。不可為也,而不可不為也。為之,此非也。弗為,此非也。

此段簡文中“為”字有兩種含義,一個是“故意”的“為”,一個是“施行”的“為”。

簡文之意是説故意地為孝,就不是孝了;故意地為悌,就不是悌了。不可故意,但卻不可不做。故意是錯誤的,不做也是錯誤的。簡文意在强調孝悌是自然的情感,是不可故意或强為的。

人亡(無)能為(偽)。

此句前有缺文,具體文意不解。疑“為”字讀為“偽”。

……者義(義),肰(然)不肰(然)。

此句文意不解。

正(當)亓(其)肰(然)而行,怠(治)安(焉)尔(爾)也。正(政)不達文(文),生虖(乎)不達亓(其)肰(然)也。學,教亓(其)也。

第一個“正”字讀為“當”。“然”字義為“正確”或“合適”。“文”義與“武”相對,指“文治”。簡文此段大意是説當其合適的而行,就會得到治理。為政不能做到“文治”,是因為没有做到當其該行而行。如果學習,就教給他。

政(當)丌(其)肰(然)而行,怠(治)安(焉)。

此句與上文首句相同。

義亡(無)能為(僞)也。

此句意為行義不能故意做作。

父子,至(識)上下也。

“至”讀為“識”,簡文謂父子標誌着上下關係。

兄弟,至(識)先後也。

簡文説兄弟標誌着先後順序。

亡(無)勿(物)不勿(物),膚(皆)至安(焉),而亡(無)非吕(己)取之者。

此段簡文似談物與性之關係,即“格物致知”的較早説法。古人認為人之性,包括喜怒哀樂等七情六欲皆因物而動,物至而感人,故興動。《禮記・樂記》:“人心之動,物使之然也。”又“人生而静,天之性也;感於物而動,性之欲也。物至知知,然後好惡形焉。”又“夫物之感人無窮,而人之好惡無節,則是物至而人化物也。”《禮記・大學》:“物格而後知至。”郭店楚簡《性自命出》説:“凡人雖有性,心亡奠志,待物而後作,待悦而後行,待習而後奠。喜怒哀悲之氣,性也。及其見於外,則物取之也。”又“好惡,性也。所好所惡,物也。”又“凡性為主,物取之也。……雖有性,心弗取不出”。

悬(仁)生於人,我(義)生於道。或生於内,或生於外。

此段簡文亦談及“仁内義外”,與簡文上邊所言呼應。郭店楚簡《六德》謂:“仁,内也。義,外也。”所言相同。

〔厚於仁,専(薄)〕於義,睪(親)而不障(尊)。厚於義,専(薄)於悬(仁),障(尊)而不睪(親)。

此即見於《禮記·表記》的:“厚於仁者薄於義,親而不尊;厚於義者薄於仁,尊而不親。”

□□父,又(有)睪(親)又(有)障(尊)。長弟(悌),睪(親)道也。晉(友)、君臣,毋(無)睪(親)也。

此段簡文是説父親有親有尊,兄弟間衹有親,朋友、君臣之間則没有親。《孝經·士》謂:“故母取其愛,而君取其敬,兼之者父也。”與簡文“父有親有尊”是一個意思。

君臣、雨(朋)晉(友),丌(其)睪(擇)者也。

君臣、朋友、賓客三者皆為“七教”之一。簡文説君臣和朋友都是可以選擇的。

宾(賓)客,青(清)窜(廟)之廋(文)也。

“青”讀為“清”。“窜”即“廟”字異體。“清廟”既指帝王的宗廟，也指古代帝王祭祀祖先的樂章。“文”義為文飾、裝飾。簡文意為賓客是宗廟的裝飾。

又（有）簝（察）膳（善），亡（無）為膳（善）。

“為”意為故意、做作。簡文説有考察善的，没有故意為善的。

簝（察）所智（知），簝（察）所不智（知）。

簡文説要考察所知道的，也要考察所不知道的。

埶（勢）牙（與）聖（聲）為可簝（察）也。

“聖”讀為“聲”。簡文説勢力和聲望是可以考察的。

備（服）之胃（謂）聖。

此句文殘不解。

浧（盈）聖（聲）之胃（謂）聖。

此句文殘不解。

夬（缺）生虗（乎）未㝵（得）也。

此句謂缺失生於未得到。

又（有）生虗（乎）名。

“有”即“物”，《老子》：“有名，萬物母。”所以謂“有生乎名”。

忞(决)牙(與)訐(信),器也,各以𢙁(譫)訇(詞)毁也。

"𢙁"字疑為"澹"字,讀為"譫","譫"義為胡言亂語。

簡文大意似説果決和信念都如同器皿,都可因胡言亂語而被毁掉。

虐(呼)牙(與)容牙(與),夫丌(其)行者。

"呼"義同"稱呼"。"容"指外貌。簡文第一個"與"字是連詞,第二個"與"字訓為"當"、"適"。

簡文大意是説稱呼與外貌相當,才能流傳。

飤(食)牙(與)䞓(色),疾。

"䞓"字從"矣"從"色",字應為"色"字繁體。"疾"義為猛烈、急迫。

簡文意為"食"和"色"都是很緊急的事。

悲荖(嗟)丌(其)所也,亡(無)非是。

"荖"疑讀為"嗟",古從"乍"之字與從"差"之字可以相通。"悲嗟"義為哀傷追念。全句文意尚不清楚。

……之弗也。

文殘不解。

……者,逧𣪠不逮,從一衍(道)。

"逧"字從"谷",疑讀為"御"。"𢦔"字疑"寇"字。此四字疑與《孫子》"窮寇勿追"意近。

多玡者,亡(無)玡者也。

"玡"即"好"字異體。"好",美也。
簡文説美的太多,就没有美的了。其意與《老子》"天下皆知美之為美,斯惡已"相同。

婁(數),不聿(盡)也。

"數"疑指名數之數,意為數是没有窮盡的。

埤(詩)遊(由)敬乍(作)。

"埤"讀為"詩"。簡文謂"詩"是因"恭敬"而作出的。

悚者,亡(無)又(有)自逨(來)也。

此句文意不解。

鏟(權),可去可遟(徙)。

"鏟"讀為"權",義為"權勢"。"遟"即"徙"字古文。
簡文意為權勢可以離去也可以轉移。

凡同者迵(通)。

"迵"為"通"字異體。
簡文謂凡是相同者都可以相通。

勿(物)各止於丌(其)所,我行……

“物各止於其所”即“万物各得其所”之意。《禮記·郊特牲》:“禮作,然後萬物安。”又《禮記·樂記》:“和,故百物皆化,序,故群物皆別。”皆與簡文意近。

……膚(皆)又(有)之。

文殘不解。

……歨(止)之。

文殘不解。

凡勿(物)繇(由)亡(無)生。

此句與首句相同。“亡”讀為“無”。“凡物由無生”疑即《老子》的“天下萬物生於有,有生於亡。”

語　叢　（二）

【説明】

本篇現存簡共54支。簡長15.1～15.2釐米。編綫三道。

本篇簡文現存344字，殘文不計。

本篇内容大都為類似格言警句式的短句，大多涉及人之性情和心理，還有其它一些儒家的學説和主張。

【釋文】

情生於眚（性），豊（禮）生於情，【1】㕒（嚴）生於豊（禮），敬生於㕒（嚴），【2】宔（望）生於敬，恥生於㝐（望），【3】悡生於恥，㪘（廉）生於悡。【4】

㤅（愛）生於眚（性），睪（親）生於㤅（愛），【8】忠生於睪（親）。【9】

忩（欲）生於眚（性），慮生於忩（欲），【10】㤥（倍）生於慮，静（爭）生於㤥（倍）【11】，尚（黨）生於静（爭）。【12】

智生於眚（性），化生於智，【20】敚（悦）生於化，玨生於敚（悦），【21】從生於玨。【22】

子生於眚（性），易生於子，【23】㣇（肆）生於易，容生於㣇（肆）。【24】

惡生於眚（性），忞（怒）生於惡，【25】乘（勝）生於忞（怒），惎（忌）生於乘（勝），【26】惻（賊）生於惎（忌）。【27】

憙（喜）生於眚（性），樂生於憙（喜），【28】悲生於樂。【29】

慍（慍）生於眚（性），惪（憂）生於慍（慍），【30】㥏（哀）生於惪（憂）。【31】

瞿（懼）生於眚（性），監（慍）生於瞿（懼），【32】望生於監（慍）。【33】

㻌（强）生於眚（性），立生於㻌（强），【34】剸（斷）生於立。【35】

㣈（弱）生於眚（性），㤻（疑）生於休（弱），【36】北（敗）生於㤻

(疑)。【37】

　　念(貪)生於谷(欲),伓(倍)生於念(貪),【13】稑(憧)生於伓(倍)。【14】

　　榽(諼)生於谷(欲),吁(訏)生於榽(諼),【15】忘(妄)生於吁(訏)。【16】

　　浸(侵)生於谷(欲),恧生於浸(侵),【17】逃生於恧。【18】

　　逮生於谷(欲),僕(察)生於逮。【19】

　　廈(文)生於豊(禮),尃(博)生於廈(文)。【5】

　　大生於〔眚(性)〕……【6】

　　悤(慍)生於惪(憂)。【7】

　　凡㥒(悔),巳(已)衡(道)者也。【38】

　　凡𣏟(必),又(有)不行者也。【39】

　　凡洮(過)正一,以遊(失)丌(其)迮(它)【40】者也。【41】

　　凡敓(悦),乍(作)於忈(与)者也。【42】

　　名,婁(數)也。遜(由)鼻鯀生。【44】

　　丌(其)所之同,丌(其)行者異。【52】又(有)行而不遜(迪),又(有)遜(迪)而【53】不行。【54】

　　悘(疑)取再。【49】

　　未又(有)善事人而不返者。【45】未又(有)詈(譁)而忠者。【46】

　　詈(譁),自瑟(宴)也。惻(賊),退人也。【43】智(知)命者亡𣏟(必)。【47】

　　又(有)惪(德)者不迻。【48】

　　少(小)不忍,伐(敗)大彭(勢)。【51】

　　母(毋)遊(失)虐(吾)彭(勢),此彭(勢)导(得)矣。【50】

【校釋】

　　情生於眚(性),豊(禮)生於情,厰(嚴)生於豊(禮),敬生於厰(嚴),室(望)生於敬,耻生於寈(望),悡生於耻,軟(廉)生於悡。

　　“眚”讀為“性”。“情生於性”亦見於《性自命出》簡。“禮生於情"即《禮記・坊記》所謂："禮者，因人之情而為之節文，以為民坊者也。""厭"讀為"嚴"，義為威嚴。"室"讀為"望"，義為責望。《史記・外戚世家》："景帝以故望之。"司馬貞《索隱》："望，猶責望，謂恨之也。""悡"即"瓈"字，《説文》："瓈，恨也。從心，黎聲，一曰怠也。""歉"字疑從"兼"，讀為"慊"，義為怨恨不滿。《玉篇・心部》："慊，切齒恨也。"《淮南子・齊俗》有"衣若縣衰而意不慊"句，高誘注："慊，恨也。"

此段簡文説情感生於天性，禮儀生成於情感，威嚴生成於禮儀，恭敬生成於威嚴，責怨生成於恭敬，羞恥生成於責怨，怨恨生成於羞恥，不滿生成於怨恨。

悉(愛)生於眚(性)，睪(親)生於悉(愛)，忠生於睪(親)。

"親生於愛"與《禮記・哀公問》"弗愛不親"及《禮記・祭義》"立愛自親始"觀點相同。

簡文説仁愛生成於天性，親情生成於仁愛，忠信生成於親情。

忩(欲)生於眚(性)，慮生於忩(欲)，悟(倍)生於慮，靜(爭)生於悟(倍)，尚(黨)生於靜(爭)。

"忩"字從"穴"從"心"，"穴"乃"谷"之初文，讀為"欲"。"慮"義為"謀劃"或"圖謀"。"悟"讀為"倍"，"倍"義為背叛。《禮記・大學》："上恤孤而民不倍"，鄭注："民不倍，民不倍棄也。""尚"讀為"黨"，義為偏私。

簡文説欲望生成於天性，圖謀生成於欲望，背叛生成於圖謀，爭奪生成于背叛，偏私生成於爭奪。《論語・衛靈公》："子曰：君子矜而不爭，羣而不黨。"亦將"爭"與"黨"相提併論。

智生於眚(性)，化生於智，敓(悦)生於化，玗生於敓(悦)，從生於玗。

“化”謂隨順，仿效。《呂氏春秋·大樂》：“天下太平，萬物安寧，皆化其上。”高誘注：“化，猶隨順也。”“敓”讀為“悦”，義為喜悦。“丑”即“好”字古文。

簡文説智慧生成於天性，摹仿生成於智慧，喜悦生成於隨順，喜好生成於喜悦，順從生成於喜好。

子生於眚(性)，易生於子，肆(肆)生於易，容生於肆(肆)。

“子”謂“子(孳)愛”。“易”謂“和易”。此“子”和“易”即見於《禮記·樂記》的“則易直子諒之心油然生矣”中的“子”和“易”。“肆”讀為“肆”，肆義為正直，《易·繫辭下》：“其言曲而中，其事肆而隱。”李鼎祚《集解》引虞翻曰：“肆，直也。”此“肆”正相當於“則易直子諒之心油然生矣”中的“直”。“容”義為寬容，相當於“則易直子諒之心油然生矣”中的“諒”。

簡文説慈愛生成於天性，和易生成於慈愛，正直生成於和易，寬容生成於正直。

惡生於眚(性)，忞(怒)生於惡，乘(勝)生於忞(怒)，忈(忌)生於乘(勝)，惻(賊)生於忈(忌)。

“惡”義為憎惡，《論語·里仁》：“唯仁者，能好人，能惡人。”“乘”為楚文字“乘”字，字從“几”作。楚文字中“乘”常通為“勝”，此“乘”亦讀為“勝”。“勝”義為超過，在此指超過他人，即爭强好勝之“勝”。“忈”讀為“忌”，義為忌恨，嫉妒。《小爾雅·廣言》：“惎，忌也。”“惻”讀為“賊”，古賊從“則”聲，故從則聲的“惻”可以讀為“賊”。“賊”義為傷害，《玉篇·戈部》：“賊，傷害人也。”

簡文説憎惡生成於天性，憤怒生成於憎惡，爭强好勝之心生成於憤怒，忌恨生成於好勝之心，賊害生成於忌恨。

憙（喜）生於眚（性），樂生於憙（喜），悲生於樂。

“憙”從心“壴”聲，讀為“喜”。

簡文説歡喜生成於天性，快樂生成於歡喜，悲傷生成於快樂。“悲生於樂”即“樂極生悲”之意，同於《性自命出》簡中的“至樂必悲”。

慍（愠）生於眚（性），惪（憂）生於慍（愠），𢜡（哀）生於惪（憂）。

“慍”為“愠”字古文，義為怨恨。“惪”為“憂”字古文。“𢜡”為“哀”字古文。《詩·邶風·柏舟》：“憂心悄悄，愠於羣小。”亦“憂”、“愠”連言。

簡文説怨恨生成於天性，憂愁生成於怨恨，悲哀生成於憂愁。

瞿（懼）生於眚（性），監（憸）生於瞿（懼），望生於監（憸）。

“瞿”讀為“懼”。“監”字疑讀為“憸”，義為貪婪。“望”字疑用為怨恨義。《字匯·月部》：“望，怨望，責望。”

簡文説恐懼生成於天性，貪婪生成於恐懼，怨恨生成於貪婪。

彊（强）生於眚（性），立生於彊（强），𢇍（斷）生於立。

“彊”讀為“强”，義為强大、堅强。“立”義為建樹或成就。《廣雅·釋詁三》：“立，就也。”“𢇍”為“斷”字古文，義為裁決、決定。

簡文説堅强生成於天性，成就生成於堅强，決斷生成於成就。

𣲍（弱）生於眚（性），㤼（疑）生於休（弱），北（敗）生於㤼（疑）。

“𣲍”為“休”之譌變。《説文·水部》：“休，没也，從水從人。”“休”即今之“溺”字，故可讀為“弱”。“㤼”從心矣聲，讀為“疑”。

“北”讀為“敗”。

簡文説輭弱生成於天性，多疑生成於懦弱，失敗生成於多疑。

念（貪）生於谷（欲），伓（倍）生於念（貪），豥（憧）生於伓（倍）。

“念”和“念”皆從“今”聲，疑讀為“貪”。“伓”為“倍”字初文，義為背叛。“豥”字不識，疑為“冢”字異文，讀為“憧”，古音“冢”“憧”一在透紐東部，一在定紐東部，於音可通。《説文》：“憧，意不定也。”

簡文説貪婪生成於欲念，背叛生成於貪婪，摇擺不定生成於背叛。

楥（諼）生於谷（欲），咢（訏）生於楥（諼），忘（妄）生於吁（訏）。

“楥”疑讀為“諼”，《説文·言部》：“諼，詐也。”《廣雅·釋詁二》：“諼，欺也。”“咢”字見於《改併四聲篇海》和《龍龕手鑑》，同於“吁”字。“吁”古與“訏”通。《説文·言部》：“訏，詭譌也。”“忘”疑讀為“妄”，義為狂亂。

此段簡文説欺詐生成於欲望，詭譌生成於欺詐，狂亂生成於詭譌。

浸（侵）生於谷（欲），恧生於浸（侵），逃生於恧。

“浸”即“浸”字，在此疑讀為“侵”。“恧”字義為自慚、慚愧。“逃”疑用為本字，即“逃避”之“逃”。

此段簡文意為侵奪生成於欲望，慚愧生成於侵占，逃跑生成於慚愧。

逮生於谷（欲），僕（察）生於逮。

“逮”疑讀為“悚”,“悚”義為肆欲、縱欲。《方言》:“肆欲為悚”。“僕”字從人從“丵”,“丵”字在楚簡中用為“察”、“淺”、“竊”三字的聲旁。疑此“僕”應讀為“忮”。《集韻·寒韻》:“忮,忮也。”“忮”義為固執、强悍。《集韻·寘韻》:“忮,狠戾。”

此句簡文説放縱生成於欲望,狠戾生成於放縱。

度(文)生於豊(禮),専(博)生於度(文)。

“度”為“閔”字古文,讀為“文”。“専”讀為“博”。“文”指禮樂制度的美善,《禮記·樂記》:“禮減而進,以進為文;樂盈而文,以反為文。”“博”義為廣泛普遍。《論語·雍也》:“君子博學於文,約之以禮,亦可以弗畔矣夫!”

大生於〔眚(性)〕……

此句殘,“於”字後亦應為“眚(性)”字。

悃(慍)生於惪(憂)。

“慍”義為怨恨。《詩經·邶國·柏舟》:“憂心悄悄,慍於羣小。”可以比照。

凡悔(悔),巳(已)衜(道)者也。

“悔”讀為“悔”或“謀”。此句文意不解。

凡朼(必),又(有)不行者也。

“朼”字從才匕聲,即見於《説文》的“𠦒”字。《説文》𠦒字從匕從十,“十”應為“才”字之譌。“朼”可讀為“必”。“必”義為堅持己見，即《論語・子罕》"毋意，毋必，毋固，毋我。"中"毋必"之"必"。

簡文説凡是固執己見者，都有行不通的地方。

凡逃(過)正一，以遾(失)丌(其)迱(它)者也。

此句不解，待考。

凡敚(悦)，乍(作)於忈(与)者也。

"敚"讀為"悦"。"忈"疑讀為"与"，"与"古代有稱贊稱揚的意思。

簡文説凡是喜悦，都興起於稱贊。

名，婁(數)也。遜(由)鼻鯀生。

此句不解，待考。

丌(其)所之同，丌(其)行者異。又(有)行而不遜(迪)，又(有)遜(迪)而不行。

"其所之同，其行者異"，即"殊途同歸"之意。"有行而不由，有由而不行"之"由"疑讀為"迪"，訓為開導、引導。

簡文説目標相同，手段不一。有實行卻不引導的，有引導卻不實行的。

恞(疑)取再

"疑取再"疑為"懷疑即選擇多次"之意。

未又(有)善事人而不返者。未又(有)嗀(譁)而忠者。

“咢”疑即“嘩”字，讀為“譁”。

簡文説没有以善待人而得不到回報的，没有譁衆取寵虚誇的人是忠實的。

咢（譁），自晏（宴）也。惻（賊），退人也。智（知）命者亡（無）朼（必）。

“嘩”讀為“譁”，義為虚誇。“晏”讀為“宴”。“惻”讀為“賊”。

簡文説虚誇説大話是自我高興。狠毒讓人遠離而去。知天命的人不固執己見。

又（有）悳（德）者不迻。

“迻”即“移”字，《説文》：“迻，遷徙也。”

簡文説有德行的人不改變自己的信仰。

少（小）不忍，伐（敗）大彭（勢）。

“少”讀為“小”。“伐”讀為“敗”。敗，壞也。《説文》：“伐，敗也。”

簡文意為小處不忍耐，會敗壞大的勢力。此句與《論語・衛靈公》的“小不忍則亂大謀”類似。

母（毋）遊（失）虐（吾）彭（勢），此彭（勢）㝵（得）矣。

“虐”從“虍”聲，讀為“吾”。“彭”為“勢”字變體。

簡文説不要失去我的勢利，这一勢利就得到了。

語　叢　（三）

【説明】

本篇現存竹簡 72 支。簡長 17.6～17.7 釐米。編綫三道。從 46 號簡以後的各簡皆分上下兩欄鈔寫。

本篇簡文現存 467 字，重文 1，殘字多而不計。

本篇内容皆為類似格言的短句，内容涉及到君、臣、父、子、孝、弟、仁、義、損益、德等儒家學説，還有關於喪禮和賓禮的一些句子，應該屬於儒家著作。

【釋文】

父亡（無）亞（惡），君猷（猶）父也，丌（其）弗亞（惡）【1】也，猷（猶）三軍（軍）之旃（旌）也，正也。所【2】以異於父，君臣不相才（存）也。【3】則可已（已）；不敓（悦），可去也；不【4】我（義）而劢（加）者（諸）己，弗受也。【5】

晉（友），君臣之衍（道）也。長弟（悌），孝【6】之紡（方）也。【7】

父孝子悉（愛），非又（有）為也。【8】

牙（與）為悉（義）者遊，嗌（益）。牙（與）牂（莊）【9】者凥（處），嗌（益）。追（起）習度（文）彰（章），嗌（益）。【10】牙（與）曼（慢）者凥（處），員（損）。牙（與）不好【11】教（學）者遊，員（損）。凥（處）而亡（無）𪇃（躐）【12】習也，員（損）。自視（示）丌（其）所能，員（損）。【13】自視（示）丌（其）所不族（足），嗌（益）。遊【14】蕙，嗌（益）。亶（縱）志，嗌（益）。才（存）心，嗌（益）。【15】……所不行，嗌（益）。𠂔（粃）行，員（損）。【16】

天型（刑）成，人𠀤（與）勿（物）斯（斯）里（理）。【17】……勿（物）以日，勿（物）又（有）里（理）而【18】隉（地）能貪（含）之生之者，才（在）㬻（造）。【19】勿（物）不莆（服），不成息（仁）。【39】

不膳(善)睪(擇),不為智。【38】

息(仁),戛(厚)之……【22】

……之耑(端)也。【23】

我(義),悳(德)之聿(進)也。【24】

我(義),膳(善)之方也。【25】

喪,息(仁)也。我(義),宜也。炁(愛),息(仁)【35】也。我(義),凥(處)之也。豊(禮),行之【36】也。【37】

……夋(治)者化。【32】

化則雔(難)軖(犯)也。【45】

交行則……【34】

兼(廉)行則夋(治)者中。【33】

悳(德)至區者,夋(治)者至亡(無)【26】閒(間)。【27】

至亡(無)閒(間),則成名。【29】

未又(有)丌(其)至,則息(仁)
叕(治)者【28】莫㝵(得)膳(善)丌(其)所。【47】

智叕(治)者霓(寡)悬(悔)。【31】

炁(愛)叕(治)者罕(親)。【30】

炁(愛)罕(親)則丌(其)柔(殺)炁(愛)人。【40】

迵(踊),哀也,三迵(踊),虔(文)也。【41】

彊(剛)之鼓(柱)也,彊(剛)取之也。【46】虔(文)衣(依)勿(物)以青(情)行之者,【44】或遂(由)丌(其)閥(辟),或遂(由)丌(其)不【42】聿(進),或遂(由)丌(其)可。【43】

寅(賓)客之用繿(幣)也,非正(徵),【55】內(納)賜(貨)也,豊(禮)朼(必)兼(廉)。【60】

聿(進)飤(食)之衍(道),此飤(食)乍(作)安(焉)。【56】行聿(盡)此,友𠯑(矣)。【62】

人之眚(性)非與?止虞(呼)丌(其)【57】孝。【61】

又(有)眚(性)又(有)生,虞(呼)生。又(有)道【58】春秋,亡(無)不以丌(其)生也亡【20】耳。【21】

忠則會。【63】

思亡(無)彊(疆),思亡(無)丌(期),思亡(無)絽(邪),思【48】亡(無)不遊(由)我者。【49】

膳(善)日過我,我日過膳(善),臤(賢)【52】者隹(唯)丌(其)止也以異。【53】

樂,備(服)悳(德)者之所樂也。【54】㝵(得)者樂,遊(失)者哀。【59】

又(有)天又(有)命又(有)【68上】生。【70上】

命牙(與)㣎(文)與,【71上】虖(呼)勿(物)。【72上】

名弍(二),勿(物)參(三)。【67上】

亡(無)亡(無)繇(由)也者。【66上】

亡(毋)啻(意),亡(毋)古(固),【64上】亡(毋)義(我),亡(毋)必。【65上】

又(有)眚(性)又(有)生,虖(呼)【68下】名。【69下】

為丌(其)刲(形)。【70下】

又(有)眚(性)又(有)生【71下】者。【72下】

生為貴。【67下】

亡(無)非樂者。【66下】

亡(無)勿(物)不勿(物),【64下】虘(皆)至安(焉)。【65下】

【校釋】

父亡(無)亞(惡),君猷(猶)父也,丌(其)弗亞(惡)也,猷(猶)三㽕(軍)之旂(旌)也,正也。

"亞"讀為"惡"。"猷"讀為"猶"。"㽕"從"兄""匀"聲,應為"軍"字異體。"軍"本從"匀"聲。"旂"字從"㫃""井"聲,應為"旌"字異體。古音"井"在精紐耕部,"生"在生紐耕部,於音可通。

簡文此段謂對兒子來説,父親是無惡可言的;對臣下來説,君上如父親,也是無惡可言的。君對臣來説猶如指揮三軍的旗幟(《廣雅·釋詁四》:"旌,表也。"),是遵循的目標。

所以異於父，君臣不相才（存）也。則可巳（已）；不敚（悦），可去也；不我（義）而叻（加）者（諸）己，弗受也。

“才”讀為“存”，《説文》：“在，存也。從土才聲。”“在”、“存”同義换讀，故“在”可用為“存”。《説文》：“存，恤問也，從子，才聲。（小徐本作在省聲）。”按《説文》的解釋，“在”、“存”皆從“才”聲，故亦可相通。銀雀山漢墓竹簡《孫臏兵法・見威王》：“則可以在亡國而繼絶世也。”文中“在”字亦用為“存”。“存”在簡子中用為“恤問”或“依存”之義。“敚”讀為“悦”。“我”讀為“義”，“義”本從“我”聲，故“我”可讀為“義”。“者”讀為“諸”。

簡文意為君臣異於父子，君臣不像父子那樣互相依存。相悦則可，不相悦則可以離開。不義的言行强加於臣，臣可以不接受。

晉（友），君臣之衍（道）也。長弟（悌），孝之紡（方）也。

“晉”即“友”字古文。“長弟”又作“長悌”，意為敬長愛幼。《墨子・尚賢中》：“入則不慈孝父母，出則不長弟鄉里。”《國語・吴語》：“將不長弟，以力征一二兄弟之國。”“紡”讀為“方”。

此句簡文意為相互以友待之，是君臣之間的正道。敬長愛幼，是孝的標準。

父孝子悉（愛），非又（有）為也。

“悉”為“愛”字古文。“非有為也”之“為”意為“故意”或“做作”。

簡文意為父孝子愛是人情感的自然流露，不是故意做出的。

牙（與）為忎（義）者遊，嗌（益）。牙（與）牂（莊）者凥（處），嗌（益）。

“與”所從之聲符“与”即“牙”字的形變，故“牙”可讀為“與”。

“悉”字從“心”“我”聲,疑為“仁義”之“義”的本字。“牂”為“壯”字古文,見於西周金文毛公層鼎和虢季子白盤,簡文“壯”又加有“丌”旁。“莊”從“壯”聲,故“壯”可讀為“莊”。

簡文謂和行仁義的人交遊有益。和莊重的人相處有益。

逗(起)習麑(文)彰(章),嗌(益)。

“逗”字從“辵”從“己”聲,疑讀作“起”。《説文》:“起,能立也。”由“能立”義引申出啟發、開導意,《論語·八佾》:“子曰:‘起予者商也!’”“習”義為學習、練習。“文章”指禮樂制度。《禮記·大傳》:“考文章,改正朔。”鄭玄注:“文章,禮法也。”

簡文此句謂啓發學習禮樂制度,有益處。

牙(與)曼(慢)者凥(處),員(損)。

“曼”讀為“慢”。“慢”意為驕傲。《廣韻·諫韻》:“慢,倨也。”

簡文此句謂與驕傲者相處是損失。

牙(與)不好教(學)者遊,員(損)。

古“教”、“學”本為一字之分化,此“教”應讀作“學”。

簡文此句謂與不喜歡學習的人相處是損失。

凥(處)而亡(無)譤(躐)習也,員(損)。

“處”意為“相居處”。“譤”字與蔡侯申盤的“譤”字寫法相同,“譤”疑應讀為“躐”,意為“超越”。

簡文此句意為平時居處卻不在學習上超越,是損失。

自視(示)丌(其)所能,員(損)。自視(示)丌(其)所不族(足),

嗌(益)。

“視”讀為“示”。“視”本從“示”聲,故可讀“示”。“族”讀為“足”,古音“族”在從紐屋部,從“族”聲的“鏃”在精紐屋部,而“足”即在精紐屋部,所以“族”可以讀為“足”。簡文“自示其所能”,即《大戴禮記・曾子立事》:“不陳人以其所能。”簡文“自示其所能,損”,即《大戴禮記・文王官人》“伐其所能,曰日損者也”。簡文“自示其所不足,益”,即《大戴禮記・文王官人》“見(見字疑本視字之譌,亦讀為示——筆者注)其所不足,曰日益者也”。簡文“自示其所能,損。自示其所不足,益”,體現的是儒家的“損益”觀念。《説苑・敬慎》説:“孔子讀易,至於‘損益’,則喟然而嘆。子夏避席而問曰:‘夫子何為嘆?’孔子曰:‘夫自損者益,自益者缺,吾是以嘆也。’”郭店楚簡《太一生水》“削成者以益生者”説的也是这個意思。

遊慸,嗌(益)。嵩(縱)志,嗌(益)。才(存)心,嗌(益)。

“慸”字從“滷”從“心”,“滷”即“屎”字,在此疑讀為佚。“嵩志”應讀作“縱志”。“嵩”即“嵩”字,古音“嵩”在心紐冬部,“縱”在精紐東部,聲為一系,韻古本不分。典籍中“嵩”又作“崧”,“松”又通“從”。如《禮記・學記》:“待其從容”,鄭注:“從或為松。”可見“嵩”可讀“縱”。《古璽匯編》4340號璽璽文作“從志”,此乃格言璽,“從志”亦應讀為“縱志”。“才”應讀為“存”,“才心”即“存心”。《孟子・離婁下》:“孟子曰:‘君子所以異於人者,以其存心也。君子以仁存心,以禮存心。’”又《孟子・盡心上》:“存其心,養其性,所以事天也。”《春秋公羊傳》宣公八年:“其言《万》入去籥何?去其有聲者,廢其無聲者,存其心焉爾。存其心焉爾者何?知其不可而為之也。”

簡文此段謂遊於佚,有益。放縱心志,有益。心有寄托,有益。

……所不行,嗌(益)。朼(粃)行,員(損)。

“所不行”前疑可補缺文“有”字。“朼”讀作“粃”。《劉子·薦賢》:“才苟適治,不問世冑;智苟能謀,奚妨粃行。”王叔岷曰:“‘粃’即‘粊’字,《説文》:‘粊,惡米也。’粃行,猶惡行。”

簡文謂有所不行,有益。惡行,損。

天型(刑)成,人昇(與)勿(物)斯(斯)里(理)……勿(物)以日,勿(物)又(有)里(理)而陛(地)能貪(含)之生之者,才(在)曩(造)。勿(物)不莆(服),不成悬(仁)。

“天型”即“天刑”,指上天的法則。“里”讀為“理”。《國語·周語下》:“上非天刑,下非地德,中非民則方非時動而作之者,必不節矣。”又《魯語下》:“少采夕月,與大史、司載糾虔天刑。”韋昭注:“刑,法也。”“斯”,王引之《經傳釋詞》卷八:“斯,猶則也;猶乃也。”《廣雅·釋詁一》:“理,順也。”

簡文説天的法則形成了,人與物就會理順。“貪”讀為“含”,“含之生之”指地之生養萬物。“曩”疑讀為“造”。“造”義為産生。《吕氏春秋·大樂》:“萬物所出,造於太一,化於陰陽。”“莆”讀為“服”。

不膳(善)睪(擇),不為智。

“膳”讀為“善”,“睪”讀為“擇”。

簡文説不善於選擇或别擇,就不能算是聰明。

悬(仁),戛(厚)之……

“戛”字從“石”從“戈”,應為“厚”字異體。

……之耑(端)也。

《語叢一》有“喪,仁之端也”之句,句式與簡文一致。

恙(義),悳(德)之聿(進)也。

“恙”從“我”聲,讀為“義”。“聿”讀為“進”。“盡”從“聿”聲,而“盡”、“進”古代相通。“津”字古文作“䑼”,其基本聲符亦從”隹”,亦可證“聿”可讀“進”。“進”謂長進、進步。

簡文説義是德的長進。

恙(義),膳(善)之方也。

“方”義為方向或法度、法則。

簡文謂義是善的方向或法則。

喪,急(仁)也。恙(義),宜也。悉(愛),急(仁)也。恙(義),尻(處)之也。豊(禮),行之也。

“喪,仁也”與《語叢一》“喪,仁之端也”文意相同。“義,宜也”乃聲訓。《釋名・釋言語》:“義,宜也”與簡文文同。“義,宜也”是説“義就是適宜”。“尻”為“處”字初文,“處”義為審度。《吕氏春秋・有始》:“平也者,皆當察其情,處其刑。”

簡文此段説喪禮體現的是“仁”,義就是適宜。愛就是仁。義就是要審度之。禮就是要施行之。

……戈(治)者化。

“戈”字從“戈”“厶”聲,疑讀為“治”。”化”用為“教化”之“化”。

化則雓(難)壂(犯)也。

"雓"字疑是"難"字異體或訛體。"壂"字從"軦",應讀為"犯","雓壂"即"難犯"。

交行則……

簡文缺文太多,文意不明。

兼(廉)行則兌(治)者中。

"兼"讀為"廉",義為正直。《國語·晉語二》:"里克曰:'弑君以為廉,長廉以驕心,因驕以制人家,吾不敢。'"韋昭注:"虞御史曰:'廉,直也。'"《睡虎地秦簡·語書》:"智(知)而弗敢論,是即不廉殹(也)。"

簡文説正直施行,則統治者就會中正。

悳(德)至區者,兌(治)者至亡(無)閒(間)。

區,小也。《關尹子·一宇》:"吾道如處暗,夫處明者不見暗中一物,而處暗者能見明中區事。""亡閒"指極微小處。《文選·揚雄·解嘲》:"大者含元氣,細者入無閒。"李善注:"無閒言至微也。"

簡文説德發展到了細小之處,統治者就會無微不至。

至亡(無)閒(間),則成名。

簡文謂統治者無微不至,就會成名。

未又(有)丌(其)至,則急(仁)𤔲(治)者莫㝵(得)膳(善)丌(其)所。

“所”意為地位。

簡文説如果德没有發展到細小之處,則以“仁”為治者就不能改善其地位。

智𦣻(治)者𡨦(寡)悔(悔)。

“𡨦”字從文意看應為“寡”字的譌變之體。“悔”從“心”“母”聲,讀為“悔”。古“母”、“每”本為一字之分化,所以從“母”聲的“悔”可讀為從“每”聲的“悔”。古“誨”、“謀”為一字異體,而“謀”字古文即作“悔”。

此句簡文説用智慧來統治者就會避免後悔。

悉(愛)𦣻(治)者罙(親)。

“罙”即“親”字初文。

簡文説用“愛”來統治者,則民衆就會親附。

悉(愛)罙(親)則丌(其)杀(殺)悉(愛)人。

“杀”為“殺”字古文,《説文》作“㣈”。“殺”,減也,衰也。《廣雅·釋詁二》:“殺,減也。”《吕氏春秋·長利》:“是故地日削,子孫彌殺。”高誘注:“殺,衰也。”

簡文説愛親人,其衰減之就會變為愛其他的人。

迵(踊),哀也,三迵(踊),𡕒(文)也。

“迵”讀為“踊”。古音“同”在定紐東部,“踊”在喻紐東部,於音可通。古從“同”聲之字與從“甬”聲之字多有相通之例。《説文》:“踊,跳也。”此處指喪禮中表示悲痛的跳躍。《禮記·問喪》:“故哭泣辟踊,盡哀而止矣。”“文”即“節文”之“文”,與“節”一樣,本指樂聲的有節奏、聲音和諧,後泛指事物的有節度。“三踊”指跳三下。古代喪禮中關於“踊”的次數是有規定的,《淮南子·天文》說:“喪紀三踊以為節。”所說與簡文一致。《禮記·檀弓下》:“辟踊,哀之至也,有算,為之節文也。”此亦與簡文之意相同。

彊(剛)之鼓(柱)也,彊(剛)取之也。虔(文)衣(依)勿(物)以青(情)行之者,或遳(由)丌(其)闕(辟),或遳(由)丌(其)不聿(進),或遳(由)丌(其)可。

“彊”讀為“剛”,古“彊”、“剛”音義皆近,“彊”、“强”古通,而《說文》剛字古文即借“强”字為之。《說文》:“剛,彊也。”“鼓”即“尌”字,讀為“柱”。楚簡《性自命出》中有“彊(剛)之梪(柱)也,剛取之也;柔之約,柔取之也。”所言與此簡文相同。此即《荀子·勸學》的“强(剛)自取柱(柱),柔自取束”。“柱”即“拄”,乃“支撑”之意。

簡文謂物剛則自取撑拄。“虔(文)衣(依)勿(物)以青(情)行之者”之“文”疑指樂聲或節奏和諧。“物”指器。《詩·周南·關雎》序:“情發於聲,聲成文謂之音。”《荀子·樂論》:“故樂者,審一以定和者也,比物以飾節者也,合奏以成文者也。”“比物以飾節”即簡文的“文依物”。《宋書·律曆志》說:“夫樂有器有文,有情有官……屈伸舒疾,樂之文也。”可以與簡文比較。“或由其辟”以下簡文無疑難字詞,但具體所指不明。

穷(賓)客之用繒(幣)也,非正(徵),內(納)賜(貨)也,豊(禮)柲(必)兼(廉)。

“穷”為“賓”字初文。“繒”讀為“幣”。“幣”指禮儀中的禮品和祭祀時的祭品。《禮記·禮器》說:“賓客之用幣,義之至也。”“正”讀為“徵”,義為“徵求”。“賜”字從“貝”“為”聲,讀為“貨”。《說文》:“賜,資也。從貝,為聲。或曰:‘此古貨字。’讀若貴。”《禮記·月令》有“納貨賄”之語,《呂氏春秋·仲秋記》作“入貨賄”。“柲”即

《説文》的“𡗜”字。“𡗜”所從之“十”疑即“才”之譌。此字又見於𪐴鐘銘文,在此讀作“必”。“兼”讀為“廉潔”之“廉”。

簡文説賓客的用幣不是徵求的,而是自願進納的。禮必須廉潔。

聿(進)飤(食)之衍(道),此飤(食)乍(作)安(焉)。行聿(盡)此,友矣(矣)。

“飤”為“以食食人”之意,後皆用“食”字為之。“乍”讀為“作”。“安”讀為“焉”。古“安”、“焉”兩字音義皆近,在楚文字中經常相通。

此段簡文所述應為饗客之禮,謂行進食之道,行此進食之道則為朋友。

人之眚(性)非與?止虖(呼)丌(其)孝。

此句大意是説人生不是别的,衹不過是孝而已。

又(有)眚(性)又(有)生,虖(呼)生。又(有)道春秋,亡(無)不以丌(其)生也亡耳。

“呼”意為“叫”或“稱呼”。“有性有生,呼生”意為有性命有生長,叫做“生”。此段後一句不解。

忠則會。

會,合也。此謂忠誠則相合。

思亡(無)彊(疆),思亡(無)丌(期),思亡(無)紆(邪),思亡(無)不遜(由)我者。

“彊”讀為“疆”。“丌”讀為“期”。“紆”讀為“邪”。“紆”所從之“牙”後又分化出“与”,故“紆”又可隸定作“約”。“思無疆”、“思無期”、“思無邪”就是見於《詩・魯頌・駉》的“思無疆”、“思無期”和“思無邪”。簡文的“思無不由我者”疑相當於《詩・魯頌・駉》的“思無斁”。

膳(善)日過我,我日過膳(善),臤(賢)者隹(唯)丌(其)止也以異。

“膳”讀作“善”。“過”疑訓為“給予”。《通雅・諺原》:“予亦謂之過。”《論衡・定賢》:“郵人之過書,門者之傳教也,封完書不遺,教審令不誤者,則為善矣。”“善日過我,我日過善”似意為“(他人)每日以善給予我,我每日亦予人以善”。“臤者唯其止也以異”意為“只是賢者所達到的不一樣”。

樂,備(服)悳(德)者之所樂也。㝵(得)者樂,遊(失)者哀。

“備”讀作“服”,典籍中“備”、“服”二字經常通用,不煩舉證。前一“樂”字指“禮樂”之“樂”,後一“樂”字指“喜悦”之“樂”。

簡文意為禮樂是施行德的人所喜歡的。《禮記・樂記》:“禮樂皆得,謂之有德。”“故天子之為樂也,以賞諸侯之有德者也。”“樂者,所以象德也。”又“樂也者,聖王所樂也”。此句與簡文“樂,服德者之所樂也”句式相同。“得者樂、失者哀”謂得到的就高興,失去的就悲哀。

又(有)天又(有)命又(有)生。

“天”指自然,泛指不以人意志為轉移的客觀必然性。“命”指天命或命運。“生”指生命。

簡文謂有天道然後有天命,有天命然後有生命。

命牙(與)廈(文)牙(與),虖(呼)勿(物)。

“命”義為“名”。《廣雅・釋詁三》:“命,名也。”“文”與“質”相對,指文飾或外觀。第一個“與”字是連詞,“和”的意思,第二個“與”字是“敵”、“相等”的意思。

簡文意為名字與形貌相符就叫作“物”。“物”指實體。《公孫龍子・名實論》:“物以物其所物而不過焉,實也。”説的就是这個意思。

名弍(二),勿(物)參(三)。

此句言形名與事物的關係。“名二,物三”即先有名後稱物之意。《尹文子・大道上》有“形以定名,名以定事,事以檢名。察其所以然,則刑名之與事物,無所隱其理矣”的論述,亦談到名與事物的關係,可資比較。

亡(無)亡(無)繇(由)也者。

“無無由也者”疑為“没有無緣由的”之意。

亡(毋)恴(意),亡(毋)古(固),亡(毋)義(我),亡(毋)必。

“亡”皆讀為“毋”。“恴”即“意”字。此句即見於《論語・子罕》的“子絶四:毋意,毋必,毋固,毋我”。

又(有)眚(性)又(有)生,虖(呼)名。

“有性有生,呼名”意為“有天性有生命,就可稱名”。

為丌(其)型(形)。

此句殘,其意不明。

又(有)眚(性)又(有)生者。

"有性有生者"即上文之"有性有生"。

生為貴。

"生為貴"即"貴生"。《老子》:"夫唯無以生為者,是賢於貴生。"《荀子·强國》:"人知貴生樂安而棄禮義,辟之,是猶欲壽而歾頸也,愚莫大焉。"《吕氏春秋·仲春紀第二·貴生》:"聖人深慮天下,莫貴於生。"

亡(無)非樂者。

此句殘,其意不明。

亡(無)勿(物)不勿(物),膚(皆)至安(焉)。

"膚"為"皆"字變體。此句疑為"没有'物'不屬於'物'的範疇,都可以致來"之意。

語　叢（四）

【説明】

本篇現存竹簡 27 支。簡長 15.1～15.2 釐米。編綫兩道，編綫間距 6～6.1 釐米。

簡文按現存分段符號分作五段，共存 403 字。其中合文 1 字，重文 6 字。殘約 4 字。平均每簡約 15 字左右。

本篇内容為匯集一些格言而成，體例與《説苑・談叢》、《淮南子・説林》相類，與《説苑・談叢》尤為接近。篇中談及"慎言"、"交友"和"御下之術"。關於學派歸屬，學術界或認為屬法家、縱横家思想，或認為與陰謀家游説、縱横長短之術有關，近似《太公》、《鬼谷》，正是《太公》三書《謀》、《言》、《兵》中《謀》和《言》的内容，應屬道家。

【釋文】

言以司（詞），青（情）以舊（久）。非（靡）言不讎（酬），非（靡）悳（德）亡（無）復（報）。言【1】而狗（苟），牆（牆）又（有）耳。進（往）言剔（傷）人，逨（來）言剔（傷）吕（己）。【2】言之善，足以終殜（世）。晶（三）殜（世）之福，不足以出芒（芒）。【3】

口不訢（慎）而戾（户）之〈不〉閟（閉），亞（惡）言復（報）己而死無日。【4】

凡敚（説）之道，級（急）者為首。既夏（得）丌（其）級（急），言必又（有）及【5】之。及之而不可，必慶（文）以訛（過），母（毋）命（令）智（知）我。皮（破）邦芒（亡）【6】牆（將），流澤而行。【7】

敟（竊）鉤（鉤）者豉（誅），敟（竊）邦者為者（諸）灰（侯）。者（諸）灰（侯）之門，義士【8】之所廌（存）。【9】

車敋（盖）之荃（蔽）酭（翳），不見江沽（湖）之水。佖（匹）婦禺（愚）

夫,【10】不智(知)丌(其)向(鄉)之小人、君子。飤(食)韭亞(惡)智終丌(其)葉。【11】槼(早)與㝵(賢)人,是胃(謂)寖(浸)行。㝵(賢)人不才(在)昃(側),是【12】胃(謂)迷惑。不與智悬(謀),是胃(謂)自忑(欺),槼(早)與智悬(謀),是【13】胃(謂)童(重)丕(基)。邦又(有)巨駄(雄),必先與之以為塱(朋)。唯(雖)難(難)【14】之而弗亞(惡),必聿(盡)丌(其)古(故)。聿(盡)之而叁(疑),必攸谿(裕)谿(裕)【15】丌(其)羿(遷)。女(如)牆(將)又(有)敗,駄(雄)是為割(害)。利木侌(陰)者,不折【16】丌(其)槾(枝);利丌(其)渚(瀦)者,不賽(塞)丌(其)溪(溪)。善貞(使)丌(其)下,若【17】蚈蝨(蚈)之足,衆而不割,割而不蹼(仆);善事丌(其)上【18】者,若齒之事肻(舌),而終弗諮(恷)。善〔貞(使)丌(其)下〕【19】者,若兩輪之相𨒪(轉),而終不相敗;善貞(使)【20】丌(其)民者,若四旹(時)一適(遣)一逨(來),而民弗害也。【21】山亡(無)陸(墮)則坨(阤),成(城)無蓑(衰)則坨(阤),士亡(無)友不可。君又(有)【22】悬(謀)臣,則壤隍(地)不鈔(削);士又(有)悬(謀)友,則言談不【23】勺(弱)。唯(雖)戫(勇)力䎽(聞)於邦不女(如)材,金玉涅(盈)室不【24】女(如)悬(謀),衆弝(强)甚多不女(如)旹(時)。古(故)悬(謀)為可貴。罷(一)【25】豪(家)事乃又(有)賀。三駄(雄)一䶊(雌),三跨(呱)一莨(媞),一王母【26】保(抱)三㱾(嬰)兒(婗)。聖(聽)君而會,視庿(貌)而内(納)之。内(納)之或内(納)之,至(致)之或至(致)之,至(致)而亡(無)及也巳(已)。【27】、【27背】

【校釋】

言以司(詞),青(情)以舊(久)。

"司"讀為"詞"。"舊"讀為"久"。古"舊"、"久"二字音義皆近,在典籍中經常相通。二字古音皆在疑紐之部。柩字從"久"聲,籀文又從"舊"聲作"匶"。《尚書·無逸》:"舊為小人。"《史記·魯周公世家》作:"久為小人。"《詩·大雅·抑》:"告爾舊止。"鄭箋:"舊,久也。"《文選·答賓戲》:"時暗而久章者,君子之真也。"項岱謂:"久,舊也。"戰國包山楚簡占卜類簡在談到疾病時屢言"舊不瘥"。

“舊不瘥”即“久久不愈”之意。睡虎地秦簡《封診式》簡60有“其腹有久故瘢二所”之語,“久故”為同義復合詞,“久故”即“舊故”,也即“故舊”。“其腹有久故瘢二所”即“其腹部有舊疤二處”之意。以上是“舊”、“久”相通的證據。

“言以詞,情以久”譯成今語猶言“言語運用詞匯來表達,情感通過長久來體現”。《韓詩外傳》四卷三十一章有“朽木不可雕,情亡不可久”之句,亦以“情”與“久”連言,可資比較。

非(靡)言不疇(酬),非(靡)悳(德)亡(無)違(報)。

“非”讀為“靡”。古從“非”聲之字與從“麻”聲之字可以相通。典籍中“排”與“縻”,“排”與“摩”,“匪”與“靡”都有相通的例子。“靡”,無也。“疇”讀為“酬”。古音“壽”、“酬”皆在禪紐幽部,《説文》“醻”字或作“酬”,典籍中“疇”與“詶”相通,所以從“壽”聲的“疇”可以讀為從“州”聲的“酬”。“違”讀為“報”。“違”即“復”字異體,古代“復”、“報”二字音義皆近。古音“復”在幫紐覺部,“報”在幫紐幽部,聲紐相同,韻為對轉。《漢書·匈奴傳下》:“以復天子厚恩。”顏師古注:“復亦報。”

“靡言不酬,靡德無報”即《詩·大雅·抑》的“無言不讎,無德不報”。

言而狗(苟),牆(牆)又(有)耳。

“言而苟”的“而”訓為“如”,王引之《經傳釋詞》卷七:“而,猶若也。若與如古同聲,故而訓為如,又訓為若。”“狗”讀為“苟”。“牆”字從“爿”從“言”,應為“城牆”之“牆”的專字,在此讀作“牆”。《詩·小雅·小弁》:“君子無易由言,耳屬於垣。”説的是與簡文相同的意思。又《管子·君臣下》:“古者有二言:‘牆有耳’、‘伏寇在側’。”《大戴禮記·曾子制言》:“鄙夫鄙婦相會於牆陰,可謂密矣。明日則或揚其言矣。”也是類似的記載。

迬(往)言剔(傷)人,麥(來)言剔(傷)吕(己)。言之善,足以終殜(世)。晶(三)殜(世)之福,不足以出峕(芒)。

“迬”為“往”字繁體。“麥”為“來”字繁體。“剔”為“傷”字初文。“吕”為“己”字異體。“晶”字在戰國文字中多用為“參”字,“參”、“三”相通。“殜”為“枼”贅加“歺”(“列”字所從)為聲符的異體,字又見於戰國中山王器銘文。“峕”即“芒”字,即“鋒芒”之“芒”。段玉裁《説文解字注》:“芒,《説文》無鋩字,此即鋒鋩字。”《漢書·賈誼傳》:“屠牛坦一朝解十二牛而芒刃不頓者,所排擊剥割,皆衆理解也。”古人常將口舌之利比於兵器之利。如《荀子·榮辱》説:“傷人以言,深於矛戟。”《劉子·慎言》:“言語在口,譬含鋒刃,不可動也。動鋒刃者,必傷喉舌;言失之害,非惟鋒刃,其所傷者,不惟喉舌。”簡文以“出芒”喻指出口傷人。簡文“三世之福,不足以出芒”是説“三世的福佑,也不足以出言傷人”,暗喻三世的福也抵不過出言傷人而招來的禍害的意思。

口不訢(慎)而床(户)之〈不〉閟(閉),亞(惡)言復(報)己而死無日。

“而”字訓為“如”。“床”為“户”字加義符“木”的繁體。“閟”字《説文》謂:“閉門也。”簡文正用其本義。“惡”從“亞”得聲,故“亞”可讀作“惡”。“床之閟”的“之”字疑為“不”字寫誤,“口不慎如户不閉”是説“口舌不慎重猶如門户不關閉”。“無日”是很快的意思。

凡敚(説)之道,級(急)者為首。

“敚”讀為“説”。“級”讀為“急”。睡虎地秦簡《為吏之道》有“邦之急,在體級”的句子,“急”字用法相同。“説”指游説之“説”。“急”指關鍵、要害。《説苑·談叢》:“一言而非,四馬不能追;一言不急,四馬不能及。”簡文的意思是説游説要能抓住關鍵和要害,即掌握對方的心理,了解對方所需與所急。《荀子·非相》謂:“談説之術,矜莊以莅之,端誠以處之,堅强以持之,分别以喻之,譬稱以明之,欣驩、芬薌以送之;寶之,珍之,貴之,神之。如是,則説常無不受。雖不説人,人莫不貴,夫是之謂能貴其所貴。傳曰:‘唯君子為能貴其所貴。’此之謂也。”又《説苑·善説》引《鬼谷子》曰:“人之不善而能矯之者,難矣。説之不行,言之不從者,其辯之不明也;既明而不行者,持之不固也;既固而不行者,未中其心之所善也。辯之,明之,持之,固之,又中其人之所善,其言神而珍,白而分,能入於人之心,如此而説不行者,天下未嘗聞也。此之謂善説。”《鬼谷子》的“中其心之所善”和“能入於人之心”,正是簡文“急者為首”的“急者”。

既㝵(得)丌(其)級(急),言必又(有)及之。及之而不可,必度(文)以訛(過),母(毋)命(令)智(知)我。

“度”字為“閔”字古文,見於《古文四聲韻》,在簡文中讀作“文”。“文”義為掩飾。《廣雅·釋詁二》:“文,飾也。”《論語·子張》:“小人之過也必文。”“訛”字讀為“過”,古音“訛”在疑紐歌部,“過”在見紐歌部,韻部相同,聲為一系,故可相通。“母”讀為“毋”,古“母”、“毋”本一字分化,早期皆作“母”。此句簡文意為既然摸準了對方的心理,知道了對方的所急和所需,就要用言辭來打動他。如果對方不為所動,就要暫且遮掩過去,不可向對方暴露出真實意圖。《中論·貴言》説:“故君子之與人言也,使辭足以達其知慮之所至,事足以合其性情之所安,弗過其任而强牽制也。苟過其任而强牽制,則將昏瞀委滯而遂疑君子以為欺我也。”這段記載可與簡文參照。

皮(破)邦岜(亡)痲(將),流澤而行。

此句有些費解,似與上文文意不連貫。大意是説(如果被對方識破意圖),就會引來國破將亡之禍,德澤也將隨之而去。文中“彼”讀為“破”,“牆”讀為“將”。

敚(竊)鉤(鈎)者戜(誅),敚(竊)邦者為者(諸)医(侯)。者(諸)医(侯)之門,義士之所廌(存)。

“敚”字從“业”從“攴”,“业”在郭店楚簡中用為“察”、“淺”、“竊”三字的偏旁。包山楚簡中有從“业”從“米”的字,亦用為“竊”。“戜”讀為“誅”,古音“豆”在定紐侯部,“朱”在章紐侯部,韻部相同,聲為一系,故可相通。“戜”讀為“誅”猶如楚文字“厨”字作“床”或“胅”。“戜”很可能就是“誅”字的異體。“廌”字為“薦”字聲旁,而古“薦”、“荐”相通。“荐”從“存”聲,故“廌”、“存”亦通。簡文此句見於《莊子·胠篋》,作:“彼竊鈎者誅,竊國者為諸侯。諸侯之門,而仁義存焉。”

車歇(蓋)之埶(蔽)䣃(翳),不見江沽(湖)之水。

“歇”讀為“蓋”。古音“曷”在匣紐月部,“蓋”在見紐月部,韻部相同,聲為喉牙通轉,故可相通。車蓋指車輿上傘狀的遮蔽物。“埶䣃”疑讀作“蔽翳”。古音“必”在幫紐質部,“蔽”在幫紐月部,韻部相同,聲為旁轉。古音“有”在影紐之部,“翳”在影紐脂部,但從“殹”得聲的“醫”則在影紐之部,所以從“有”聲的“䣃”可以讀為“翳”。《爾雅·釋言》二:“纛,翳也。”郭注:“舞者所以自蔽翳。”又“埶䣃”讀作“蔽晦”亦通。“車蓋之蔽翳,不見江湖之水”意為在車上因為車蓋的遮擋,看不到車外的江湖。比喻一個人因受周圍事物的遮蔽而目光短淺,所見不遠。

佖(匹)婦禺(愚)夫,不智(知)亓(其)向(鄉)之小人、君子。

“佖”讀為“匹”。典籍有“匹夫匹婦”的説法,指平民男女、普通百姓。典籍“匹夫”意為“獨夫”，多指有勇無謀的人，含貶意。“匹婦”用法同於“匹夫”，亦含有無知愚昧的輕蔑意味。“禺”讀為“愚”，與“匹”相對。

簡文此句謂匹婦愚夫愚昧無知，分不清好人和壞人。

飤（食）韭亞（惡）智終丌（其）葉。

“惡智”意為“不知”，乃愚蠢之意。《禮記·少儀》載：“為君子擇葱薤，則絶其本末。”意為葱薤根不淨，末萎乾，不能盡用。

簡文意為匹婦愚夫吃韭菜把葉吃光，以形容其愚昧淺陋。

𣋡（早）與臤（賢）人，是胃（謂）濅（浸）行。

“𣋡”乃“早”字異體，字以“棗”為聲。“臤”即楚文字臤字的特殊寫法，讀為“賢”。“濅”讀為“浸”，義為滲透，引申有“漸漸”之意。“與”字本義為“朋黨”，引申有“跟從”、“親近”、“交往”之意。

此句簡文意為早與賢人親近，就是有預見有步驟的行動。

臤（賢）人不才（在）昃（側），是胃（謂）迷惑。

“昃”即“仄”字，讀作“側”。此句意為賢人不在身邊，就會迷惑昏亂。

不與智𢘓（謀），是胃（謂）自忍（欺）。𣋡（早）與智𢘓（謀），是胃（謂）童（重）丕（基）。

“𢘓”為“謀”字古文。“忍”即“惎”字，讀為“欺”。“與”讀為“預”。《史記·屈原賈生列傳》：“天不可與慮兮，道不可與謀。”司馬貞《索隱》云：“與，音預也。”這一段簡文意為“不預先謀劃，就是自欺。提前謀劃，是重視基礎”。“與”亦可讀為“參與”之“與，簡文意為“不參與謀劃,就是自欺。早參與謀劃,是重視基礎”。

邦又(有)巨駭(雄),必先與之以為塱(朋)。

“駭”字本義為公鳥,引申為指一切雄性生物。“巨雄”本指大鳥,《管子・輕重丁》:“決蔆洛之水通之杭莊之間,則屠酤之汁肥流水,則蝨虻巨雄,翡燕小鳥皆歸之,宜昏飲。”簡文中的“巨雄”指國中之“姦雄”,即有謀略、有報負、欲幹大事業的人。“必先與之以為朋”與前邊所説“早與賢人”相呼應,謂要提早找到靠山和依托。

唯(雖)戁(難)之而弗亞(惡),必聿(盡)丌(其)古(故)。

“唯”讀為“雖”。“戁”讀為“難”。《釋名・釋言語》:“難,憚也,人所忌憚也。”“聿”讀為“盡”,從古文字看,“盡”本從“聿”得聲。“故”義為巧詐。《國語・晉語二》:“多為之故,以變其志。”韋昭注:“故,謂多作計術。”

此句簡文意為“雖然畏懼他(巨雄),但不要厭惡他,一定要用盡其計謀”。

聿(盡)之而忞(疑),必攴鋊(裕)鋊(裕)丌(其)皋(遷)。

“忞”讀為“疑”,古音“矣”在匣紐之部,“疑”在疑紐之部,韻部相同,聲為喉牙通轉。“鋊鋊”讀作“裕裕”,因“鋊”、“裕”皆從“谷”聲,故可相通。“裕”有“寬容”、“寬裕”的意思。“寬裕”的“寬”和“裕”又都有“安徐從容”之意。“裕裕其遷”意為“安徐從容地離開”。《禮記・曲禮上》有一段談交友之道説:“賢者狎而敬之,畏而愛之。愛而知其惡,憎而知其善。積而能散,安安而能遷。”句中的“安安而能遷”也就是簡文的“裕裕其遷”。此句簡文意為如果想盡辦法接近巨雄卻引起他的懷疑,就要慢慢地離開他。

女(如)牆(將)又(有)敗,䧺(雄)是為割(害)。

"女"讀為"如"。"牆"讀為"將"。"割"讀為"害"。此句簡文意為如果與"巨雄"的謀劃敗露,將受到其牽連。

利木侌(陰)者,不折亓(其)梎(枝);利亓(其)渚(瀦)者,不賽(塞)亓(其)溪(溪)。

"梎"即"枳"字,讀為"枝"。古音"只"、"支"皆在章紐支部,可以相通,"肢"又作"胑"亦是其證。"賽"讀為"塞"。"溪"即"溪"字異體。《韓詩外傳》二卷二十三章謂:"田饒曰:'臣聞食其食者,不毀其器。陰其樹者,不折其枝。'"文中"陰其樹者,不折其枝"與簡文"利木陰者,不折其枝"相同。"渚"通作"瀦",指陂塘等蓄水處。《管子·五輔》:"導水潦,利陂溝,決潘渚。"《説文·水部》新附:"瀦,水所亭也。"

簡文意為"以樹陰為利者,不會折斷其枝條;以瀦蓄水為利者,不會堵塞其水之源頭"。此句與上文呼應,比喻要善待可以給自己帶來利益的人。

善叓(使)亓(其)下,若蚈蟲(蛩)之足,衆而不割,割而不䟿(仆);

"蟲"為"蛩"字古文。"䟿"為"僕"字古文,讀為"仆"。"蚈"字今作"蚈",義為百足蟲,即"馬蠸"。"蛩"亦為百足蟲,《集韻·腫韻》:"蛩,蟲名;百足也(足下疑脱"蟲"字——筆者注)。""割"義為"斷"。"仆"義為"仆倒"。《太平御覽》九四四卷、九四八卷引古諺語有"百足之蟲,斷而不蹶"一語,與簡文接近,"斷而不蹶"就相當於簡文的"割而不仆"。

簡文此句意為善於御使下屬者,就象蚈蛩的足一樣,雖然衆多卻連續不斷,即使割斷也不至於仆倒。《淮南子·兵略》:"故良將之卒,若虎之牙,若兕之角,若鳥之羽,若蚈之足,可以行,可以舉,可以噬,可以觸,强而不相敗,衆而不相害,一心以使之也。”文意與簡文可以比較。

善事丌(其)上者,若齒之事肎(舌),而終弗諂(愆)。

“肎”為“舌”字加義符之繁體。“諂”字從“言”(遣)從“臽”(臽),讀作“愆”。遣、愆古音皆在溪紐元部,“臽”在匣紐談部,讀音相近,故可以相通。《説文·心部》:“愆,過也。”“愆”義為過錯、差錯。簡文意為善於侍從上司者,就象牙齒之輔佐舌頭,始終不會産生齟齬。《淮南子·説林》:“善用人者,若蚈之足,衆而不相害;若唇之與齒,堅柔相摩而不相敗。”文意與簡文接近,可以參考。

善〔㕜(使)丌(其)下〕者,若兩輪之相𨒅(轉),而終不相敗;

缺文三字或補為“事其友”三字,亦通。“𨒅”字從辵從𢇍(斷字古文)聲,讀為“轉”。

此句謂善於御下者,能使上下關係如車之兩輪,相輔並行,互不可缺,不相妨害。

善㕜(使)丌(其)民者,若四旹(時)一遖(遣)一逨(來),而民弗害也。

“遖”即“遣”字異體。“旹”為“時”字古文。此句謂善於統治民衆者,如同四時的一去一來,順應天道,應時而動,則民衆就不會受到損害。

山亡(無)陸(墮)則坨(阤),成(城)無蓑(衰)則坨(阤),士亡(無)友不可。

“陸”字從“𨸏”、從“土”、從“左”,戰國文字中從“𨸏”的字,經常又纍增"土"旁以為義符。又戰國文字"㣈"字經常可以省作"左"，所以"陊"應即"隋"字省體。典籍中"隋"字又作"墮"、"隓"或"𡶄"。《史記·天官書》："廷藩西有隋星五"，《索隱》引宋均云："隋為垂下。"又《集韻·戈韻》："隋，中高四下也。""隋"在簡文中指山之緩緩垂下，而非陡峭直矗。"蓑"讀為"衰"，衰，差也，減也。"衰"在簡文中意指城牆由下到上厚度的遞減。"阤"義為崩壞。《方言》卷六："阤，壞也。"《説文·阜部》："阤，小崩也。"

此段簡文意為"山如果陡峭直立無緩坡則易崩，城不由下到上厚度遞減則易倒。士人没有朋友不可以。""山無墮則阤，城無衰則阤"應為先秦諺語，比喻在上者需靠衆多臣屬或廣大民衆的支持。

君又（有）䛟（謀）臣，則壤陸（地）不鈔（削）；士又（有）䛟（謀）友，則言談不勺（弱）。

"鈔"讀為"削"。"勺"讀為"弱"，古音"勺"在禪紐藥部，"弱"在日紐藥部，於音可通。《戰國策·趙策三》："今王既受先王之傳，欲宗廟之安，壤地不削，社稷之血食乎？"

此句意為國君或諸侯有謀士，土地就不會被侵削；士人有謀友，談辯就會很有自信。

唯（雖）甬戈（勇）力䎽（聞）於邦不女（如）材，金玉浧（盈）室不女（如）䛟（謀），衆弜（强）甚多不女（如）旹（時），古（故）䛟（謀）為可貴。

"甬戈"為"勇"字古文。"䎽"即"聞"字。"浧"讀為"盈"。

此句簡文謂即使力氣大得全國皆知也不如具備材藝，金玉滿堂也不如具備智謀，强手衆多也不如抓住時機，所以計謀更為重要。此段簡文以力氣與材藝、富貴與智謀、力量與時機相對比，强調材藝、智謀和時機的重要。

罷（一）豪（家）事乃又（有）貿。三駄（雄）一䴏（鴟），三銙（呱）一是

(媞),一王母保(抱)三殹(嫛)兒(婗)。

“翟”字從“羽”從“能”,字不識,但在楚文字中無疑地用作“一”。“冡”為楚文字“家”字。“貿”字不識,于簡文中的用法不詳。“鴆”為“雄”字異體。“鴡”為“雌”字異體。“绔”疑讀為“呱”,古“夸”、“瓜”音近可通。《説文》:“呱,小兒啼聲。”此處以小兒啼聲代指小兒。“绔”又可讀為“弧”,《説文》:“弧,木弓也。”《禮記·射義》:“故男子生,桑弧、蓬矢六,以射天地四方。”鄭注:“男子生則設弧於門右。”此處亦以“弓”代指男兒。“莡”從“艸”、“是”聲,疑應讀作“媞”。《説文》:“媞,諦也。一曰妍黠也。一曰江淮之間謂母曰媞。”簡文此處即應讀“江淮之間謂母曰媞”之“媞”。“三呱一媞”或“三弧一媞”意為三個男兒一個母親,即簡文前文所謂“三雄一雌”。“一王母保三殹兒”之“保”應讀作“抱”。古文字“保”本像人背負小兒形,即“抱負”之“抱”的本字。“殹兒”應讀作“嫛婗”,“嫛婗”即“嬰兒”的異寫。《釋名·釋長幼》:“人始生曰嬰兒,胸前曰嬰,抱之嬰前,乳養之也。或曰嫛婗。”《説文》:“嫛,婗也(疑應讀為‘嫛,嫛婗也。’)從女,殹聲。”又“婗,嫛婗也。從女,兒聲,一曰婦人惡貌。”《禮記·雜記》:“中路嬰兒失其母愛,何常聲之有?”鄭注:“嬰,猶嫛彌也。”按“嫛彌”即“嫛婗”,也就是“嬰兒”。

此段簡文因第一句文意不解,所以同整篇的文意聯繫不明。

聖(聽)君而會,視庿(貌)而内(納)之。

“聖”讀為“聽”,“聖”、“聽”古本一字。“庿”即“庿”字,乃“廟”字異體,在此讀為“貌”。《禮記·祭法》:“置都立邑,設廟祧壇墠而祭之。”注:“廟之言貌也,宗廟者,先祖之尊貌也。”此即以“貌”聲訓“廟”。“内”讀為“納”。“君”指帝王或諸侯。“聽”義為順從。“會”義為“合”。“納”義為進。此句謂要順從帝王或諸侯,與其相合,要觀察他的聲色並伺機進言。

内(納)之或内(納)之,至(致)之或至(致)之,至(致)而亡(無)及也巳(已)。

“至”讀為“致”。“及”義為“追及”。“已”為句末語氣詞。此句“納”和“致”皆指進言獻計而言,謂所進之言一旦説出,就無法追回。喻出言要謹慎小心。

此段文意與文章開頭談慎言的一段相呼應,可以參照。

主要參考文獻

著作

1. 荊門市博物館編《郭店楚墓竹簡》,文物出版社 1998 年 5 月版。
2. 李零《郭店楚簡校讀記》,北京大學出版社 2002 年 3 月版。
3. 丁原植《荊門郭店楚簡〈老子〉釋析與研究》,台灣萬卷樓圖書有限公司 1999 年 9 月版。
4. 魏啟鵬《楚簡〈老子〉柬釋》,台灣萬卷樓圖書有限公司 1999 年 8 月版。
5. 彭浩《郭店楚簡老子校讀》,湖北人民出版社 2000 年 1 月版。
6. 丁原植《郭店楚簡儒家佚籍四種釋析》,台灣古籍出版有限公司 2000 年 12 月版。
7. 涂宗流、劉祖信《郭店楚簡先秦儒家佚書校釋》,台灣萬卷樓圖書出版有限公司 2001 年 2 月版。
8. 魏啟鵬《簡帛〈五行〉箋釋》,台灣萬卷樓圖書出版有限公司 2000 年 7 月版。
9. 廖明春《新出楚簡試論》,台灣古籍出版社 2001 年 5 月版。
10. 龐樸《竹帛〈五行〉篇校注及研究》,台灣萬卷樓圖書出版有限公司 2000 年 6 月版。

論文

1. 彭林《〈六德〉柬釋》,載《簡帛研究 2001》,廣西師範大學出版社 2001 年 9 月。
2. 白于藍《郭店楚墓竹簡考釋(四篇)》,載《簡帛研究 2001》,廣西師範大學出版社 2001 年 9 月。
3. 顔世鉉《郭店楚簡散論(四)》,"新出土文獻與古代文明研究國際學術討論會"論文,2002 年 8 月,上海。
4. 林素清《郭店竹簡〈六德〉文字新考》,"第一屆中國語言文字國際學術研討會”論文，2002 年 3 月，香港。

5. 李天虹《郭店楚簡與傳世文獻互徵七則》，載《江漢考古》2000 年第 3 期。
6. 黄人二《郭店竹簡〈窮達以時〉考釋》，載《古文字與古文獻》試刊號，台灣楚文化研究會籌備處 1999 年 10 月出版發行。
7. 陳偉《郭店簡書〈性自命出〉校釋》，“新出土文獻與古代文明研究國際學術討論會”論文，2002 年 8 月，上海。
8. 虞萬里《上博、郭店簡〈緇衣〉與傳本合校補正》(上)，載《史林》2002 年第 2 期。
9. 彭林《再論郭店簡〈六德〉“為父絶君”及相關問題》，載《清華簡帛研究》第二輯，清華大學思想文化研究所 2002 年 3 月。
10. 劉樂賢《讀郭店簡儒家文獻劄記》，載《清華簡帛研究》第二輯，清華大學思想文化研究所 2002 年 3 月。
11. 裘錫圭《糾正我在郭店〈老子〉簡釋讀中的一個錯誤——關于“絶偽棄詐”》，載《郭店楚簡國際學術研討會論文集》，湖北人民出版社 2000 年 5 月。
12. 劉釗《讀郭店楚簡字詞劄記》，載《郭店楚簡國際學術研討會論文集》，湖北人民出版社 2000 年 5 月。
13. 陳偉《〈語叢〉一、三中有關”禮”的幾條簡文》，載《郭店楚簡國際學術研討會論文集》，湖北人民出版社 2000 年 5 月。
14. 劉信芳《郭店簡〈緇衣〉解詁》，載《郭店楚簡國際學術研討會論文集》，湖北人民出版社 2000 年 5 月。
15. 劉昕嵐《郭店楚簡〈性自命出〉箋釋》，載《郭店楚簡國際學術研討會論文集》，湖北人民出版社 2000 年 5 月。
16. 劉樂賢《郭店楚簡〈六德〉初探》，載《郭店楚簡國際學術研討會論文集》，湖北人民出版社 2000 年 5 月。
17. 林素清《郭店楚簡〈語叢四〉箋釋》，載《郭店楚簡國際學術研討會論文集》，湖北人民出版社 2000 年 5 月。
18. 沈培《從郭店楚簡的“肆”、“隸”、“殺”説到甲骨文的“希”》，未刊本。
19. 周鳳五《郭店楚簡〈忠信之道〉考釋》，載《中國文字》新二十四期，台灣藝文印書館 1998 年 12 月。
20. 周鳳五《郭店楚簡〈唐虞之道〉新釋》，載《中央研究院歷史語言研究所集刊》第七十本第三分，1999 年。
21. 劉釗《讀郭店楚簡字詞劄記》(四)，載《古籍整理研究學刊》2002 年第 5 期。
22. 裘錫圭《〈太一生水〉"名字"章解釋——兼論"太一生水"》，載《古文字研究》第 22 輯，中華書局 2000 年 7 月。
23. 馮勝君《讀〈郭店楚墓竹簡〉劄記》，載《古文字研究》第 22 輯，中華書局 2000 年 7 月。
24. 陳偉《郭店楚簡別釋》，載《江漢考古》1998 年 4 期。
25. 李家浩《讀〈郭店楚墓竹簡〉瑣議》，載《中國哲學》第二十輯"郭店楚簡研究"專號，遼寧教育出版社 1999 年 1 月。
26. 裘錫圭《郭店〈老子〉簡初探》，載《道家文化研究》第十七輯，三聯書店 1999 年 8 月。
27. 黄德寬、徐在國《郭店楚簡文字考釋》，載《吉林大學古籍整理研究所建所十五周年紀年文集》，吉林大學出版社 1998 年 12 月版。
28. 李家浩《關于郭店〈老子〉乙組一支殘簡的拚接》，載《中國文物報》1998 年 10 月 28 日。
29. 袁國華《郭店楚簡文字考釋十一則》，載《中國文字》新 24 期，台灣藝文印書館 1998 年 12 月。
30. 彭林《郭店楚簡〈性自命出〉補釋》，載《中國哲學》第二十輯"郭店楚簡研究"專號，遼寧教育出版社 1999 年 1 月。
31. 龐樸《〈語從〉臆説》，載《中國哲學》第二十輯"郭店楚簡研究"專號，遼寧教育出版社 1999 年 1 月。
32. 李零《郭店楚簡校讀記》，載《道家文化研究》第十七輯，"郭店楚簡"專號，三聯書店 1999 年 8 月。
33. 陳偉《郭店楚簡〈六德〉諸篇零釋》，載《武漢大學學報》(哲學社會科學版)1999 年第 5 期。
34. 劉國勝《郭店楚簡釋字(八則)》，載《武漢大學學報》(哲學社會科學版)1999 年第 5 期。

35. 李學勤《從簡帛佚籍〈五行〉談到〈大學〉》,載《孔子研究》1998 年第 3 期。
36. 陳偉武《郭店楚簡識小録》,載《華學》第 4 輯,紫禁城出版社 2000 年 8 月。
37. 李天虹《釋楚簡文字“㝑”》,載《華學》第 4 輯,紫禁城出版社 2000 年 8 月。
38. 陳劍《説慎》,載《簡帛研究 2001》,廣西師範大學出版社 2001 年 9 月。
39. 何琳儀《郭店竹簡選釋》,載《簡帛研究 2001》,廣西師範大學出版社 2001 年 9 月。
40. 裘錫圭《中國古典學重建中應該注意的問題》,載《北京大學中國古文獻研究中心集刊》第 2 輯,北京燕山出版社 2001 年 4 月。
41. 李學勤《釋郭店楚簡祭公之顧命》,載《中國哲學》第二十輯“郭店楚簡研究”專號,遼寧教育出版社 1999 年 1 月。

後　記

又是一個年終歲尾。明天就是2003年的元旦。

人過四十後,覺得一年年過得就像豬八戒吃人參果,還未來得及品味,就已經没了。回過頭來再看自己的所獲所得,不禁悲從心來。真是光陰虚擲,百無一成,恨不得自己抽自己兩個嘴巴。但是據經驗推想,到了明年的年終歲尾,湧上心頭的感受還是如此。

這本小書的選題早在1999年的冬天就與出版社簽訂合同并納入了出版計劃,可是隨即我就身陷調動工作的困境,直到2000年7月才正式調入新單位。在新單位的適應時間遠比我想像的要長,這期間雖然斷續地寫了一點,但是進展很慢,主要原因是心還没有安定下來,人很焦躁。2001年下半年帶學生到三峽考古工地進行發掘實習,在雨天和休息日,我伏在老鄉簡陋的桌子上寫出了書稿的大半。從三峽返回廈門後,緊跟着我又去了香港進行合作研究,時間又是近半年,書稿只好擱到了一邊。從香港返回後,除了上課,又出去開了幾次會,直到最近幾天才寫完了最後一部分。雖然此書開始寫的時間距現在已經很長,但真正用于寫的時間實際上并不多,因此對學術界新成果的吸收可能會有遺漏。

寫作這本小書的本意是想吸收學術界的最新成果,為更多的研究領域提供一個簡明的郭店楚簡注釋本。但是在寫作過程中發現,這個本意是很難完全達到的。不過因為郭店楚簡的研究是一個長期的過程,這期間的一切研究都很難視為最後的定論,所以一切圍繞郭店楚簡的研究都可視為構築郭店楚簡研究大廈的磚瓦,從而具有各自的意義。從這個角度看,我的這本小書應該有其存在的價值。

本書在簡文的編聯、字詞的考釋和文意的理解方面吸收了學術界正式發表的一些成果的結論,這些成果作為參考文獻列于本書附録,限于體例,在正文中不再一一説明。在此謹對這些成果的作者表示衷心的感謝。

從郭店楚簡資料正式出版到現在已經有近五年的時間,這五年裏積攢了相當多的研究成果,可是從郭店楚簡的重要性和豐富程度來衡量,這些研究還是"萬里長征才走了第一步"。郭店楚簡對傳統中國古典學研究的衝擊和震動是巨大而深遠的,其影響和意義無論如何拔高都不為過。當我們面對如此重要和豐富的資料時,既因為能生在這不斷有重大發現的時代而感到榮幸,同時也為我們不能更深入透徹地理解古人而感到苦惱。我們的運氣比清人好多了,可是學問卻比清人差遠了。真想能起古人于地下而詰問之,或是"克隆"幾個王國維。

本書的出版端賴福建人民出版社的大力支持和幫助,在此謹致以誠摯的謝意。

真希望哪一年在年終歲尾回顧一年的收獲時,能有如孫悟空吃蟠桃似的感受。

雖不能至,心向往之。

2002年12月31日作者于廈門廈大白城一綫望海齋